多様な組織から見る

経営管理論

YOSHIMURA Norihisa
吉村典久
［編著］

Business Administration through the Lens of Diverse Organizations

千倉書房

はじめに

1．本書の目指すところ

本書はタイトルが示すとおり、「経営管理」の問題を取り上げる教科書である。この問題に関わる学部レベルでの基礎的、伝統的教科書を1冊、挙げるとするならばそれは、野中（1980）であろう。同書では「経営管理」を「経営管理とは、個人が単独ではできない結果を達成するために、他人の活動を調整する一人ないしそれ以上の人々のとる活動である」、「経営管理とは、求める目的に向かって効率的に動くために、資源を統合し、調整することである」（野中, 1980, 10頁）と定義されている。本書でも、この定義を採用する。

「個人が単独ではできない」ことを複数の人間によって、何らかの「求める目的に向かって」、協力し合っている状態は「協働」と呼ばれる。経営管理論や経営学の分野では、この「協働」が行われている状態あるいはシステムのことを「組織」と呼ぶ。この意味において本書は、組織の運営、そこでの例えば、事業の運営のあり方を考察するものである。この組織、そこでの事業がどのように運営されているのか。これは「経営」と呼ばれる。

現代社会を代表する組織といえば、何よりも「企業」、特に大規模かつ営利を目的とする企業であろう。その相当数は「株式会社」として存在する。それら大規模な営利企業の存在無くしては、われわれの現代社会は成立し得ない。本書を手に取る読者であれば、それを例示することは容易であろう。

本書でも当然、そうした大規模な営利企業の運営のあり方、つまり経営のあり方も念頭に置いている。その意味でおいて本書は、「経営管理論」や「経営学」の講義で利用されるオーソドックスな性格を持つ教科書である。

ただしくわえて、現代社会の実態のより詳細な観察から従来、教科書ではあまり取り上げられてこなかった組織体の運営のあり方に、より視線を注ぐものとなっている。例えば営利企業のなかでも、いわゆる「静脈産業」に分類される組織に注目して、それに分類される組織の経済社会のみならず、社会全体における存在の重要性、その運営、経営がどのようになされているのか、なされていくべきなのか、を論じている。「静脈産業」と聞いても、すぐには「ピン」とは来ない読者の方もいらっしゃるかもしれない。ただし、普段使いのインターネット上の辞書（デジタル大辞泉）に解説が掲載されるほど世に広がりつつある、広がった言葉である。「生産・消費活動から排出・廃棄される不要物を回収し、再生利用・再資源化したり適正に処分したりする産業。動物の循環系で老廃物や二酸化炭素を回収する静脈になぞらえたもの」[(1)]と解説されている。対となるのは「天然資源を採取・加工し、製品を製造・流通・販売する産業。経済や社会の発展に必要な商品を供給する役割を果たしていることから、これを動物の循環系で酸素や栄養分を運ぶ動脈になぞらえたもの」[(2)]と解説される「動脈産業」である。「企業」といえば、商品やサービスを市場に提供する企業、つまり動脈産業に分類される企業をイメージされる読者が圧倒的であろう。一方で静脈産業に分類される企業などは教科書などでも、あまり事例などの形で取り上げられること少なかった。しかし現在、「持続可能な開発目標（SDGs：Sustainable Development Goals）」の議論が高まりを見せている。高等学校での学びのなかで、あるいはインターネット、TV、新聞、雑誌など様々な媒体において、「SDGs」なる略語は日常的に目にするものとなっている。そうした状況において、動脈産業に所属する企業、組織だけが単独で関連する目標を達成することは現実的ではない。両産業に属する企業、組織が適切に協働すること、適切に協働できるように関係を深めうる運営、経営がなされていくことが求められている。商品をわれわれに届けるための「ビジネスモデル」の構築に関するこれまでの議論では、届けた後に関しては売上・利益が発生するアフターサービスなどの段階までの議論が主であった。しかしながら現在は、例えば適切な廃棄、回収や部品などの再利用といった段階までを含めて、関連する企業、組織の経営が検討されなければならない。

このように静脈産業に分類される企業、組織にくわえて、近年、その社会的存在が高まりを見せている、知られてはいないが高かった企業、組織も本書は取り上げている。そうした社会的存在であるのに、将来にわたっての存続が危ぶまれている企業、組織も含めて、である。詳細は各章に譲るとして、取り上げているものをキーワード的に挙げておくならば、社会的企業やゼブラ企業、労働者協同組合を含めた各種の協同組合、フランスの「使命を果たす会社」、米国の「B Corporation（B コーポレーション）」、水族館・美術、病院、エンターテインメントに関わる組織、神社仏閣、NPO（Non Profit Organization）・NGO

（Non Governmental Organization）などである。

いわゆる大規模な営利企業だけでなく、現代社会を支えている、そして今後、支えていくべきこうした企業、組織の存在を知らしめる。そして今日、それら組織にも経営管理の考え方が必要となっていること、その背景も含めて、の理解を深めて頂く。経営管理論あるいは経営学の教科書として、これらが本書の目指すところである。

2．本書の使い方

本書が想定する読者はまず、入門レベルの「経営学」などの学びを済ませた商学部、経営学部、経済学部などの２年生以上の学生である。経営管理、経営学に関わるごく基本的な学びを終えた学生に向けて、事例の多様性や「目的」の部分の注視など、新たな視点での学びを提供しようとするものである。

くわえて事例の多様性を念頭におけば、取り上げた様々な組織に類似する組織に属されている社会人の方々も読者となろう。自分たちの所属する組織が決して特別なものではなく、経営管理論、経営学の分野で積み重ねられてきた議論を参考にして、所属する組織のあり方を考えるきっかけになろう。

本書の各章の最後には、「学びを深めるために」との設問が用意されている。自ら考え、また、それをもとに他者と議論を深めて欲しい。深める。この経験を積み重ねることは、単独、個人では決して思いつかなかった考えを生み出すことにつながるであろう。くわえて「推薦図書」も複数、掲載されている。是非、それら文献にも手を伸ばして頂きたい。

2023年１月６日

執筆者を代表して　吉村典久

（１）以下より（https://kotobank.jp/word/%E9%9D%99%E8%84%88%E7%94%A3%E6%A5%AD-160043#E3.83.87.E3.82.B8.E3.82.BF.E3.83.AB.E5.A4.A7.E8.BE.9E.E6.B3.89）（最終閲覧日：2022年11月16日）。

（２）以下より（https://kotobank.jp/word/%E5%8B%95%E8%84%88%E7%94%A3%E6%A5%AD-672599）（最終閲覧日：2022年11月16日）。

目　次

はじめに…………………………………………………………………………iii

第Ⅰ部　経営管理の大枠と拡がり

第1章　経営管理とは？　3
吉村典久

1. はじめに…………………………………………………………………3
2. 経営管理とコーポレートガバナンス…………………………………4
3. いわゆる「大企業」の大きさ…………………………………………9
4. 本書の構成…………………………………………………………………11
5. おわりに……………………………………………………………………15

第2章　社会を支えてきた組織とは？　19
中川亮平

1. はじめに……………………………………………………………………19
2. 事例：Migros（ミグロ）………………………………………………20
3. 組織形態による分類………………………………………………………24
4. 営利・非営利と社会性による分類………………………………………29
5. おわりに……………………………………………………………………32

第3章　社会を支えていく組織とは？　37
吉村典久

1. はじめに……………………………………………………………………37
2. 事例：ダノン………………………………………………………………38
3. 私的なB Labの「B Corporation™」……………………………………43
4. 法的な「Benefit Corporation」…………………………………………45
5. 英独仏などへの拡大………………………………………………………48
6. おわりに……………………………………………………………………49

第Ⅱ部　経営管理に関わる諸活動

第4章　モティベーションをいかに高めるか？（モティベーション論）　57

高浜快斗

1. はじめに……57
2. 事例：鶴岡市立加茂水族館……58
3. 古典的欲求理論……62
4. 欲求過程理論……68
5. おわりに……71

第5章　リーダーシップをいかに発揮するか？（リーダーシップ論）　77

菅原真弓・高浜快斗

1. はじめに……77
2. 事例：中山道広重美術館（岐阜県恵那市）……78
3. リーダーシップの古典的次元の捉え方……83
4. リーダーシップの新次元的な捉え方……91
5. おわりに……95

第6章　協働をいかに促すか？（組織構造論）　103

中山健太郎

1. はじめに……103
2. 事例：社会医療法人愛仁会……104
3. 協働を促す基本的ルール……111
4. 組織構造の種類……114
5. おわりに……117

第7章　いかなる事業を手がけるか？（企業戦略論）　121
楊　一

1. はじめに……121
2. 事例：吉本興業……122
3. 多角化……126
4. 共通価値の創造（CSV：Creating Shared Value）……132
5. おわりに……135

第8章　競争優位をいかに獲得するか？（競争戦略論）　141
楊　一

1. はじめに……141
2. 事例：新日本プロレス……142
3. ポジショニング・アプローチ……146
4. 経営資源アプローチ……151
5. おわりに……154

第9章　「静脈」の仕組みをいかに作り上げるか？　161
牧　良明

1. はじめに……161
2. 事例：J・RIC、RUMアライアンス・KRAシステム……162
3. 自然環境問題と企業経営……167
4. 静脈企業経営の特徴とネットワーク化の意義……168
5. おわりに……172

第10章　変革をいかに成し遂げるか？　177
高浜快斗

1. はじめに……177
2. 事例：浄土真宗本願寺派築地本願寺……178
3. 組織変革の枠組み……183
4. 変革プロセスのマネジメント……186
5. おわりに……191

第Ⅲ部　経営管理を担う者への統治に関わる諸活動

第11章　株式会社のガバナンス　197

三上磨知・吉村典久

1. はじめに……197
2. 事例：福澤諭吉と「会社」……198
3. 株式会社のコーポレートガバナンスの制度……201
4. 株式会社のコーポレートガバナンスの実態……206
5. おわりに……210

第12章　NPO・NGOのガバナンス　213

望月　徹

1. はじめに……213
2. 事例：総合スポーツNPO法人アスロン……214
3. NPOとは何か……218
4. NPOのガバナンス・ファイナンス・マネジメント……221
5. ソーシャルビジネスとの関わり……225
6. おわりに……227

第13章　関係性のなかで経営を考える ——レスポンシブルな企業のあり方——　231

山縣正幸

1. はじめに……231
2. 事例：ALL YOURS……232
3. 理論枠組みとしてのサービス・ドミナント・ロジック……238
4. 多様なアクターとの関係性を前提とした経営学の可能性……240
5. おわりに……242

参考文献……247

第 I 部　経営管理の大枠と拡がり

第 1 章

経営管理とは？

吉村典久　*YOSHIMURA Norihisa*

1. はじめに

本章ではタイトルのとおり「経営管理とは」を論じていく。すでに述べたように「経営管理とは、個人が単独ではできない結果を達成するために、他人の活動を調整する一人ないしそれ以上の人々のとる活動である」、「経営管理とは、求める目的に向かって効率的に動くために、資源を統合し、調整することである」（野中，1980，10頁）と一般的には定義される。

管理の本質は“Doing things through others”、「他人を通じて物事を成し遂げる」ことにあるとされる。単独では成し遂げられない物事、成果を、他者の協力を得て成し遂げていく。この「管理」なる日本語は英語では“Management”となる。ビジネスの世界だけでなく、日常的にもそのままカタカナ書きの「マネジメント」と書かれる場合もある。この“Management”は「管理」と訳されるとともに、「経営」とも訳される。言葉のニュアンスとして、前者の「管理」は企業・組織の内部において日々生ずる問題の処理を意味し、後者の「経営」は企業・組織の全般の運営に関わる活動を意味するともされるが（藤田，2015）、もともとの「マネジメント」、そして「管理」、「経営」、そして「経営管理」なる日本語は同義に用いられることもある。「企業」の「経営」、つまり「企業経営」も同様である。

まず本章では、「マネジメント」や「経営管理」といった概念を、「コーポレートガバナンス」とそのまま、あるいは「企業統治」や「会社統治」と訳されることもある“Corporate Governance”の概念と比較する形で説明していく（第2節）。野中（1980）の定義をより、具体的な取り組みで定義し直す。くわえて本章では、企業・組織の全般の運営の「求める目的」に関わる重要な概念として、「コーポレートガバナンス」の概念を説明していく。繰り返しとなるが、現代社会の土台となってきた、そして、なっている組織は、何よりも「企業」、特に大規模かつ営利を目的とする企業である。「営利を目的」とする企業であれば「求める目的」は「営利」となるのが、当然のことと考えられよう。しかしながら、大規模になればなるほど例えば、その会社に関わる株主の数は増加する。株主のなかには、中長期的に安定的な利益を求めるものがいる。その実現に向けての継続的な研究開発投資や設備投資をよしとする株主である。一方で、一時的、短期的な利益を追い求め、継続的な研究開発投資などをよしとはしない株主もいる。「求める目的」の問題は、簡単に解決できるものではない。

つづいて本章では、現代社会における大規模な企業、株式会社の存在感を確認していく（第3節）。その確認を通じて、それらの経営管理、ガバナンスが適切に行われる必要性を浮かび上がらせていく。経営管理、コーポレートガバナンスといった概念の確認、それらが適切に行われる必要性の説明を経て、章立てに沿って、いかなる議論が本書で展開されているのかを説明していく（第4節）。

2. 経営管理とコーポレートガバナンス

2-1 経営管理とは

企業や会社という存在に特になじみ深い概念に“Management”がある。いかに訳されるかは本書の前節で述べたとおりである。この“Management”と“Corporate Governance”の概念は深く関係するものの、別の概念である（伊丹，2006)。後者は前者の一応、「土台」、「前提」となる概念である。

“Management”、経営管理とは、まず、各企業の目的を達成するための多様な階層や種類の戦略や戦術の選択に関わるものである。企業は「いかなる事業を手がけるか」についての戦略（企業戦略または全社戦略と呼ばれる）を考える。「事業ごとの競争力をいかに構築・維持するか」についての戦略（事業戦略または競争戦略）も立案していく。このような違う階層での戦略立案にくわえて、「研究開発をいかに進めていくか」、「生産を、販売を」あるいは「人事を、財務を」と職能別の中長期的な戦略も立案しうる（石井他，1996)。これら戦略の立案は、企業組織全体の方向性を決定し、進むに必要な経営資源の獲得と配分の大枠の決定につながる。そして戦略の具体的遂行につながるよう、組織構造と管理の仕組み（経営システム）や人員配置（人事）の基本を決定、また理念を提示する。こうした一連が、経営管理にまつわる決定である。

こうした一連の決定は最終的に、各社の経営者に委ねられている。経営管理論、経営学の教科書の記述のいわば「常連」であり、近代組織論・管理論の始まりとされるのが1938年に執筆された、Chester Irving Barnard（チェスター・I・バーナード）の*The Functions of Executive*（『経営者の役割』）である。その内容は「経営者のしっかりした倫理に裏打ちされた責任感とリーダーシップが企業経営の戦略的に重要な要である」（土屋・岡本，2003，109頁）と要約される。同書では、経営者の戦略的重要性、その重みが繰り返し語られている。

2-2　コーポレートガバナンスとは

◉——「求める目的」と経営者の任免・監視

一方で“Corporate Governance”、コーポレートガバナンスとは、**図表 1-1** にあるように、その土台となる概念である。「求める目的」そのものの決定に関わるものである。ここでの目的とは、企業などの組織全体としての達成しようとする目的や目標を指すものである。目標とは、一定の期間に実現しようとする具体的な、多くの場合に数値化された目的のことである。こうした目的は、あらゆる意思決定を導く道標であり、意思決定の合理性や企業業績を評価する基準となる。

図表1-1　経営管理とコーポレートガバナンス

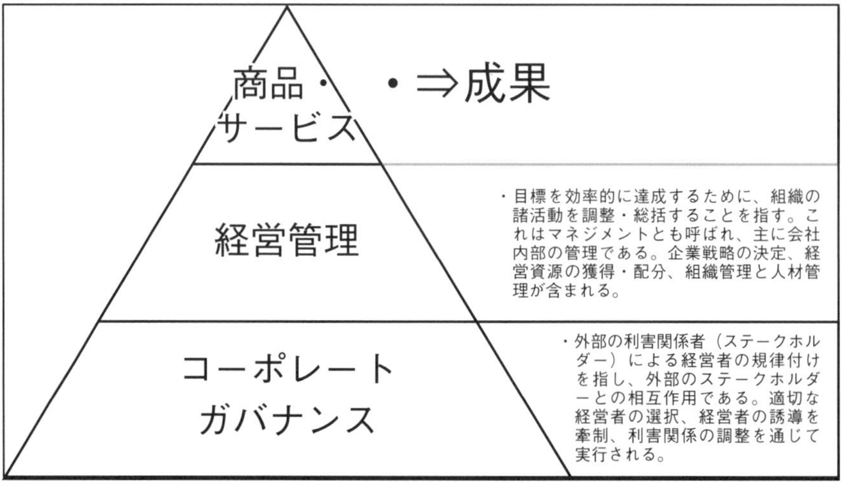

出所：伊丹（2006）などをもとに筆者作成。

ガバナンスとは、この目的に照らして、企業などの組織の経営が適切に行われるように、その最終的な責任者たる経営者を誘導し（誘導する以前に、それに資する人物を経営者に選任し）、適切な経営が行われているかどうかをチェック、牽制する制度と慣行である。バーナードが、その戦略的重要性、重みを繰り返し語った経営者は、その重要性ゆえに、こうした制度と慣行のもとに置かれることとなる。

◉──「求める目的」と経営者の任免・監視に関わる難しさ

しかし経営が適切に行われているかどうかを判断することは、現実的には極めて困難である。誰がどのような基準で経営の良し悪しをするのか。誰もが納得できる基準というものは存在しない。経営が適切に行われているかどうかを判断するには、究極的な目的は何か、ある経営判断がその目的につながるのかどうかを判断しなければならない。個人企業であれば、答えは簡単である。所有者である企業家兼経営者が判断すれば済む。その判断基準となるのは、企業家個人の価値観である。個人企業ではなく法人たる株式会社であっても、経営者やその家族のみ、ごく近しい者だけが株主である場合には、大きな問題とはならない。それら狭い範囲のものだけで相談、判断すれば済んでしまう。また、このような段階では、経営者が圧倒的な大株主であることが多く、実質的には、大株主たる経営者の判断で済んでしまう。

しかし、株式が広く公開され、証券市場に上場を果たしている株式会社となると、その判断は格段に難しいものとなる。所有者たる株主の数は多く、その構成も多様である。くわえて株式が自由に売買されるために、今日の株主が明日の株主である保証はない。本章の第1節でも見たように、株主間で意見や利害の対立もある。株主と経営者の間で対立もある。また、こうした会社は規模も大きく、社会的な存在でもある。次節で確認するように、その規模は国家に比するものとなっているのが現代の企業である。株主以外の多元的な利害関係者集団の意向も無視できない。人々によってその判断は異なる。人々によって意見や利益がそもそも異なり、不確実性が満ちた環境下では、どのような手段の選択が目的の達成につながるのかについての判断も異なる。何をそもそも、良しとするのか。また、良しとした方向に向かう手段についても、何を良しとするのか。

しかし例えば、「いかなる事業を手がけるか」、「事業ごとの競争力をいかに構築・維持するか」など、具体的な取り組みを進めていくためには、誰かがこの判断を下さなければならない。人々の意見が異なるときには、誰かにその判断を委ねることが必要である。人々の判断が異なるときに、誰もが納得する形でこの判断を行うのに最も便利な方法は、市場での競争である。あるいは裁判所に委ねることも考えられる。しかしながら、これらに委ねることには限界がある。これらに委ねることができないことに、ガバナンスの制度や慣行が成立する基本的な理由がある。判断を行う制度や慣行が構築されることによって、企業組織などの健全な発展を促されるようにする。これが、コーポレートガバナンスの最終的な目的である。

◉——経営者の任免や監視に関わる基本的な問題

「求める目的」に関わる諸々の難しさは存在するが、それを横に置いたまま、経営を進めていくことはできない。少し具体的に、ガバナンスに関わる基本的

図表 1-2　コーポレートガバナンスの基本的な問題

・企業の経営者を誰がいかにして任免するか、つまり企業を誰のものと考えるか、あるいは企業のなかの主権者を誰にするか（「主権者」とは、経営の良し悪しを多様な利害関係者を代表して判断して、経営者を任免する権限と正当性を持つ人々との意味）。
・経営者の任免権を持つ人々は、どのような責任を負うか、つまり主権者の責任はなにか。
・適切な経営が行われるように、経営者をいかに誘導するか、また、経営者をいかに牽制するか。

出所：加護野・砂川・吉村（2010)、44頁。

な問題を列挙すると、**図表 1-2** のとおりとなる。コーポレートガバナンスとは、これらについての取り決めである。

これら基本的な問題と密な問題として例えば、どのような範囲の人々を将来の経営者の候補群とするか、といった問題もガバナンスの制度に関わっている。社内の人々を候補とするのか、社外から広く経営者を募るのか。社内とした場合には、経営者の候補者をいかに養成するのか、が重要な問題となる。一方で、社外から募る場合には、誰が、どのような基準で候補者を探し出し、最終的な判断をいかに下すのか、が重要な問題となる。次の適切な経営者のプールがなければ、難あっても現職の経営者の「首切り」に難が出てしまう。また、トップレベルの重大な意思決定をいかにして行うべきか、より具体的には、取締役会の構成をいかようにするか、との問題も深くガバナンスに関わる問題である。

なお**図表 1-2** のなかにもあるように、ここでいう「主権者」とは、経営の良し悪しを多様な利害関係者を代表して判断して、経営者を任免する権限と正当性を持つ人々のことを指している。この点は第11章でも触れているが、株主が主権者となることが広く社会に認められている場合もあれば、従業員が主権者となることが実態として認められてきた場合もある。多様な実態を観察できるのである。

3. いわゆる「大企業」の大きさ

3-1 身近な大企業の存在とその影響

“GAFA”。「ガーファ」と読まれるこれは、米国の巨大IT企業の総称である。本書の読者の少なからず、あるいは大半は、それぞれのアルファベットがどの会社を指すのかを知っているであろう。Google（グーグル）、Apple（アップル）、Facebook（フェイスブック、現メタ）、Amazon（アマゾン）である。これら会社は、われわれの生活を大きく変えた会社として誰もが知る会社である。これら会社の提供する製品・サービス無しでは、われわれの少なからずの生活は不便になってしまう、あるいは、考えられない読者もあろう。これらにMicrosoft（マイクロソフト）をくわえて“GAFAM”（ガーファム）、またNetflix（ネットフリックス）をくわえて“FAANG”（ファング）なる言葉もある。いずれもが世界中のわれわれの生活を変え、支え、その結果、非常に巨大な会社となっている。そのため、これら会社は「ビッグテック」、「テックジャイアント」と総称されることもある。

これら会社のみならず、現代の社会においていわゆる「大企業」は、その規模が国家に比する、あるいは、超える存在となっている。それゆえに、そうした規模の一企業の破綻が、一国あるいは世界全体の経済活動を麻痺させ、結果、世界のあらゆる活動に悪影響を及ぼす状況となっている。例えば2008年に起こった、いわゆる「リーマン・ショック」である。米国の投資銀行大手であったリーマン・ブラザーズが史上最大級の規模で破綻、倒産（負債総額6,000億ドル超）に追い込まれたことがきっかけとなり米国のみならず、日本も当然に含まれて世界的な株価下落、金融不安（危機）、そして同時不況となった。同社は巨額の利益を求め、低所得者を対象とした高金利住宅ローンの「サブプライムローン」の事業に深入りし、地下の下落に伴ってのローン返済の滞りなどから、経営が立ちゆかないものとなった。「求める目的」、また、それを達成するための手段（商品としての「サブプライムローン」）は、後日からすれば到底、適切とは判断できないものであった。

同社は破綻、倒産となったが、例えば「大きすぎて潰せない」と訳される“Too big to fail”なる表現もある。金融機関を代表として、特定の企業は一企業といえども、その川上・川下の取引先、取引先の従業員も含めた従業員、それらが立地する、あるいは、住まう地域など、じつに多様な利害関係者を持っている。その相互依存関係は複雑極まりない。そうした特定の会社の経営が立ちゆかない、破綻、倒産にいたれば、それは一企業の問題にとどまらず、一地域、一国、ときには世界の経済システム、社会システムに多大なる悪影響を及ぼす可能性が大である。それを避けるために破綻などをさせず、例えば、政府の財務的な支援や管理のもとに置かれたりする。

3-2 国家との比較

では、どれほど「大企業」であるのか。慶應義塾大学商学部の岡本大輔教授は、世界銀行（World Development Indicators, 1 July 2017）とFortune（Global 500, August 1, 2017）の情報を利用して、その比較をされている。具体的には2016年の、会社の規模として売上高、世界の国・地域の国内総生産（GDP）を整理して、トップ200までのランキングを作成されている（岡本, 2018）。

その結果は、米国、中国、日本がトップ３で、その後もドイツ、イギリス、フランス、インド、イタリア、ブラジル、カナダと大国と呼ばれる国が続く。そして23位に登場するのが、米国、そして世界を代表する小売企業であるウォールマートである。**図表 1-3** には前後それぞれ３カ国が示されているが、前の22位はスウェーデン、後の24位はポーランドである。いずれも、よく知られた国々である。日本の当時のGDPは49,394億ドルである。ウォールマートの売上高は4,859億ドルである。岡本（2018）も「売上高とGDPは異なる概念なので、それを比較しても意味がない、というお叱りを受けることもありますが、ざっくりと企業と国の経済力の大きさとその社会的影響力を示しているものと考えてください」（４頁）としているが、「ざっくりと」見たときに、ウォールマートの影響力は日本の約１/10に相当するのである（**図表 1-3**）。

なお日本企業のトップは第46位のトヨタ自動車である。その上には中国企業

図表1－3　ウォールマートと同規模の国々

順位	国・地域 /企業	GDP /売上高（億ドル）
20	サウジアラビア	6,464
21	アルゼンチン	5,459
22	スウェーデン	5,110
23	ウォールマート（米）	4,859
24	ポーランド	4,695
25	ベルギー	4,664
26	タイ	4,068

出所：岡本（2018）、5頁をもとに筆者作成。

が2社、ランクインしており、第43位はコロンビアである。後の第47位はチリであり、次の第48位には独・フォルクスワーゲンがある。

トップ100には、57の国・地域と43の会社がランクインしている。第97位はクウェートであり、100位内にはよく知られた国の名前が並んでいる。それらと並んで、匹敵する影響力を持つ存在として「会社」がランクインしているのである。トヨタ自動車を含めて日本企業は、本田技研工業（第84位）、日本郵政（第89位）となっている。さらにトップ200となると、72の国・地域と128の会社となる。日本企業は10社となっている。元となっている世界銀行のデータには200以上の国・地域が含まれているとされ、「一企業の売上高より小さなGDPしかない国・地域は実にたくさんあることがわかります」（10頁）との指摘のとおり、その巨大な姿を確認できるのである。

4. 本書の構成

4-1 「第Ⅰ部　経営管理の大枠と拡がり」

本書は3部、13章から構成されている。以下、簡単に部、章の流れを確認しておこう。「第Ⅰ部　経営管理の大枠と拡がり」は、経営管理の概念の確認、その概念に含まれる「目的」の部分の重要性の広がり、そして、それに合わせた会社の姿の広がり。これが特に論じられる。

まず本章の「第1章　経営管理とは？」では、すでに見てきたとおり、経営管理の概念、くわえて、その前提、土台となるコーポレートガバナンスの概念、両者の関係について見ている。本章の冒頭で見たように、経営管理の定義には「効率的に動くために、資源を統合し、調整すること」とあった。これまでの経営学や経営管理論の議論においては、前段となる「求める目的に向かって」よりも、この「効率的」に続く部分の議論がより発展を見せ、また、教科書などでも説明が濃くなされてきた。しかし20世紀の終わり、21世紀の初め、そして現在にかけて「コーポレートガバナンス（Corporate Governance）」に関わる議論として、また近年において流布している、例えば「パーパス経営」に関わる議論として、「求める目的」に関する議論が台頭を見せている。そうした議論は、SGDsやESG（E：Environment、S：Social、G：Governance）の議論とも極めて密、「ニコイチ」である。本書では経営管理の概念を論ずるに際しては、この前段の「目的」の部分の重要性を何度も確認することとなる。

次に「第2章　社会を支えてきた組織とは？」では、いわゆる「企業」などの基本的な概念についての整理を行う。世の中に向けて有益なる商品やサービスを提供する、それを効率的に、役割を果たしている各種の組織の特徴を論じていく。そもそも「企業」とは、「営利」・「非営利」とは、代表的な会社形態としての「株式会社」とは、注目を浴びてきた「社会的企業」や「ゼブラ企業」とは、生活協同組合（生協／COOP）や農業協同組合（農協／JA）だけではない各種の協同組合や最近、設立が可能となった労働者協同組合とは。多様な組織の存在に注目し、それらを分類していく。

そして「第3章　社会を支えていく組織とは？」では、上で注目した「目的」に深く関わる会社形態のあり方に関わる新たな動きについて見ていく。例えば、米国発の社会や環境に配慮した公益性の高い企業に対する国際的な認証制度である「B Corporation（Bコーポレーション）」である。またフランスでは、会社法で「使命を果たす会社（société à mission）」形態の会社の設立が可能となった。この形態の会社は株主の私的な利益追求だけではなく、会社の定めである定款に記された会社の存在意義や社会・環境目的を遂行する義務をも果たすことが求められる。

4-2 「第Ⅱ部　経営管理に関わる諸活動」

この後は「第Ⅱ部　経営管理に関わる諸活動」に入る。「第Ⅰ部」では「目的」の部分に特に目配りをしたが、この「第Ⅱ部」では、目的を果たすための「効率的」の部分に関わる議論を進めていく。

まず「第４章　モティベーションをいかに高めるか？（モティベーション論）」では、伝統的に「モティベーション論」や「動機付け理論」と呼ばれてきた議論を進めていく。議論の前提となる人間観の多様性、「やる気」の向上に各種の理論、フレームワークが論じられる。

次に「第５章　リーダーシップをいかに発揮するか？（リーダーシップ論）」では、「リーダーシップ論」に関わる代表的な議論の説明を進めていく。特にここでは、リーダーのもとにいるフォロワー間のコンフリクト、その解消に向けてのリーダーシップのあり方について見ていく。

そして「第６章　協働をいかに促すか？（組織構造論）」では、「マクロ組織論」や「組織構造論」などと称されてきた議論を進めていく。その基礎的な概念としての「分業」、それにともなう「調整」の概念、その結果生み出される枠組みである代表的な組織形態、その長所・短所などを論ずるとともに、近年、注目を浴びつつある新たな形態についても触れていく。これら「第４章」から「第６章」では、プロフェッショナルな人材が多数、所属する組織を事例として取り上げている。水族館、美術館、病院である。やる気を高める、コンフリクトを解消する、協働を促す。それぞれが特に難題を抱えていた。それをいかにして解消していったのか。その観察を通じて、経営管理に関わる理論などを学んでいく。

これら経て「第７章　いかなる事業を手がけるか？（企業戦略論）」と「第８章　競争優位を以下に獲得するか？（競争戦略論）」では、「経営戦略論」、順に「企業戦略論」、「競争戦略論」に関わる議論を進めていく。それぞれ「効率的に」に関わる代表的な議論を説明するとともに、「目的」に深く関わる議論として「CSV（Creating Shared Value）」に関する議論も進めていく。

「第８章」ではビジネスの仕組み、ビジネスモデルの構築についても触れたが「第９章　「静脈」の仕組みをいかに作り上げるか？」では、上で見たように、仕組みの構築に際しては「動脈」のみならず「静脈」の視点が求められること、現代社会においてそれは「効率」そして「目的」の両方において重要であることも論じられる。

「第Ⅱ部」の最後の「第10章　変革をいかに成し遂げるか？」は「組織変革論」の議論である。「ブーカ」と読む、世の中に流布する「VUCA」なる略語。これは、「Volatility（変動性）」、「Uncertainty（不確実性）」、「Complexity（複雑性）」、「Ambiguity（曖昧性）」という４つのキーワードの頭文字を取ったものである。世の中が激変し、自組織を含めてあらゆるものを取り巻く環境が複雑性を増加させ、思いも寄らぬ事象が発生する将来予測が困難な状態を指す用語である。ただしこれまでも、こうした状況に多くの組織体が直面し、状況に対応不可、遅れた組織は「死」を迎えてきた。一方で、こうした変化に巧みに対応、あるいは利用して成長の機会とした組織もあった。後者となるには、どうすればいいのか。これも経営管理の重要な論点である。組織文化の変革の議論も含めて、世の中の変化に合わせて組織をいかに変えてきたのか。これが論じられている。

4-3 「第Ⅲ部　経営管理を担う者への統治に関わる諸活動」

「効率的」の部分への関心を経て、「第Ⅲ部　経営管理を担う者への統治に関わる諸活動」では、「効率的」となるよう最終的な責任を持つ者として経営者の存在に注目する。そのガバナンスのあり方、「求める目的」に密に関わる、を見ていく。「第11章　株式会社のガバナンス」では、営利企業たる株式会社におけるガバナンス、特に、その多様性を見ていく。そして「第12章　NPO・NGOのガバナンス」では、現代社会の運営には欠かせない組織となっているNPO・NGOの存在感を確認する。そして、その存在感ゆえに、その運営を司る者に向けてもガバナンスの仕組みが必要、準備されていることを説明していく。

最後の「第13章　関係性のなかで経営を考える」では、サービス・ドミナント・ロジック（S-Dロジック：Service-Dominant Logic）について論じていく。多様な活動主体（アクター）のなかで、組織をいかにして経営していくのかという点について考える。本書全体を通じて、企業をはじめとする組織体が多様な活動主体との関わりのなかで自らも存在できていることを学んできた。これまでの経営学の議論では、多様な活動主体との関係性を考えるに、いずれかの企業を中心において考察をしてきた。一方、ここで検討するS-Dロジックでは、関わり合うそれぞれをより自律的な存在と見なして、誰か他者が別のアクターを完全にはコントロールできない、つまり、ビジネスの世界などで観察される現象はある特定の企業だけの意思によって動くのではなく、様々なアクターのそれぞれの自律的な活動の結果として生じると考える。参加するそれぞれのアクターの自律性に力点を置く新たな見方、その可能性を検討していく。

5. おわりに

本章では、経営管理の学びを始めていくに必要な、ごく基本的な概念の整理、そして本書の特徴として、「目的」の部分にも目配りをしていることを論じた。本書は必ずしも、章の順番に読み進めていく必要はない。経営戦略論や組織論に関心のあるものは、まず「第Ⅱ部」を読まれることをオススメする。ただし必ず、その前後の部、章の内容にも必ず目を通して欲しい。「目的」の部分の学び無くしては、現代社会を支える組織の運営のあり方を考えていくことは不可能であるためである。

学びを深めるために

設問 **1**：「経営管理論の父」と呼ばれる人物に、アンリ・ファヨール（Henri Fayol, 1841年-1925年）がいます。なぜ父と呼ばれるにいたったのか。その主張を調べて下さい。

設問 **2**：より最近のデータを利用して、世界の大企業と各国の規模を比較してください。

推薦図書

加護野忠男（2014）．『経営はだれのものか－協働する株主による企業統治再生』日本経済新聞出版社.

野中郁次郎・勝見明（2020）．『共感経営－「物語り戦略」で輝く現場』日本経済新聞出版.

COLUMN

「企業」、「自然人」、「法人」、「会社」…

本書の議論の主たる対象となっているのは、「企業」や「会社」と呼ばれる存在である。世間一般、また、企業社会においても、これら2つの言葉は同義として扱われる。意識して使い分けられることも希であろう。

ただし厳密には、「企業」イコール「会社」ではない。異なった概念である。高等学校の「商業」の講義で利用される教科書に沿って「企業」を定義すると「生産活動を営む経済主体」、「企業は、家計から労働力と資本（資金）を得て、各種の商品やサービスの生産・流通といったビジネスをおこなう」、「通常、企業は、費用を上回る収益をあげ、利益を獲得することを目的（営利目的という）として活動する」（小松監修，2017，53頁）となる。なお、ここでいう「家計」とは、われわれの家庭を経済的に見たとき「家族の生活を維持するために、商品やサービスの消費活動を営む主体」である。

何らかのビジネス、事業を手がけていれば、「企業」と呼びうるのである。しかし「会社」と呼ばれるには、単にビジネスを手がけているだけでなく、手がける際に法律に即して「法人」と呼ばれる存在になることが求められる。そうなってはじめて「会社」と呼ばれる。

ここで「法人」なる概念が出てきたが、「デジタル大辞泉」によれば「自然人以外のもので、法律上の権利義務の主体とされるもの。一定の目的のために結合した人の集団や財産について権利能力（法人格）が認められる」と定義される。定義内の「自然人」とは対義語であり、「1　生まれたままの性情をもっている人。社会や文化の影響を受けないで生きている人」および「2　法律で、権利・義務の主体である個人。近代法では出生から死亡まで完全な権利能力を認められる」とある。「法人」とは法律のうえでの人格である。「自然人」と呼ばれるわれわれ人間と同様に、法律行為を法人は行える。経済活動を行う点では共通しているが、「企業」は経済的な側面のみに注目した概念である一方、「会社」は法律的な側面がプラスされたものである。

事業を起こす際には通常、個人事業主、個人企業として起業するか、あるいは、会社を設立して起業するかとなる。個人事業主の場合、法律関係などはすべて本人に帰属する。しかし例えば複数人で事業を営もうとする場合、法律関係が複雑化する。その事業から生み出される債権などの権利、債務などの義務を複数人でどのように共有するのか、何か契約を結ぶ際にも複数人のうち誰が契約者となるのか、常に特定の一人なのか複数の連名で契約者となるのかなど、難しい問題が発生する。これに対して法律上の工夫として「法人」という形で、この事業運営に対して疑似的にではあるが自然人と同様の権利能力が与えられる。各種の資産や権利・義務を事業に関わる複数人から独立させて、１つの法的な主体である「法人」に帰属させる。「法人」となれば、必要な書類を準備すれば従業員の立場でも、契約を結ぶことも可能となる。このような「法人」との法律上の工夫を導入することで、複雑化する可能性のある法律関係をシンプルなものとして、事業活動、経済活動がスムーズなもの、活発なものとなることが目されている。

こうした「法人」の仕組み、特に「株式会社」の仕組みが整備されて多数の人々が資金の出し手、株主として事業活動に関わることが可能となった。本章の第２節で触れたように、その結果、「目的」、進む方向についての調整、判断が必要となったのである。

第 2 章

社会を支えてきた組織とは？

中川亮平　*NAKAGAWA Ryohei*

1. はじめに

われわれが日常で事業組織を思い浮かべるとき、株式会社を思い浮かべることが多いだろう。しかし組織の目的はそれぞれ違い、目的に応じて組織の形態も様々に異なる。一方、組織の形態が異なっても同じ業務を行っていることも多い。これは同じような商品やサービスを提供していても、誰が何のために業務を行っているのかがそれぞれ異なるからである。こうした様々な組織の形態が複雑な社会を構成してきたのである。

「組織」とは、「何らかの目的に向かって複数の人間によって協働する状態あるいはシステム」を指すことは「はじめに」でも述べた。本章では、まずスイスの消費者協同組合の事例を紹介する（第2節）。次に、適宜事例と照合しながら、社会を支えてきた各種の組織の「協働する状態あるいはシステム」（形態）を軸に、どのような「目的に向かって」（目的）どのような「複数の人間によって」（構成員・利害関係者）構成されているのか（第3節）、またこれらの組織を営利・非営利の違いや社会的か否かという視点からも概説する（第4節）。おわりに、本章で概観した組織の形態論と営利・非営利・社会性という観点の関係性（相違点・不一致性など）の整理と、関連した課題を挙げる（第5節）。

2. 事例：Migros（ミグロ）[(1)]

2-1 概要

本節ではスイス最大の小売業グループであるMigros（ミグロ）の事例を取り上げる。スイスという特殊な経営環境のなか、消費者協同組合であるミグロは、どのようにして国内外の競合他社を退けながら現在の地位を確立してきたのか、その変遷と社会性に焦点を当てる。

同社は売上289.3億スイスフラン（約3.5兆円）・雇用者数97,541名のスイス最大の総合小売グループであり、正式名称をドイツ語ではMigros-Genossenschafts-Bund、フランス語ではFédération des coopératives Migros、イタリア語ではFederazione delle cooperative Migrosといい、「ミグロ協同組合連合」と訳される。スイス最大の消費者協同組合である。現在の会員は約230万人であり、これはスイスの人口840万人の約27%を占めている。

ミグロは1925年にスイスのチューリヒで民間企業として創業した。創業当初の理念は、当時の貧困層に最低限の食品・日用品を安価で提供することであった。このような理念を反映して、ミグロ（Migro）の名称はフランス語でdemi「中間」を意味する“mi”と「卸売」を意味する“gros”からきており、小売と卸売の中間の価格を目指していることを示唆している。ミグロ1933年にスイス南東部イタリア国境近くのTicino（ティチーノ州）に出店した２店舗目が協同組合の形態をとったことを契機に、1941年には組織全体を協同組合に転換させた。

第二次世界大戦終了時に約100店舗だった規模から、1980年半ばには約500店舗にまで成長している。スーパーマーケットMigros、デパートManor、ディスカウントストアDenner、レストラン、銀行、保険会社、診療所、ガソリンスタンドMigrol、旅行代理店、雑誌、スポーツ用品店SportXX、家具Micasa、ヘルスケア、語学学校、レジャー施設など事業は多岐にわたり、市民の生活に根差したあらゆる商品やサービスを総合的に提供する組織となった。

2-2 競争環境の変化と戦略(2)

スイスの小売業の２大巨頭はいずれも生活協同組合であり、第１位のミグロと双璧をなすのが第２位のCoop（コープ）である。両組合の理念や財務状況・規模などには類似点が多く存在している。しかしコープの方がより市民社会に根差した生活協同組合として1969年にスタートした経緯があり、ミグロに比べて中央集権的と言われている。

1980年代以降、ライバルであるコープや他の民間小売業者との差別化のためにミグロは店舗規模の拡大を図り、当初の店舗規模のM型（小型店）からMM型・MMM型というカテゴリー分けをして新たな展開を進めていった。コープの店舗面積が250-3,000m^{2}であるのに対してミグロは500-10,000m^{2}とし、多くの店舗を1,000-4,000m^{2}とした。また、ドイツのSPARやフランスのCarrefour（カルフール）（小売業世界第２位）などの大手小売業者もスイス国内で展開をしていたが、ミグロはこれらの他国資本の同業他社に対しても市民の支持を維持して競争優位を貫いている。2007年にはカルフールがスイスから撤退し、国内12カ所のハイパーマーケット（一般のスーパーマーケットよりもさらに大規模な店舗）を第２位のコープに売却して同国内での事業から撤退している。またミグロはスイス３位の小売業であった低価格帯のスーパーマーケットDennerの70%株式を2007年に買収してディスカウント分野のテコ入れを図り、同じ頃にドイツからスイスに進出したAldiやLidlといったディスカウント・スーパーの追随を許していない。さらには今世紀に入りAmazonなどのオンラインによる小売りが台頭しているなかで、ミグロは現在においても市場を席捲している。

上述のように2010年頃までミグロは多角化・拡大化を推し進めていったが、常に順風満帆であったわけではない。2014年以降は収益性が低下してゆき、以降は軌道修正して戦略的な事業再編を行っている。この時期に、採算性が低くMigrosの経営哲学に沿えなかったとされた高級小売店Globus、家具Interio、電気自転車販売m-Way、家庭装飾品Depotなどの事業を売却している（Institute for Management Development, 2021)。ミグロは極端に積極的な事業拡大は自制して本業の成長（organic growth）を年間２％に維持させるという原則を掲げている。しかし、単なる消費者本位の消費者協同組合という枠を超えて、多角化・買収・売却などの積極的な展開を繰り返しながら競合の台頭を排して今日に至っていることがわかる。

2-3　ミグロの社会性

創業者Gottlieb Duttweilerは1950年に「15のテーゼ」を発表した。この中には「コミュニティに奉仕する」、「私たちが主張する経済の中心には人間をおく」、「ミグロ協同組合の利害よりも一般的な利害を優先する」といったものが含まれており、その後のミグロの倫理的遺産となっている。

ミグロの組織統治には会員の意思が反映される。スイスに居住するすべての成人は20スイスフラン（約2,900円）で会員になることができ、会員は総会において一人１票の投票権を有しており、実際に事業の運営に影響を与えている。ミグロでは創業者の理念としてアルコール類やタバコは販売していなかった（近年買収した一部子会社を除く）が、2021年にスーパーマーケットでアルコール類を販売するかどうかの議論が起きた。これに対して2022年７月の会員投票が行われ、10の地方部会すべてにおいて反対票が賛成票を大幅に上回り、否決されている(3)。

ミグロはスイス国内で最初に環境対策を促進させた組織の１つである。1970年代初頭にはミグロ内のシンクタンク「ローマ・クラブ」が発刊した『The Limits to Growth（成長の限界）』という書籍によって、食品生産に対してより厳しい規制を行うことを推奨して注目を集めた。こうした流れから農薬を用いない野菜・果物の生産、パーム油脂や食肉の持続可能な生産・消費を促すキャンペーンなどを次々に打ち出している。こうした環境面や安全面へ配慮した活動がミグロ全体の基本方針として浸透してゆき、会員もこれに追随した。現在ミグロ販売する食品や化粧品などの90%以上をスイス国内の90のグループ会社M-Industryで製造している。

またこれらのイニシアチブは単に社会的な活動として行っていただけではなく、息の長いマーケティング戦略の一環でもあった。1990年代以降にスイスの市場全般が有機食品への関心や家畜動物の生育環境などへの意識が高まっていったのはミグロによる影響が大きい（Reinhardt et al., 2006）。

なおミグロでは毎年売上の約１％を文化・社会・教育などに役立てるために寄付を行っている。この寄付はミグロの設立趣意書にも記されており、「文化比率」と認識されている。

2-4　スイスの特殊性とMigros

歴史的には周囲の列強の戦禍を免れるために独立した州（canton）の集合体として17世紀にスイス連邦が成立し、19世紀初頭以降、永世中立国という独自の立場で戦火を免れてきた。2002年までは国連にも加盟せず、また現在も欧州連合（EU：European Union）に加盟していない。このような独自の立場は、高関税や独自の規制を維持することを可能にしている。また農産品への高関税は観光立国である同国の風土を守るという背景もある。

そしてこれらの選択は市民の意思（国民投票）によって行われている。スイスが世界的にも珍しい直接民主制に近い政治制度であることも、協同組合が発展していったことと無関係とはいえない。市民一人ひとりが日々の生活周りのことから軍事まで関与しているという意識が強い。ミグロの発展は、スイスのこのような特殊な成り立ちとも関係している。政治的な独立性の高さによって農産品の高い関税を維持し、また同国へ進出した企業はスイスの厳しい食品安全基準を遵守するために高い賃金を支払うことを約束させられる。これらは他国の企業にとって厳しい競争条件と言える。

その一方、ミグロはその特殊性に守られてきたばかりではない。消費者協同組合という形態でありながら、組織の成長と競争のために積極的な買収・売却などの組織変革を行い、また時代の先駆者としてその社会性をマーケティング戦略に活かしてきた。その積極性、先駆性、社会性によって得られた成果が現在のミグロの発展であり、組合員はこの発展によって恩恵を得てきたのである。

3. 組織形態による分類

3-1　本節の概要

世の中の組織の役割や存立の目的は、たとえ同様の商品・サービスを提供していても異なる場合がある。牛乳を生産・販売するのは民間の食料品会社だけではなく、農業協同組合（通称JA）でも行っている。産業機械の多くは民間企業が製造しているが、スペインのCorporación Mondragón（モンドラゴン）などの労働者協同組合でも手がけている。あるいは小売業は民間や公設のものもあれば、生活協同組合（生協）や地域住民が出資・運営する協同組合・共同売店なども存在する。

本節では、それぞれの組織が「何らかの目的に向か」う際、何を目的にしていて、どのような「複数の人間によって」構成された「協働する状態あるいはシステム」（組織の形態）なのかの制度面に着目して説明を行う。

3-2　家内営業

法人格のない個人事業を指し、定義上は「企業」ではない。近代以降の組織の発展の原型とされている。事業主の家計を満たした後の余剰によって利益の拡大のために従業員を雇用するということは限定的である。一方、この形態が同族企業や財閥に発展するというパターンは多く見受けられる。

3-3　投資家所有

以下の合名会社・合資会社・合同会社の３形態は持分（所有権の単位）や支配権（株主総会での決議において「発言」を行使する権利）が株式化されていない「持分会社」としての共通性がある。こうした企業形態が発生した時代的な流れを整理したものが「**図表 2-1** 」である。

図表2－1　投資家所有の企業形態の整理

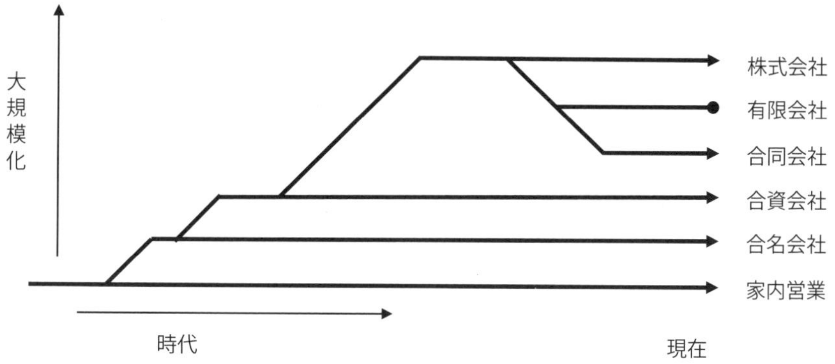

出所：小松（2006）、29頁を一部改変して筆者作成。

◉――合名会社

出資者が複数になった営利会社の初期的な形態であり、各出資者による合議制で意思決定が行われる。一方、合議制であるがゆえに出資者間の信頼が前提となり、出資者はおのずから範囲の狭い少人数に限られた。出資者全員が債務履行に関して無限責任を連帯して負ったため、拡大・普及には限界があった。

◉――合資会社

合議制は維持しつつ、支配権を有しない出資者（持分出資者）を導入することで出資が分散した形態である。持分出資者は支配権を持たないが、出資額を限度とする有限責任を負うだけで済む。

◉――合同会社

2006年の会社法から始まった新しい形態である。米国のLLC（limited liability company）にならい、出資者の全員が有限責任で済む株式会社の特徴を残しつつ、支配権や利益配分の割合を定款で自由に決められる。

◉――株式会社

資本金のすべてを株式化した企業形態である。これによって有限責任と支配権の小口単位化を可能にし、株式は持分の単位と支配権の単位そのものを意味する。持分出資者に対して株式を発行することで合名会社・合資会社などのような人的関係に依拠せずに資本金を拡大させ企業の信用を裏付けることになった。

株式会社の支配権は所有する株式数によって決まってくる。株主総会はこの支配が機能する場として経営上・統治上重要な決議が行われる。会社の経営自体は取締役という機関によって行われることになり、経営者は株主総会から委託を受けて経営の実務を執行する。

◉――有限会社

中小企業のために株式会社の制度的特質を簡素化して作られたものである。株式会社の仕組みに移行させられるように、資本金の均一少額単位への分割と出資口数に比例した支配権と出資者への有限責任制を認めた。しかし多くの企業が設立当初から株式会社とするなど必ずしも意図した運用とはならず、2005年の会社法施行に伴い新設はできなくなった。

3-4　各種の協同組合

会社は組織それ自体が構成員（社員）の個性に優越する一方、協同組合は構成員（組合員）の個性が強く意識されている組織である（小松, 2006）。協同組合は、共通の目的を持った複数の人間によって組織された相互扶助組織である。その目的に沿った事業を組合員が利用することで、組合員たちの利益が増進することが目的である。原則的には組合員一人につき１票の発言権がある。

世界の協同組合運動の先駆とされるのが、1844年に設立された英国のロッチデール公正開拓者組合（The Rochdale Society of Equitable Pioneers）である。協同組合運動の初期には営利企業への批判という動機が強く働いており、この点では労働組合運動と同根であった。後に労働組合運動は資本家への対決の姿勢が色濃くなっていったのに対して、協同組合運動は労働者自身の自助を目指すようになっていった。協同組合は４種に大別することができる。

◉——消費者協同組合（生活協同組合など）

消費者自身が納得いく商品やサービスの供給を主な事業としている。生活協同組合の目的は事業を通じて組合員に奉仕することであり、その事業は物資の購入・供給・文化事業・共済（保険）事業など多岐にわたる。本章の事例のミグロはこの形態である。

◉——第一次産業従事者のための協同組合（農協、森林組合、漁協など）

自然と常に対峙するという第一次産業の特徴から、従事者の経済的地位を安定させるべく結成されるものである。主要な例として日本の農協が挙げられ、その事業は営農指導や直売所、ガソリンスタンド、信用事業（JAバンク）、生命保険・損害保険に相当する共済事業（JA共済）、病院・診療所などの厚生事業、冠婚葬祭、観光など多岐にわたる。

◉——中小零細企業者のための協同組合

中小規模の商業、鉱工業、輸送業、サービス業などを行う事業者の相互扶助のための組織であり、中小企業政策の一環として導かれた制度としての一面もある。このうち信用事業を行う信用協同組合（信用組合）は金融機関として全国に145の組合が1,600店舗以上展開している（2022年９月現在）[(4)]。

◉——労働者協同組合

労働者自身が「組合員が出資し、それぞれの意見を反映して組合の事業が行われ、組合員自らが事業に従事することを基本原理とする組織」である[(5)]。日本の労働者協同組合法は2020年12月に公布、2022年10月に施行された。当初の企業組合やNPO法人の形態から、事業の制限や働く人の法的な位置づけを明確化させたもので、都道府県知事による監督を受ける。株式会社の形態では出資者・経営者・労働者が基本的に異なる立場をとることで組織の成長に適していた一方、労働者協同組合は少子高齢化・人口減少などに伴う介護・福祉・子育て支援・地域振興など地域レベルで多様なニーズに適応できるような事業（労働者派遣事業を除く）に、多様な働き方を実現しながら従事できるものとして機能することが期待されている。

海外ではスペインのバスク地方を拠点とするモンドラゴンなどが成功例として挙げられることが多い。

3-5 相互会社

保険という金融商品の性格から、多数の保険加入者による相互扶助の形式を具体化した会社形態であり、保険業法によって保険事業にのみ認められている。保険加入者は出資者と見なされ「社員」とも定義される。剰余金の一部は保険加入者＝出資者に返還される。社員総会が経営の最高機関であり、そこで保険加入者一人１票の「発言」によって統治が行われている。保険契約者の利益を最優先する形態だが、1996年の保険業法改正による自由化に伴い、国際展開やM&Aのための資金調達のしやすさを理由に株式会社化する保険会社も増えている。

3-6 その他

◉――非営利団体

非営利の組織として社会の利益のために活動するものに非営利団体（NPO：non-profit organizationまたはnot-for-profit organization）がある。狭義ではボランティア団体や市民活動団体を指し、更に狭い定義では特定非営利活動促進法に基づく認証を受けたNPO法人を指し、利益の再配分を行わないことが特徴である。広義には営利組織の対義語と考えられており、社団法人・財団法人・医療法人・社会福祉法人・学校法人・宗教法人・前述の各種協同組合や政府・国際機関などを含む概念ということになる。

NPOに求められるものは公益性であり、営利の事業が否定されるわけではない。そのことから「利益を得ない」ニュアンスが含まれる“non-profit”よりも、「利益を追求するわけではない」“not-for-profit”という英語の呼称が一般的になっている。

◉――公企業など

政府出資型や公庫などの法人公企業、政府系銀行、公団（森林、農林水産、鉄道、道路など）、自立資本型（日本放送協会NHK、日本船舶振興会など）の公企業が存在する。

4. 営利・非営利と社会性による分類

4-1　営利・非営利と組織形態

前節が主に組織形態の制度面による分類であったのに対し、本節では営利・非営利の別や社会的企業か否かという概念的な分類について述べる。

前節の組織形態の分類を営利・非営利の別で説明すれば、おおむね会社組織は営利で協同組合やNPOが非営利という分類は可能だが、実際はそれほど単純ではない。家内営業、投資家保有の各形態は営利であることが多いが、協同組合やNPOも利益を得てはいけないわけでもなく、相互会社の形態を取る保険会社は営利である。また協同組合や公企業のグループ傘下に株式会社を保有する場合などもあり、企業形態と営利・非営利の別は必ずしも一致しない。くわえて、営利企業であっても利益一辺倒というよりは社会的目的を貫徹することに勤しむものが多い。本章の事例からもわかるように、創業期のミグロは貧困層の生活改善を目的としながら民間企業として創業している。このように営利・非営利という分類と組織形態との境界線は曖昧であり、目的も流動的である。

4-2　社会的企業と組織形態

◉――経済性から社会性の考え方へ

そもそも企業は社会・環境に資源を頼って事業を行い、新たな価値を他者の資源として社会・環境に提供する社会的存在である。組織が存続しようとすれば、環境の変化に適応するために社会や政府などとの相互作用の影響を必ず受けることになる（Post, Lawrence & Weber, 2002）。このような企業の社会性という概念自体は何も真新しいものではなく、日本でも古くから近江商人の「三方よし」などの考え方が示すように、社会性なしには商業自体が成立し得ないと考えられてきた。

しかし20世紀後半頃から「利益を増やすことこそがビジネスの社会的責任である（the social responsibility of business is to increase its profits）」（Friedman, 1970）とする考え方が世界を席巻し、多くの営利企業が追随した。このような風潮に対抗する異なる選択肢として、より社会・環境・労働者と持続的に共存するための社会的企業という概念が再提起されるようになった。2000年代に入ると米国のいわゆる「エンロン事件」などによって企業のコンプライアンスが厳しく問われるようになり、また国連グローバルコンパクトの潮流も後押しして、社会における企業のあり方自体が広く意識されるような傾向を生んだ。論壇においても、Porter & Kramer（2011）が提起した“creating shared value”（共有価値を創造する）というコンセプトがFriedman（1970）へのアンチテーゼとして話題を呼び、営利企業が社会的課題に対して商品・サービスを通じて価値を提供することによって経済的価値を創造するという考え方が再認識される機運を高めた。

前述の営利・非営利という分類と同様に、社会的企業という概念も流動的かつ多義的であり、組織形態と社会的企業か否かを分かつ境界線とは一致しない。またそもそも公益性を追求する非営利組織を企業化させたものという考え方も含まれる。Porter & Kramer（2011）の主張を紐解けば、組織形態と社会的企業か否かの枠組みが一致しない理由は、社会的企業が機能的な特徴を示しているにすぎず、制度的な形態を示すものではないということがわかる。機能的に社会に価値を提供するのであれば必ずしも「企業」単位である必要もなく、より小さな単位での「社会的事業」も想定できるだろう。実際には社会的企業の多くが株式会社の形態をとり、利益を生まなければ組織が持続できない。

◉――ゼブラ企業

社会的な課題解決と経済成長の両立によって持続可能な繁栄を目指し、その

図表 2-2　ユニコーン企業とゼブラ企業の違い

	ユニコーン企業	ゼブラ企業
なぜ		
目的	飛躍的な成長	持続的な繁栄
ゴール	上場、売却、10倍成長	収益性、持続性、2倍成長
結果	独占	共存
どのように		
世界観	ゼロサム、勝者・敗者	ウィン・ウィン
方法	競争	協力
自然界のモデル	寄生	互恵性
資源	貯めこみ	共有
スタイル	独善的	参加型
追求の仕方	より多く	必要なだけ、より良く
誰が		
受益者	内輪、個人、株主	公共、コミュニティ
チームの構成	エンジニア偏重	バランス（コミュニティ管理者、顧客の成功、エンジニア）
ユーザーへの対価支払い	慎重（不透明）	価値に応じて（透明性）
何を		
成長の方向性	高飛車	循環咳成長
指標	量	質
優先すること	ユーザーの獲得	ユーザーの成功
障壁	商品の選定	プロセスの選定

出所：Zebras Unite HPより筆者訳。Zebras Unite HP―広報ページ "Zebras Fix What Unicorns Break"（2017年3月8日付）：https://medium.com/zebras-unite/zebrasfix-c467e55f9d96（最終閲覧日：2022年10月11日）。

運営も状況や環境に応じて柔軟に対応させようと新たな概念を提起して昨今注目されているスタートアップ企業である。その意味でゼブラ企業は社会的企業の亜種として位置づけることができるだろう。このようなコンセプトを利益や時価総額を重視するユニコーン企業（時価総額10億ドル超、設立10年以内の未上場ベンチャー企業）と対比させて「**図表 2-2**」のように定義している。その組織形態は株式会社であることが多いが、定款には社会課題解決などが明記されていて、社会との共生や持続的な繁栄などが組織のアイデンティティとして利害関係者に認知されている。

このゼブラ企業は、米国の女性起業家たちが2016年に提案したものであり、社会課題解決と成長の両方を目指す企業のことを、白黒のまだら模様で群れをなすシマウマになぞらえたものである。

5. おわりに

本章では、スイスの消費者協同組合の事例に適宜触れながら、複雑な社会の構成員として活動する各種組織の形態の違いと、営利・非営利と社会的企業の概念による違いについて概説した。ここでは、本章の２種の分類による説明に伴う概念的整理（相違点・不一致性・関係性）と残された課題を挙げて章を締めくくる。

第１に、本章の概念的整理を行う。組織の形態は制度論であり、営利・非営利・社会性は概念という根本的な違いが挙げられる。制度である組織の形態は静的で、概念である営利・非営利・社会性の別は流動的かつ多義的である。ただでさえ組織の形態論の観点だけでも各々の目的や構成員の違いなどが曖昧であるのに、営利・非営利・社会性という概念が流動的かつ多義的であるために混同が生じやすい（同様のことが第３節のNPOについても言え、最も狭義のNPOが制度を指すのに対して広義のそれは概念である）。この分類で整理すれば、本章の事例のミグロは営利的かつ社会的（概念）な消費者協同組合（制度）ということになる。くわえて、概念の一般化が生じることで、それを追いかけて制度がつくられるという関係であることが挙げられる。近年の労働者協同組合の制度化はその好例と言える。

第２に、実際の組織が重層的であるため、組織形態論による説明には限界がある点を挙げる。例えば農協、ミグロ、モンドラゴンなどの協同組合やNHKなどの公企業のグループ傘下には営利企業も複数存在することから、組織の形態における統一性を欠く。このような場合、労働者協同組合のグループ傘下であったとしても完全に労働者本位とは限らず、組織の事情が従業員の意思に優越する場合がある。スペインの大手労働者協同組合のモンドラゴンでは労働主権を原則の１つとして掲げているが、2013年の経営難による事業再編に伴い組織内で人員の再配置を行う際、従業員には拒否権が事実上なかった（Heras-Saizarbitoria, 2014）。

第３に、異なる形態の組織が同じ商品・サービスを提供していても、公平な競争・規制環境にあるとは限らない点を挙げる。例えば、協同組合や公企業などが提供する貯蓄・融資や共済などの商品は民間金融機関の預金・融資・保険商品などと競合しているが、すべての組織が対等の条件で許認可が行われているわけではない。また農協に対しては独占禁止法の適用除外が認められていることから、しばしばその優遇措置や経済合理性が疑問視されることもある。このように組織形態によって規制・監督・税制などが異なり市場の公平性が歪められるという問題が残る。

（１）ミグロの事例については同組織のMigros Annual Report 2021に負うところが大きい（https://report.migros.ch/2021/en/）（最終閲覧日：2022年11月６日）。

（２）「2-2」項のミグロと他組織との比較については、Reinhardt et al.（2006）に負うところが大きい。

（３）ミグロHP—広報ページ Les coopératrices et coopérateurs ont tranché: l'alcool restera absent des Migros de Suisse（2022年６月16日付）（https://corporate.migros.ch/fr/medias/communiques/show/news/communiques/2022/alkohol-abstimmung-resultate~id=e628a4d6-11f0-4fc9-9ab1-ae1b6e540a0d~.html）（最終閲覧日：2022年９月29日）。

（４）全国信用協同組合連合会HP（https://www.zenshinkumiren.jp/）（最終閲覧日：2022年９月30日）。

（５）厚生労働省HP—雇用・労働「労働者協同組合」（https://www.mhlw.go.jp/stf/newpage_14982.html）（最終閲覧日：2022年９月29日）。

学びを深めるために

設問 **1**：株式会社と協同組合組織が同じ事業を行ったり、協同組合組織であっても利益を追い求めたりすることがあるのはなぜか。説明しなさい。

設問 **2**：今世紀に入って有限会社の新設ができなくなった一方、合同会社や労働者協同組合の設置が認められるようになった背景を説明しなさい。

推 薦 図 書

Post, J. E., Lawrence, A. T. & Weber, J.（2002）. *Business and society: Corporate strategy, public policy, ethics, 10th Ed. McGraw*-Hill（松野弘・小坂隆秀・谷本寛治（監訳）『企業と社会（上）』ミネルヴァ書房，2012）.

伊丹敬之・加護野忠男・伊藤元重（編）（1993）.『企業とは何か―日本の企業システム（第１巻）』有斐閣.

加護野忠男・角田隆太郎・山田幸三・上野恭裕・吉村典久（2008）.『取引制度から読み解く現代企業』有斐閣アルマ.

COLUMN

武藤山治の経営と社会性

日本の多くの経営者は、組織の活動や収益の源泉が社会や環境にあると古くから考えてきた。ここでは、明治以降の日本の近代化を象徴する紡績業の著名な経営者の一人、武藤山治（1867-1934）がどのような使命感で社会と向き合っていたのかを紹介する。

武藤は三井銀行（現・三井住友銀行）を経て鐘淵紡績（後に2008年に解散したカネボウ株式会社、現・クラシエホールディングスなどが受け皿会社）の経営に手腕を振るった。工場間の生産工程を統一して生産性と品質を向上させ、また水平統合戦略によって規模を拡大させて同社を日本最多の従業員を抱える企業として発展させたことから、「紡績王」と呼ばれた。いわゆる「日本的経営」を提唱したことでも知られており、その特徴は株主主権と従業員利益の両方を重視したことにある。当時は社会における貧富の差が大きく、武藤が株主利益を重視する考え方に対して批判的な論調も多かった。それでも武藤は、経営を盤石にするためには安定した株主からの信任を得ることが不可欠と考え（一方では投機的な株主による支配は排除して）、高配当と高株価を実現させることによって長期的視点に立って経営の舵取りや従業員の福利の充実を図った。つまり武藤にとっては、株主と従業員の両方の利益を追うことは単に二兎を追うことではなく、論理的につながりがあることであった。

また武藤はもともと株式会社も一個人と同様に人格を有していると考え、企業も株主の信任を得ながら公益のために寄与することを真剣に考えていた。その１つとして鐘淵紡績の兵庫支店入口に診療所を建設し、また失業救済事業として東京・大阪・神戸の３市にそれぞれ10万円ずつ寄付、さらには南米への移民事業に対する資金援助なども行った。こうした武藤による社会的貢献は、高配当に対する世間からの批判を回避することにも役立ち、また福利厚生を充実させることによって社会における企業イメージの向上にも寄与することとなった。

このように武藤は、経営者として本業を発展させることで多くの従業員の生活を向上させながら、本業外でも社会が抱えている課題に向き合った。

第 3 章

社会を支えていく組織とは？

吉村典久 *YOSHIMURA Norihisa*

1. はじめに

第2章にて、株式会社をはじめとして多種多様な組織が社会に存在し、その存在が過去そして現代の社会を支えてきたことを観察した。多種多様な存在のなかでも、株式会社、特に大規模なそれ、の存在には際立つものがある。第3章では「会社」と「社会」の関係が大きく問われる時代のなかで、一見、株式会社の姿をしつつ、「会社」と「社会」の関係において異なる基本的な性格を持つ会社、従来とは異なる、姿を見ていく。

まず「Entreprise à Mission（使命を果たす会社)」と呼ばれる新たな会社形態となったフランス（仏）のDanone（ダノン）の事例を見ていく（第2節)。その後、公共の利益に重きを置く米国発の「(公認）Bコープ」（第3節）や「ベネフィットコーポレーション」（第4節）といった会社形態の特徴を見た後、仏の「使命を果たす会社)」を含めて、英国やドイツ（独）における近年の新たな動きも見ていく。「SDGs」や「ESG」の概念が企業経営に大きな影響を及ぼすなか、これら新たな会社の姿を知ることは、経営管理の今後のあり方を考えるに重要である。

2. 事例：ダノン(1)

2-1　概要と原点

◉――源流から急成長まで

ダノン（Danone S.A.）はパリに本社を置き、欧州のみならずアジア太平洋、南北アメリカ、アフリカの世界120以上の市場で事業を営む食品大手である。日本には1980年に味の素ダノン株式会社を設立して参入、1982年にチルド乳製品事業を開始、現在も発売されている「プチダノン」を上市した。

グループ全体での従業員数は約10万人、売上高は242億ユーロ（約3兆円）、その内訳は「チルド乳製品と植物由来の製品」が約130億ユーロ、「ウォーター」が約39億ユーロ、「乳幼児向け食品、医療用栄養食」が約72億ユーロにのぼる。

同社の源流は1919年創業のスペイン・バルセロナのヨーグルト会社にある。アイザック・カラソーがヨーグルトの工業化に世界で初めて成功、腸の病気を抱える子どもを救うべく医師を介して薬局でヨーグルトを販売したのが始まりであった。

こうした源流を持つ会社と仏の食品会社BSNが1973年に合併を完了し、ダノングループが誕生した。BSNはもともと仏最大手のガラス容器会社と同国第2位の板ガラス会社の合併で誕生、ガラス事業で欧州最大手の会社であった。合併後、同事業のさらなる拡大を目して同業の次なる合併を計画、それが失敗に終わる。それを機に1970年に「容器から中身へ」の事業転換を計画、仏の「エビアン社」などの買収を手がける。その結果、ミネラルウォーター、ビール、乳幼児向け食品の事業で仏最大手になる。

食品事業のさらなる拡大を目しての1973年の合併後、その後の約四半世紀で世界有数の食品会社に急成長した。仏のみならず西欧地域、そして1990年代に入ると「脱西欧化」、アジアや南米、アフリカにも事業を急速に展開した。ネスレやユニリーバに次ぐ欧州3位の食品大手となった。事業領域も、乳製品と飲料から、ビスケット、シリアル、ソースなど9分野に拡大を見せた。

◉──初代CEOの唱えたこと

事業の地理・領域が急拡大する一方で、同社の経営者の唱えていた「社会」と「会社」のあり方と、同社の実体にズレが生じていた。約半世紀前の1972年、ダノンの初代の最高経営責任者（CEO）のアントワーヌ・リブーは「デュアル・プロジェクト」を唱え、それをダノンの企業理念、哲学、そしてDNAとすることを目指した。彼は資本主義社会における「会社」のあり方を真摯に問い、自社のみの成長を目指すのではなく、会社の成長が社会や環境に与える影響を考慮すべきであり、会社の成長、発展と社会の発展は両立させるべきだと主張した。

こうした主張の背景には、ダノンの歴史とともに、1970年代、仏のみならず日本を含めた世界各国で社会・学生運動が高まりを見せ、その運動のなかでは資本主義、そこにある大量消費社会のあり方、その中心にある会社のあり方が問われていたこともあった。今日、こうした社会との関係に重きを置く考え方は広く観察されている。しかし半世紀前、こうした主張は極めて画期的なものであった。

2-2　原点への回帰

こうした理念は唱えられつつ、会社の急成長の過程においては、社会の発展よりも自社の発展、利益重視の考え方、風土が社内に広がっていた。この広がりを危惧して、見直しに着手したのが1996年、父であるアントワーヌ・リブーの後を継いでCEOとなった息子のフランク・リブーであった。彼は会社の急成長を行き過ぎたものと見なし「20年後のダノンはどうなっていたいのか。その答えを出すために、我々は何のために存在しているのか、もう一度考えよう」(2)と社会との関係のあり方を問い直した。

議論が重ねられた結果は、対外的には2006年に「より多くの人々に食を通じて健康をお届けする」との企業理念の形で示された。先代の唱えた理念、原点に回帰するものであった。この見直しの議論の過程でダノンは、それを理念の形で示すだけでなく、具体的な取り組みにも落とし込んだ。例えば、事業ポートフォリオの見直しの形である。「健康をお届けする」との理念に沿っているか否か。沿っていないと判断された事業、具体的には2000年のビール事業をはじめとして、ハム・チーズ、ビスケット、ソース、冷凍食品、それぞれの事業を売却した。売却と同時に、沿うと判断された事業についてはM&A（合併・買収）でポートフォリオに組み込んだ。2007年には、ビスケット・シリアル事業を売却する一方、乳幼児向け食品と医療用栄養食の大手を買収した。この売却とM&Aの結果、シリアル事業の世界大手であったダノンは、ベビーフードの大手となった。9分野まで拡大していた事業領域は一連の見直しで、幅広い年齢層の健康、それにつながる食生活と栄養ニーズに対応した「チルド乳製品」、「ウォーター」、「乳幼児向け食品」、「医療用栄養食」の4分野に整理された。

こうした見直しにくわえて2001年から「ダノン・ウェイ」を開始した（黒岩, 2017）。これは、事業を手がける子会社やその従業員などを対象として、経済、環境、社会に対する責任の自己評価の仕組みである。従業員レベルまで、会社の発展と社会の発展の両立させる意義を伝え、各社・各人の自発的な取り組みを促すものであった。

2-3 原点へのさらなる回帰、その実現への難路

◉――さらなる回帰

こうした取り組みを、2007年に共同最高執行責任者（COO）、2014年に同社初の非創業家CEOに就任したエマニュエル・ファベールは加速させた。彼は目指す会社像を「サーブ・ライフ（生命に尽くす）だ。社会があり、経済活動をした結果、お金が回るという考え方ではない。まず自然があり、経済を回すときには中心にお金ではなく人間がいる。製品を作るには植物や土、水などの自然が必要だ。ここに製品を買ってくれる消費者のほか、製品を作る人、運ぶ人、販売する人がいる。すべての生命を支え、尽くす会社になる」と述べ、初代の唱えた「デュアル・プロジェクト」の実現に邁進した。

図表 3－1　「ダノン2030年目標」の内容

ビジネス・モデル

・常に優れた食体験を提供し、革新する
・持続可能かつ収益性の高い成長を果たす
・B コーポレーション（B-Corp™）の認証を受ける

ブランド・モデル

・地域の人々の健康に影響を与える
・マニフェスト・ブランドを成長させる
・地球の資源を保護し、再生させる

トラスト・モデル

・ダノンの人材に新たな未来の創造を委ねる
・包括的な成長を促進する
・フード・レボリューションをパートナーと推進する

出所：ダノンジャパン株式会社2018年７月４日付けプレスリリース（「ダノンは、革新的なガバナンスおよび従業員エンゲージメント・モデルに支えられた、長期的かつ持続可能な価値創造に向けた 2030 年目標を設定しました」）（https://www.danone.co.jp/wp/wp-content/uploads/20180704_pdf_path_5b3b1ee1a19ab.pdf）をもとに筆者作成。

例えば2017年、ダノンは新しいビジョンである「One Planet. One Health」を発表した。このビジョンには、人々の健康と地球の健康は相互につながっているとのダノンの考え方が反映されている。このビジョンの実現に向けて2018年には、会社とブランドの９つの長期目標を示した、「ダノン2030年目標」を策定した。この目標は国連の「持続可能な開発のための 2030アジェンダ」、いわゆる「誰一人取り残さない」持続可能で多様性と包摂性のある社会の実現のため2030年を年限とする17の国際目標、に沿ったものである（**図表 3-1**）。

９つの目標のうち「Bコーポレーション（B-Corp™）の認証を受ける」であるが、この「B コーポレーション」とは、米国の非営利団体B Lab（Bラボ）が運営する国際的な認証制度である。社会や環境に配慮した事業活動を展開して公益に資すると判断される一定の基準を満たした会社のみに与えられる。2006年に始まり、ダノンのウェブサイトの言葉を借りれば「世界標準の「良い会社」の証として、今日では経済的な成功と、環境と社会の大きな目標を合わせて達成したいと考える企業が取得を試みる、世界的な運動となっています」[3]と説明される。ダノンは、2025年までに世界中のダノンの子会社、その後のグローバルでのB Corp認証の取得を目標としている。日本法人のダノンジャパンは世界で24番目、日本の大手消費財メーカーおよび食品業界では初として、2020年５月に同認証を取得した。

こうした認証取得は2015年から進められており、2020年６月の株主総会を経て「Entreprise à Mission（使命を果たす会社）」ともなっている。この「使命を果たす会社」とは2019年、仏の新法制定に伴い採用が可能となった会社形態である。その特徴は、営利法人である企業が、利益だけでなく社会や環境に配慮することを目的として定款に明記できることである。ダノンにおいては「可能な限り多くの者に食を通じて健康を提供する」（石川，2021，111頁）が記載されている。「社会」と「会社」の関係のあり方を問う動きの高まりを背景に、仏政府が新法導入に動き、ダノンが上場企業初の「使命を果たす会社」となった。

◉――会社の発展と社会の発展の両立の難しさ

企業理念やビジョンの形だけでなく、国際的な認証制度や会社制度に関わる取り組みにまで踏み込み、単なる目標ではなく、会社として成し遂げねばならぬもの、強いコミットメントを示したのがダノンであり、CEOのエマニュエル・ファベールであった。

しかしながら、「使命を果たす会社」となって１年も経ずして同氏はCEOを解任される。その背景には、ライバルの英のユニリーバやスイスのネスレに比較して、業績不振、財務的な成果が見劣りする点にあった。この点を一部の株主が問題視し、解任となった。この解任は、理念にもとづき社会とのあり方を模索しようとする企業経営の側と、利益、特に短期利益を求める株主の側の関係を考えさせる出来事、「会社」と「社会」のあり方を問う出来事として、非常に耳目を集めることとなった。

3. 私的なB Labの「B Corporation™」

3-1　Bラボと「認証Bコープ」の概要

「社会」と「会社」の関係のあり方を問う法人形態としての２つの「Bコープ」のうち、まずはダノンの事例にあったB Lab（Bラボ）の取り組みを取り上げていく。

“We envision a global economy that uses business as a force for good”（「わたしたちは、ビジネスをより良い社会をつくるための力として用いるグローバルエコノミーを目指しています」［ハニーマン＆ジャナ，2022，３頁］）。これを目指して2006年に設立されたのが、「重要事項の測定（measure what matters）」をスローガンとする米国ペンシルバニア州の非営利団体B Lab（Bラボ）である。スタンフォード大学の同級生３人が創設者である。彼らは20年ほどのアパレルブランドの経営や資産運用の仕事を経て、上記のビジネスの力を通じての社会的課題の克服への道を具体的に検討し、検討の後、同団体を設立して、認証制度「Bコーポレーション（B-Corp™）」を始めた。しばしば「Bコープ」と略される。この制度は、環境面などに関する重要事項に関して高い基準の成果を獲得していること、くわえて、重要事項について問題があれば適切に公表する、つまり透明性を維持することにコミットする会社であることを認証するものである。

なお、ここでの“B”は“benefit”を意味する。このBラボがBコープについての公認ハンドブックとしているのが、ハニーマン＆ジャナ（2022）である。日本語版には別途、註が付されており、その【１】では、“benefit”を辞書で引けば「利益、恩恵、メリット」といった訳語が出てくるとしたうえで、その源流をラテン語にまでさかのぼると「『bene（良い）＋facere（つくる・行う）』となり、『よい状態にするもの』という意味をもち、金銭に限らず抽象的な意味で『よくなる』ことを指す（17頁）」と解説がある。この語源にまでさかのぼった、金銭的なものだけに限定されない意味で“B”、“benefit”を捉えてい

図表3－2　“B Impact Assessment”の質問項目の例

ガバナンス

・理念とステークホルダーエンゲージメント、倫理と透明性など

従業員

・健康・ウエルネス・安全、キャリア開発、従業員満足など
（例）「新入社員の何％がトレーニングを受けたか？」

コミュニティ

・ダイバーシティやインクルージョン、サプライチェーン管理など
（例）「どのような形で寄付や地域社会への投資を実施しているか？」

環境

・気候変動、水、土地と生物多様性など
（例）「環境への負荷を低減するために実施している施策は何か？」

顧客

・顧客への責任など

出所：『日経ESG』2020年9月号、9頁の図表および「社会にとって、地球にとって、良い会社とは？ 国際企業認証B Corpに関する情報提供サイト」のHP内記述（https://bthechgjapan.net/b-impact-assessment-bia/）から筆者作成。

図表3－3　Bコープ相互依存宣言

わたしたちは、ビジネスをより良い社会をつくつための力として用いるグローバルエコノミーを目指しています。パーポスドリブンで、株主だけではないすべてのステークホルダーに恩恵をもたらす新しい会社＝B Corpによって、この経済圏は成り立ちます。B Corp、そしてこの新しいエコノミーの先達として、わたくしたちは以下のことを信じています。

・自分たちが目指す変化そのものであること
・すべてのビジネスが、人間と風土に関係あるものとして営まれること
・プロダクトや実践、利益を通じて、ビジネスが誰も傷つけることなく、すべての人やものにとってベネフィットとなること
・これを実現するために、自分たちが互いに依存関係にあり、それゆえにお互いと未来の世代に対しての責任があることを理解しながら、すべてを実行すること

出所：ハニーマン＆ジャナ（2022）、3頁「B CorpTM相互依存宣言」より。

るのである。

2022年11月時点で、86カ国の5,965社がBコープに認証されており、そこでは485,055人が働いている。日本法人に先だって2018年には、北米法人のダノンNA（Danone North America）がBコープ認証を受けている。認証時点の同社の売上高は60億ドルであり、世界最大のBコープとなった。日本においては2022年10月時点で15社となっている。

3-2　Bコープの認証の流れ

認証された「Bコープ」、つまり「認証Bコープ（Certificated B-CorporationTM」となるには、この第三者機関たるBラボのアセスメント（B Impact Assessment）を受けることから始まる。具体的には、ガバナンス、従業員、コミュニティ、環境、顧客の5つの領域に関わる、重み付けされた200程度の質問から構成される調査票に回答する（**図表3-2**）。評価内容は当該企業の規模や産業などに応じて調整がなされるが、200点満点のうち最低80点を取ることが最初の関門となる。それをクリアした後、証拠資料の提出やインタビューなどを経て認証となる。最初のアセスメントは数時間で終了するが、Bラボ側の証拠資料の検証などに時間を要するため、認証まで数カ月を要する。

そして、上の“We…”から始まる、Bコーポとして重視したい価値観を表明している「Bコープ相互依存宣言」（B Corp Declaration of Interdependence）に署名が求められる（**図表3-3**）。

4. 法的な「Benefit Corporation」

4-1　「認証Bコープ」との違いを含めた「Benefit Corporation」の概要

米国、欧州、そして日本を含めたアジア各国など86カ国に拡大を見せているBコープであるが、それはあくまでも民間の非営利団体のBラボによる、私的な認証制度である。認証を受けているのは、各国あるいは米国であれば各州の定める会社法のもとにある株式会社である。事業の内容を記した定款を定め、株主総会で選ばれた取締役が経営を担う。株式会社の基本的な性格からすれば事業の目的は、法的には株主の私的な利益が第１、他の利害関係者の利益、公的な利益はその後ろに置かれることとなる。そのため、取締役を含めたトップマネジメントによる、株主のみならずすべての利害関係者の利益を目した企業経営。それを可能にさせる、邁進をさせる、それを法的に守ることも求められた。

そこでBラボは認証活動にくわえて、会社法そのものの改正、ベネフィットコーポレーション立法運動にも取り組んだ。この運動は実を結び、新たな法人格、「ベネフィットコーポレーション」の設立につながった。この法人は、株主のみならず、それ以外の利害関係者の利益や公益の追求を正面から認める、目的とする営利法人である。公益を目するが、非営利法人（Non-profit Corporation）ではなく、あくまでも会社法に基盤を置く営利法人である。

日本では、2022年６月に当時の岸田（文雄）内閣が発表した経済政策「新しい資本主義」のなかに日本における新たな法人形態としての「ベネフィットコーポレーション」の検討が盛り込まれ、注目を集めることとなった。米国では州ごとに会社法が定められるため、州ごとに細部は異なるが、Model Benefit Corporation Legislation（模範会社法）のタイプとデラウェア州のタイプに大別される。「新しい資本主義のグランドデザイン及び実行計画 基礎資料集」では、それらの共通する事項として以下を指摘している(4)。

・定款にベネフィットコーポレーションであることを明記する必要がある。
・取締役の義務として、株主のみならず、公共の利益の遂行を考慮すべきと州法に規定。
・株式会社の場合も、株主価値の向上のため、取締役が株主以外のほかの利害関係者の利益を考慮することができるが、ベネフィットコーポレーションの取締役は、他の利害関係者の利益を考慮することが要求されている。いわば、マルチステークホルダー的運営が義務付けられている。
・一般の株式会社からの移行も可能であるが、株主の２/３以上の賛成が必要。

・剰余金の分配（配当）についての制限は課されていない。すなわち、配当は可能。

・ベネフィットコーポレーションであることに伴う税制優遇はない。

4-2　ベネフィットコーポレーションの広がり

同じく「基礎資料」では「米国では、2010年４月にメリーランド州で最初のベネフィットコーポレーション法が制定され、その後、37の州で立法化され、４の州で立法化に向けて取組中」と紹介されるように、２/３を超える州で導入済みとなっている。2018年の調査結果も紹介されており「2010年10月から2017年12月までの間に、7704社のベネフィットコーポレーションが設立、または株式会社等から移行。その設立は全米に広く拡大」と、その拡大が強調されている。同時に州ごとのベネフィットコーポレーションの設立割合もあり、第１位のオレゴンが26%、次いでニューヨークが19%、ネバダが 18%となっている。

2013年７月には、デラウェア州もくわわった。同州は米国の上場企業の過半が本社を置き、同州の会社法、それに関連する裁判は米国のそれらをリードする立場にある。その意味において、同州の制定は米国において非常に意味を持ち、また同州での設立も次いで第４位、16%となっている。「基礎資料」では、こうしたベネフィットコーポレーションに対する投資家の特徴についても言及している。2013年から2019年の期間、このデラウェア州においてベネフィットコーポレーションへの投資案件および額が多い投資家のタイプとして、社会面・環境面のインパクトを重視する投資家だけではなく、利益追求型の投資家も多数、投資をしていることが紹介されている。くわえて同州において2014年から2019年の５年間で、ベネフィットコーポレーションへの投資額は約８億7,000万ドルとなり、これは2014年の６倍にのぼる。１件あたりの額も2019年に862万ドルと同４倍に拡大している。大口の投資先の産業分野を見ても、金融、教育、芸術、食品、農業、アパレル、IT（情報技術）、ヘルスケアと様々な分野に拡大を見せている。

図表 3－4　英独仏における制度

	英	仏	独
制度	Community Interest Company（CIC）	Entreprise à Mission（ミッションを有する会社）	公益有限責任会社（gGmbh）
登記プロセス	・CIC監督局（独立行政法人）に設置目的等の適切性を審査	・事業活動において追求するミッション等を定款に位置づけ、商事裁判所に届出	・社会的事業を遂行する旨を定款に記載した上で、公益性を税務署で審査
分配制限・透明性	・株主への配当は分配利益（収益＋資産）の35％が上限 ・毎年、レポート（コミュニティにもたらした利益等）をCIC監督局へ提出	・独立した第三者機関がミッションの遂行を検証する	・利益を出資者に分配できない
優遇措置	・CIC監督局がリストを公開しており、認知度向上に寄与	・なし	・寄付金収入や事業目的のための活動による利益等が非課税
備考	・チャリティ団体（非営利組織）による活動が行われていたが、資金調達強化やブランド化の観点からの法人形態を志向する動きが強まり、2006年にブレア政権で法制化	・既存の会社形態（株式会社、有限会社等）に任意に加えることができる制度として、2019年マクロン政権で法制化	・営利活動や事業目的に制限が大きい公益法人・財団法人に代わる選択肢を作り公益事業を推進するため2013年メルケル政権で法制化

出所：「新しい資本主義実現会議（第６回）」（令和４年４月28日開催）の「基礎資料」（令和４年４月 内閣官房 新しい資本主義実現本部事務局）より（https://www.cas.go.jp/jp/seisaku/atarashii_sihonsyugi/kaigi/dai6/gijisidai.html）（最終閲覧日：2022年11月８日）。

5. 英独仏などへの拡大

本章の第２節にて、ダノンが世界中でB Corp認証の取得を目指しており、くわえて、2020年６月の株主総会を経て、2019年の仏の新法制定に伴い採用が可能となった会社形態である「Entreprise à Mission（使命を果たす会社）」となったことを見た。自らの社会そして環境に関わる使命、ミッションを定款に明記し、その遂行のための管理体制の整備を進めることで、このタイプの会社となることができる。ダノンの場合には、従来からの取締役会とは別に、従業員の代表や外部の有識者の10名から構成される「ミッション委員会」が取締役会の監督を担うこととなり、明記した使命の達成・未達、未達の場合には改善を要求することとなっている。

この「使命を果たす会社」を含めて、米国発のベネフィットコーポレーションに類似する会社制度は英国で2006年、ドイツで2013年にも制定されている。その特徴は、左記の「**図表 3-4**」のとおりである。

6. おわりに

本章では、公益に重きを置く企業経営を目指す新たな会社形態の新たな動きを見てきた。具体的には、仏の「使命を果たす会社」、米国発の「（公認）Bコープ」や「ベネフィットコーポレーション」、英国の「Community Interest Company（CIC）」、独の「公益有限責任会社（gGmbh）」であった。

これらは胎動、拡大を見せる状況にはありつつ、ダノンといった一部の大企業を別とすれば、採用する多くは中堅・中小企業となっている（マーキス, 2021）。ダノンにおいても、2021年に業績不振で導入を主導した経営者が解任されたことは説明のとおりである。

いかなる企業目的を有するかは当然、企業経営、経営管理のあり方を大きく左右する。その意味において、本章で見た、公益と私益、公益と企業の成長の関係を左右する、新たな会社形態の問題については、経営管理の学びを深めるに特に注視していかねばならない。

（1）ダノンの事例については本書末の参考文献にくわえて、ダノンジャパンHPにある情報に負うところが大きい（https://www.danone.co.jp/）（最終閲覧日：2022年11月11日）。
（2）『日経ビジネス』2017年1月23日号、32頁。
（3）ダノンジャパンのウェブサイトの「B Corpとは」より（https://www.danone.co.jp/impact/bcorp/）。「世界標準の「良い会社」の証」の表現については、同サイトでも書体を変えて強調されている。

（4）以下、「基礎資料」については、令和4（2022）年6月7日の閣議決定の資料より(https://www.cas.go.jp/jp/seisaku/atarashii_sihonsyugi/pdf/ap2022.pdf)（最終閲覧日：2022年11月8日)。

学びを深めるために

設問 **1**：米国における認証Bコープ、ベネフィットコーポレーションの拡大の状況（認証された会社数、産業、それらへの投資など）を確認し、そのうえで拡大を見せている（あるいは縮小）理由を考えて下さい。

設問 **2**：日本でも認証Bコープとなる会社が増えてきています。認証を受けた会社を具体的に探し出し、認証を受けるにいたった理由や認証を受けた後、社会に対していかなる取り組みをしているのか調べて下さい。

推薦図書

- 高橋浩夫（2019）『すべてはミルクから始まった－世界最大の食品・飲料会社「ネスレ」の経営』同文舘出版.
- 畠田公明（2022）『社会的営利会社の立法とガバナンス』中央経済社.

COLUMN

「儲ける」ということ

「会社」と「社会」の関係を問いつづけた経営者に、松下幸之助がいる。現在のパナソニックホールディングス（旧・松下電器産業）を中核・持株会社とする日本、世界を代表する企業グループの創業者である。一代で、この企業グループを作り上げた。1989年 4 月、平成元年に死去した彼は、20世紀、昭和を代表する企業家であり、その功績から「経営の神様」と呼ばれる人物である。また彼は、その独創的な経営思想を世に問うた人物でもあり、くわえて、その人間観、教育観、社会観をも世に問いつづけた。その経営思想、人間観などは英語のみならず世界各国の言語に翻訳され、世界中に人々に多大なる影響を及ぼした。死去後も絶えることなく、彼の経営思想に関する書籍や論文が世に提出されている。その意味において世界レベルの経営者であるだけでなく、思想家でもあると称されている。

彼は、自らが立ち上げた旧・松下電器産業や松下電工といった「会社」が利益を獲得すること、つまり「儲ける」こと、を大いに肯定した。それは、個々の顧客の要望に答え続けている証であるからである。くわえて、「儲ける」ことは「社会」全体への貢献にもつながる。こうも、言い切っていた。

1965年に『電波新聞』に掲載された意見広告がある。そのタイトルは「儲ける」であり、日本という国、社会の繁栄を願う彼は「みなさま、私は今こそ、よほどしっかりした考え方で、真の経済再武装を計らなければならない時機だと考えるのであります。経済再武装――それは利益を尊重するということです。……今日、企業の儲けの半分は、税金として国家の大きな収入源となり、このお金で道路が造られたり、福祉施設ができたり、また減税も可能になり、直接に間接に全国民がその恩恵を受けているのであります。……逆に、企業が赤字となれば、これは単にその商店や会社の損失にとどまらず、社会に対して一つの大きな罪を犯したのだという厳しい自覚をもってしかるべきだと思うのであります。……みなさま、適正な競争で適正に儲けましょう。そして、国を富ませ、人を富ませ、豊かな繁栄の中から、人びとの平和に対する気持ちを高めようではありませんか」と述べているのである。

「儲け」、利益は巡り巡って世の繁栄につながる。その原資となる、それゆえに「儲ける」ことに「経営の神様」たる幸之助はこだわったのである。

第Ⅱ部　経営管理に関わる諸活動

第 4 章

モティベーションをいかに高めるか？（モティベーション論）

高浜快斗 *TAKAHAMA Kaito*

1. はじめに

組織（organization）は、人間の集合体であることを基本的な前提として構成されている。組織の活動はそれに関与する人間の協働によって実現し、またその協働は調整と統制によって管理されている。しかし、ここで言う管理とは、単なる命令や服従といった制御（control）を意味しているのではなく、自然人としての人間が意欲的に組織活動に参画していくための調整と諸活動の最適化のための統制が意図されている。

組織における人間の協働は、自然突発的に発生するものではない。単に不特定多数の人間が集合して特定の組織目的を告げられ、仕事として職務内容を与えられたとしても、「なぜ働かなくてはならないのか」、「何のために働くのか」、「誰のために働くのか」などの疑問や不信感を抱き、組織の活動で目指すべき協働という営為は到底見出せないであろう。それは、組織における人間の協働を生み出すためには、人間の協働意欲を引き出すマネジメントが必要になることを意味する。協働意欲は、いわゆるやる気やモティベーションといった人間一人ひとりの心理的あるいは内面的な部分に大きく影響している。本章では、こうした組織における人間の協働を引き出すための心理的あるいは内面的な側面への働きかけの管理として、「モティベーションをいかに高めるか」について見ていくことにしよう。

本章では、続いて山形県の鶴岡市立加茂水族館の事例を紹介する（第2節）。次にモティベーションに関する古典的研究として「何がモティベーションに作用するのか」という内容理論（第3節）、そして近代的研究として「どのようなプロセスでモティベーションが働くのか」という過程理論について取り扱う（第4節）。

2. 事例：鶴岡市立加茂水族館[1]

2-1 「必要のない水族館」と言われた水族館の苦悩

その水族館には、「カネ」もなく「ヒト」もいない。水族館業界をよく知るようないわゆる水族館のプロがその水族館を見た感想は、「どこと言って取るところが無い、なくてもいい水族館」（村上，2014，7頁）という辛辣なものであった。1,000人、2,000人と来館者が減っていき、ついに「なくてもいい水族館」と言われた2年後には年間来館者数が10万人を割る。「いよいよ、苦悩の経営もこれまでだな」と、水族館の館長であった村上龍男の口から洩れていた。

日本の水族館業界の経営は厳しいものである。日本の水族館の多くは地方公共団体を母体とする公立のものであり、地方公共団体からの補助金や委託料などで何とか成り立っている現状が長らく続いている。「なくてもいい」と言われた水族館は、1964年に公立水族館として開館した後、1967年に民間企業に売り払われ、いわゆる私立水族館となったものの経営の状態は公立水族館と変わらず苦しいものであった。それどころか、1970年代から1980年代には、経営状態が苦しい親会社の大切な金づるとして扱われ、「なくてもいい水族館」の乏しい利益は親会社の借金返済に充てられていた（北，2017）。

1990年代以降は、バブル経済の崩壊や近県に新たに設立された大型水族館に客足を奪われる形となり、「なくてもいい水族館」の経営状態はさらに苦しくなっていく。そのような背景に加えて、水族館そのものの老朽化が目立つようになったが、修繕や改修のための資金はない。親会社に資金を出すように交渉をしても、ただでさえ苦しい経営の中で水族館に充てる資金はないと消極的な姿勢を示すだけであった。そのようななかでも、村上館長は何とかして来館者を増やそうと、他の水族館の取り組みを模倣してみたりコツメカワウソやラッコなど人気のある動物を展示してみたりするものの、客足が戻ってくることはなく、返って借金が増えていくだけであった。何をしても来館者は増えることはなく、閉館の足音はすぐ近くまで忍び寄っていた。

その「なくてもいい」と言われた水族館は、今やSNS映えすると話題を呼び、現在では世界一のクラゲ水族館として知られる加茂水族館（山形県鶴岡市）である。老朽・弱小・貧困の三重苦で閉館寸前であった加茂水族館は、見事にV字回復を遂げたのである（遠藤，2015）。この加茂水族館の再生は、村上館長の大きな苦悩と小さな期待に基づいていた。

2-2　閉館の危機から見えた１つの光

1997年には年間来館者数がいよいよ９万人台に落ち込み、村上館長を含めた８名の職員は口には出さずとも閉館の覚悟をしていた。何とかしなければ閉館が現実のものになってしまうものの、思いつく限りのあらゆる取り組みをしても成果に結びつくことはなかった。どん底まで落ちた現状は次第に劣等感となり、「とにかく何かしなければ」と実際に動いていなければ安心できる精神状態ではなかった。

1997年４月、閉館が危ぶまれていたなかで苦し紛れに『生きたサンゴと珊瑚礁の魚展』という企画展を開催した。展示をして１カ月程が経った頃、珊瑚の水槽から3mm程の「見たことがない生き物」が浮かび泳いでいるのを飼育員が見つけた。飼育員は村上館長や他の飼育員を連れてきて見てもらったが、その生き物が何者なのか誰もわからなかった。そこで、飼育員が他の水族館の知り合いに尋ねたところ、「サカサクラゲだろう」（北，2017，228頁）と教えてもらうことができた。どうやら、その生き物はアルテミア（動物プランクトン）という魚の餌で育つらしいということも聞きつけ、それならばと飼育員たちはその生き物を飼育することにした。その生き物は少しずつ大きく育ち、5cm程の大きさにまで成長した６月頃、せっかく育てたのだから展示してみようという話になった。珊瑚に偶然付着していたサカサクラゲの赤ちゃんを飼育してみたところ、順調に大きく育ったのだから展示してみようという経緯であるため、飼育員たちはあまり期待をせず展示の準備に取りかかった。

サカサクラゲの展示は、飼育員たちの予想とは反して子どもから大人までもが水槽の前に立ち止まり、他の水槽で見せる反応とは違う歓声を上げて大喜びしていた。そんなに喜んでくれるならばと、飼育員総出で近海から様々なクラゲを捕まえてきては展示をするようになり、その展示を見た来館者はさらに歓喜の声を上げていた。村上館長や飼育員たちは、来館者の大喜びする反応を見て励まされ、そのことが「クラゲ展示」に乗り出す第一歩となったのであった（鶴岡市立加茂水族館，2012)。

2-3　幸運の女神は敵か味方か

クラゲの展示を見た来館者の姿は、これまで取り組んできたあらゆる展示とまったく違うものであり、村上館長は「すごい力を持った生き物だな」と直感した（村上，2014，79頁)。クラゲの展示をすれば、それとともに客足が増えていく。これならいける、と村上館長や飼育員たちはクラゲに特化した水族館づくりに取り組むことを決意したのだ（青山，2019)。加茂水族館にとって、クラゲは突如として姿を現した幸運の女神であると誰しもが思っていた。

ところが、珊瑚に付着していたサカサクラゲ以外に近海から採取してきた他種のクラゲは展示しても２週間程ですぐに死んでしまった（遠藤，2015)。その度に飼育員が海に出かけてはクラゲの採取を行い、再度展示してみるものの、またすぐに死んでしまう。じつは、サカサクラゲの飼育や繁殖は他種のクラゲと比較して簡単であり、順調に大繁殖していくサカサクラゲを見ていた飼育員たちは「クラゲの飼育は意外に簡単である」（鶴岡市立加茂水族館，2012，44頁）と思い込んでしまっていたのだ。そこで、クラゲの飼育や繁殖の方法を他の水族館に教えてもらおうと頼み込んでみたものの、「自分で考えるものだ」と断られてしまう（北，2017)。クラゲの展示というものには魅力があると確信していたものの、それを実現することは小さな水族館の手に負えるものではないことも村上館長は理解していた。

掴みかけた幸運の女神の前髪を手放してしまう訳にはいかない。村上館長も飼育員たちも同じ気持ちであった。十分ではない実験設備や研究環境であっても、各々ができることを一生懸命に取り組んだ。飼育員たちはクラゲの飼育や展示方法を学び、展示種類数を着実に増やしていった。飼育や展示をするクラゲの種類が増えていくたびに、また新しい展示手法を試すたびに上手くいくこともあれば失敗に終わってしまうこともあり、そのほとんどが失敗であった（鶴岡市立加茂水族館，2012）。それでも、村上館長と飼育員たちは決して諦めることなく、「ゆくゆくは日本一もやりたい、世界一もやりたい、クラゲ水族館を建てたい。」（北，2017，229頁）と奮闘し続けたのである。それは、単に水族館の利益や名誉のためではなく、クラゲが優雅に泳ぐ姿を見て喜んでくれる来館者のためでもあり、皆が同じ気持ちで希望や期待を持っていたのであった。

その後はクラゲの飼育や繁殖の技術を確立していき、展示数を次第に増やし、話題づくりにも力を入れ、他の水族館との交流にも積極的に取り組んだ。2000年には「クラゲを食べる会」を開催して話題を呼び、毎年１回ずつ開催しているうち、2003年に日本近海にエチゼンクラゲが大量発生した際にはクラゲ水族館として知られる加茂水族館が報道各局からクローズアップされた（早川，2010）。2004年には「クラゲアイスクリーム」を販売、2005年には「くらげ入りまんじゅう」や「くらげ入りようかん」を販売して大盛況を博した（鶴岡市立加茂水族館，2012）。それだけではなく、実験設備や研究環境を次第に整えていき、各地でクラゲの飼育や繁殖の技術についての講演や研修を行った。2000年にはクラゲの展示種類数が日本一になり、2005年には展示種類数が世界一となった（村上，2014）。そして、2012年４月５日にはギネスワールドレコーズリミテッドから「クラゲ展示種類数世界一」のギネス世界記録に認定された（鶴岡市立加茂水族館，2012）。老朽・弱小・貧困の三重苦であった苦悩の日々を乗り越えた結果、幸運の女神はその水族館へ微笑んだのだ。

2-4　度胸と掟破りで世界一の水族館へ

クラゲという幸運の女神は、加茂水族館が最も苦しいときに姿を見せてくれた。「苦労の経営も今年が限界だな、来年は恐らく立ち行かなくなるだろう」

（村上，2014，162頁）と村上館長も飼育員たちも覚悟していた。そのような生死の渕からの生還がなぜ上手くいったのか、時々考えてみるものの、村上館長自身これだといった回答が見出せていないと言う（村上，2014）。ただし、そこには老朽・弱小・貧困という三重苦のなかにおいても決して諦めることのない度胸とやってみなければわからないという掟破りの確固たる信念があった。そして、クラゲを展示した際に目にした来館者の笑顔や喜びが村上館長や飼育員たちに希望を与え、試行錯誤しながらも血と汗と涙の結晶であるクラゲ展示の成功が期待を抱かせたのだろう。

クラゲに魅せられ、取り憑かれたようにひたすら行動をしてきた村上館長は、「まだまだ面白い展開ができそうに思う」（鶴岡市立加茂水族館，2012，74頁）、「やっぱりハングリー精神は必要のようだ」（村上，2014，164頁）と述べている。加茂水族館の事例からは、夢や希望、期待といった綺麗事だけでは上手くいかないこともあるが、それらがなければ何も始まらなかったであろうことをうかがい知ることができるだろう。

3. 古典的欲求理論

3-1 モティベーションの概念

前節では、極めて厳しい環境下においても自分たちが目指した「良いと思ったこと」を「上手に成し遂げる」ことを諦めなかった鶴岡市立加茂水族館の事例を紹介した。そのストーリーは、どのような苦しい環境であったとしても、良いと思ったことを上手に成し遂げようとする決意、来館者の笑顔や喜びに基づいた希望や期待、そして日本一・世界一のクラゲ水族館を作りたいという「やる気やモティベーションを絶やすことがなかったからこそ実現した」水族館の再生物語であった。

ここでのモティベーション（motivation）という言葉は、元をたどればラテン語で「動かす」や「移動する」という意味を表すmovere（モベーレ）から派生したものである。この意味から、モティベーションという概念を管理という観点から組織における人間の行動あるいは組織における人間の協働に当てはめてみると、個人あるいは他人に対して何らかの働きかけを通じて注意を集め、組織目的を達成するために積極的かつ持続的に特定の方向に向かうように行動を促すことであると言える。つまり、モティベーションという概念は、人間の覚醒（arousal）、注意（attention）、方向性（direction）、強度（intensity）、持続（persistence）という次元に関する心理プロセスであると同時に、注意や方向性を伴った認知プロセスとしても捉えることができる（関口，2021）。このことは、人間の行動が単純な機械のように、ある特定の決まった指示や命令をすれば自ずとその方向性に従った反応を示すような単純的結果をなすものではないことを示唆している。すなわち、何らかの働きかけという外部からの刺激を受けることは人間が行動をするきっかけとなるものの、それに加えて内面的な心理プロセスや認知プロセスを経る本能的あるいは感情的な情報処理が施された結果として、実際の行動が表出されるのである。

モティベーションは、動機付けとも表現されることがある。動機付けという概念は、心理学的に人間が行動する動機（motive）を引き出して特定の行動を引き起こされるように導いていく過程のことであり、ここでの動機とは行動を引き起こす意識的原因を意味している（須貝，1998）。このような人間の行動を導引する意識的原因は、先述のような人間に内在する心理的あるいは認知的、本能的、感情的な欲求（needs）に基づいて発生する。

経営学におけるモティベーション研究は、主に人間の行動に作用する欲求の内容や実体に焦点を当てた古典的欲求理論から始まり、それらの組み合わせのメカニズムや要素間の相互作用に焦点を当てた欲求過程理論へと展開していくことになる。本節では、代表的な古典的欲求理論である欲求階層理論、X理論・Y理論、そして二要因理論とも呼ばれる動機付け・衛生理論について取り上げる。そして、次節では欲求過程理論の代表的な理論として、公平理論と期待理論を取り上げることにしよう。

3-2　欲求階層理論

組織における人間の協働を促す動機付け管理の諸理論は、人間の欲求内容を理解しようとしたマズロー（Maslow, A. H.）の1954年の著書*Motivation and Personality*において提示された欲求階層理論（hierarchy of needs theory）に依拠している。マズローの欲求階層理論では、あらゆる人間は５つの基本的な欲求を有しており、それらは低次欲求から高次欲求に至る階層構造からなることを説明している。マズローが主張する欲求階層理論によれば、人間の基本的な欲求は、最も低次欲求である生理的欲求（physiological needs）であり、次に安全欲求（safety needs）、社会的欲求（social needs）、尊厳欲求（esteem needs）、そして最も高次欲求である自己実現欲求（self-actualization needs）へと次第に積み重ねられていく。

すなわち、人間の基本的な欲求は、初期段階においては個人としての人間の生命維持を求めること（生理的欲求）や危険や不安を回避して安全や安定を求めること（安全欲求）からはじまり、次第に仲間意識や所属感などに表される集団に所属したり愛情を求めたりすること（社会的欲求）という個人と他人との社会的関係の構築に関する欲求へ移行する。そして、自律性や地位などの自尊心を満たそうとすること（尊厳欲求）という社会的集団における個人の存在や尊厳に関する欲求を充足させようとし、最終的にはそれらを超越した自己の成長や潜在的な能力の発揮すること（自己実現欲求）という最も高次元の欲求へと展開していく。

また、マズローは欲求階層理論を説明するにあたって、人間は低次の欲求が満たされることで次の次元の欲求を充足させようとする過程へ移行するとしている。すなわち、ある低次の欲求が満たされた場合、その次元の欲求をそれ以上に追い求めることはないため、満たされた次元の欲求をいくら外発的に充足させようとしても、人間の行動に対するモティベーションの刺激や喚起の条件にはならないことを意味している。

これらのことを経営管理という側面から捉えた場合、低次元の生理的欲求や安全欲求などを満たしてモティベーションを高める手段としては、いわゆる賃金などの経済的な便益が有効である。しかし、その低次元の欲求が充足された局面では、組織構成員はより高次元の欲求を求めるようになるため、経済的な便益を充足させたとしてもモティベーションを喚起する効果は次第に弱まっていくと考えられる。つまり、低次元の欲求が満たされたと感じている組織構成員のモティベーションを高めるためには、より高次元の欲求が充足されるような経済的な便益とは異なる別の手段を提供する必要がある。

3-3　X理論・Y理論

組織において人間の協働を促して組織目的を達成しようとする局面では、様々な具体的な方策が考えられる。しかし、それらの方策が適切に機能するためには、組織における人間の欲求や動機付けに関する本性や人間性などの内面的側面と整合している必要がある。すなわち、表向きには素晴らしいと思えるような外的な報酬が与えられることが約束されている条件であったとしても、それが人間の本性と合致していなければ管理者が想定するような効果が得られず、一方で人間の本性と合致している報酬を与えたり適切な管理手法を採用したりすることによって、組織構成員の統制が図られることになる。このような、管理者の部下に対する人間観や管理観について、マクレガー（McGregor, D）は1960年の著書*The Human Side of Enterprise*において２つの両極端な見方を提示した。それが、X理論とY理論（Theory X & Theory Y）という考え方である。

X理論は、基本的に伝統的な組織論や管理論の原則に則っており、権限による管理統制が有効な手段であるとしつつ、組織構成員の行動を促すためには管理者による命令や支配が採用されるような被管理者である部下を人間として機械的かつ否定的に捉える見方である。一方のY理論は、管理者と部下との関係は相互に関連し合いながら職務遂行するものであり、命令や支配といった権限による管理統制は長期的な管理手法としては不適当と考えるような有機的かつ肯定的に捉える見方である。

具体的に、X理論とY理論において想定される人間観については次のようなものである（以下、McGregor, 1960；邦訳『企業の人間的側面』より一部修正して抜粋）。まず、X理論では、①人間は生来仕事が嫌いであり、可能な限り仕事をしたくないと思っている、②仕事に対して好き嫌いという人間の特性があるため、大抵の人間は強制されたり統制されたり、あるいは命令されたり処罰すると脅されない限りは、企業目標を達成するための十分な力を発揮しない、③普通の人間は命令されることが好きで、責任を回避したがり、あまり関心や野心を持たずに何よりも安全であることを好むものである、という人間像を想定している。

他方のY理論では、①仕事において心身を使うのは人間の本能的なもので、これは遊びや休憩の場合と何ら変わりない、②外的に統制されたり脅かされたりすることだけが企業目標を達成する手段ではなく、人間は自らが進んで設定した目標を達成するためにはムチ打ってでも働くものである、③献身的に目標達成に尽くすかどうかは、それを達成することで得られる報酬次第である、④普通の人間は、条件次第では責任を引き受けるだけでなく、自ら進んで責任を取ろうとする、⑤企業内の問題を解決しようと比較的高度の想像力を駆使して、創意工夫をこらす能力は、大抵の人間には備わっているものである、⑥現代の企業においては、日常、従業員の知的能力はほんの一部しか生かされていない、と考える人間像が想定されている。

上記のようなX理論は、いわば古典的な人間観や管理観に基づいているものであり、前項で紹介したマズローが提示する欲求階層理論における低次欲求の次元が想定されていることに対し、Y理論の人間像では尊厳欲求や自己実現欲求などの高次欲求の次元が当てはめられる。このことは、管理者がX理論とY理論のどちらの人間観や管理観を持つのかによって、管理手法が異なることを意味している。すなわち、X理論に従った管理法では、いわゆる怠け者に対して仕事をさせるという見方から「監督による管理」、Y理論に従った管理法では自律的に行動をすることが期待されることから「目標による管理」が採用されることになる（上田，1995）。第2節で取り上げた鶴岡市立加茂水族館の事例では、村上館長や飼育員たちが苦しい環境下においても決して諦めることなく、献身的にクラゲの育成や展示の手法を模索したり、困難な状況を克服しようと様々な創意工夫を凝らしたりする模様を紹介した。そのような組織や人間観に対する経営管理の手法としては、マクレガーが示したY理論に従った「目標による管理」を採用することが適切であると考えることができる。

3-4 動機付け・衛生理論（二要因理論）

「人は、なぜ働くのか」という人間の労働についての行動や心理（職務の精神衛生）に関する研究をしていた心理学者のハーズバーグ（Herzberg, F）は、臨界事象法（critical incidents method）というインタビュー方法を用いて、労働者が職務遂行上で「極めて満足な事象（これ以上ないくらいに、とても満足したという経験）」と「極めて不満足な事象（これ以上にないくらいに、とても不満足であったという経験）」という両極端な経験について調査した。その結果から提唱された理論が、動機付け・衛生理論（motivation-hygiene theory）または二要因理論（two-factors theory）と呼ばれるものである。

動機付け・衛生理論は、人間が職務遂行上で満足する要因と不満足を感じる要因がそれぞれ異なっていることを示した点に特徴がある。1950年代から1960年代頃、人間が仕事をする際に動機付けられる要因として、経済的な便益や対人関係、作業条件などがすでに認識されていた。また、それらの要因が満たされると満足して仕事へのモティベーションが高まり、逆に満たされなければ不満足が生じてモティベーションが低くなるというように、人間の職務態度に関しては一次元的な捉え方が一般的であった（齋藤, 2007）。しかしながら、ハーズバーグの分析結果では、職務遂行上の満足と不満足が連続軸にあるという、従来の一次元的な捉え方とは別のものであった。それは、人間は達成感や他者からの承認、仕事自体の面白さ、昇進、自己の成長などの要因（動機付け要因：motivators）が職務満足と関係があり、それらが充足されることで満足を感じるものの、たとえそれらの要因が実現しなかったとしても不満足をもたらすものではないというものである。一方で、職場の物理的環境や政策、監督技術、給与、対人関係などの要因（衛生要因：hygiene factors）は職務不満足と関係があり、それらが欠如していると不満足を感じるものの、たとえそれらの要因が充足されたとしても満足をもたらすものではないことも明らかとなった。

その後、ハーズバーグが提唱した動機付け・衛生理論には、いくつかの批判が向けられることになる。例えば、ハーズバーグが採用した臨界事象法というインタビュー調査において、質問を受けた人間が自己に都合の良いストーリーを語っていた可能性があるという方法論的な批判である。また、給与という経済的な便益に関する要因を衛生要因と分類している点についても疑問が残る。しかし、これらの批判が存在するものの、動機付け・衛生理論は今日に至るまで高い評価を得ており、後のモティベーション論の発展に大いに貢献している。

4. 欲求過程理論

4-1　公平理論

前節では、組織における人間の行動の源泉となるモティベーションの要素や要因に議論の焦点を当てた代表的な理論として欲求階層理論、X理論・Y理論、動機付け・衛生理論を紹介した。これらの古典的研究では、人間の内面的あるいは感情的な満足や不満足は固定的な欲求の充足度に照らし合わせて捉えられると仮定されている点に特徴が見られる（上田，1995）。しかしながら、管理という側面から捉えるならば、組織における人間は個人で職務遂行をしている場合は稀であって、大抵の場合は複数の人間からなる集団に所属している。したがって、古典的欲求理論によって見出されたモティベーションの要素や要因を一個人としての問題として捉えるのではなく、組織における人間の問題として捉える必要がある。すなわち、人間は他者と何らかの条件や基準、評価を比較するものであるという特性を加味することが求められる。このような、組織における人間が職務遂行上で感じる満足や不満足は、特定の要素や要因の絶対量だけに基づいているのではなく、同じ環境下に置かれた他者と比較してどのように扱われているか（公平感や不公平感）という感覚に影響を受けていることを指摘したのが、アダムス（Adams, J. S.）である。

アダムスが提唱した公平理論（equity theory）によれば、組織における人間は、職務遂行上で投入するもの（インプット=I）と、そこから得られるもの（アウトプットや報酬=O）を比較した上で、自身のインプット（I_p）とアウトプッ

図表 4-1　アダムスが想定する不公平

$$\frac{O_p}{I_p} < \frac{O_a}{I_a} \quad \text{あるいは} \quad \frac{O_p}{I_p} > \frac{O_a}{I_a}$$

出所：Steers and Porter (1979, p.111)。

ト（O_p）の比率を他者のインプット（I_a）とアウトプット（O_a）の比率と比較する（Adams, 1963, 1965; Robbins, 2005）。また、その結果として、自身と他者との間に不公平を感じると、その不公平を解消しようとする知覚や感情がモティベーションの源泉になるのだと考える（**図表 4-1**）。

公平理論において、不公平の状態は、組織における人間にとって極めて不快感を覚える。そのため、不公平を感じた組織の人間は、次のような6つの選択肢から1つ以上を選択し何らかの行動や対応をとることになる（Adams, 1965；上田，1995；Robbins, 2005）。

1．自身のインプットを変更する。
2．自身のアウトプットを変更する。
3．自身のインプットやアウトプットに対する知覚を歪める。
4．他者のインプットやアウトプットに対する知覚を歪める。
5．比較対象を別の対象に変更する。
6．離職などの手段を使って状況から離脱する。

公平理論は、組織における人間のモティベーションが外的な要素や要因の絶対量からのみに基づいているのではなく、同じ環境下に置かれた他者との比較を通した相対量からも影響を受けることを指摘した点に特徴がある。しかしながら、アダムスの公平理論に対しては、組織の人間が自身あるいは他者のインプットとアウトプットをどのように定義して、それらをどのような計算から比率を求めるのか、そもそも比較対象の他者をどのようにして選定しているのかなどの、理論の根幹をなす要点が不明瞭であるという問題点がある。しかし、そのような問題点が残されているなかにおいても、公平理論を支持する調査結果が多くの研究者から提出されており、組織の人間のモティベーションに関する研究の基盤的な1つの理論であることも事実である。

4-2 期待理論

期待理論（expectancy theory）は、組織における人間の行動の源泉となるモティベーションの要素や要因に議論の焦点を当てた古典的欲求理論とは異なり、モティベーションの強度や人間の認知プロセスに焦点を当てた理論である。簡単に言えば、期待理論の基本的な特徴は、モティベーションの強さを期待（expectancy）と誘意性（valence）の積として捉えている点にある。期待理論は多くの研究者によって議論されており、最初期では心理学者のトールマン（Tolman, E. C）やレヴィン（Lewin, K.）によって認知的行動理論として枠組みが築かれた。

期待理論では、自身が特定の行動に対して努力をすることで相応に成果が得られるという主観的な期待と、その成果が自身にとって価値や重要性がある主観的な誘意性を掛け合わせた解がモティベーションの強度であると考える（**図表 4-2**）。この考え方を最初に公式化したのはブルーム（Vroom, V. H.）のVIE理論（valence-instrumentality-expectancy theory）であり、後にポーター（Porter, L. W.）とローラー（Lawler, E. E）によって精緻化されている。

さらに、ローラー（1971）は、組織における人間の職務遂行に関するモティベーションについて、**図表 4-3**のように定義している。**図表 4-3**での（E→P）とは、「自身の努力が目標達成をもたらすだろうという主観的確率」を意味しており、（P→O）は「努力によって目標達成した場合に特定の結果をもたらすだろうという主観的確率」を意味している。また、（V）は「結果に対する主観的な魅力度」を意味している。すなわち、（E→P）と（P→O）は組織における人間の期待、（V）は誘意性であり、ブルームのVIE理論と同じようにモティベーションは期待と誘意性を掛け合わせた解に見出すことができると捉えていることがわかる。また、ローラーのモティベーションの定義にΣが含まれているのは、目標達成がもたらす結果が1つであるとは限らず、さらに人間一人ひとりはそれぞれの結果に対して異なる誘意性を感じるというような人間の心理的あるいは認知的な側面の柔軟性を反映しているためである。

図表４－２　期待理論の基本的枠組み

行動努力（モティベーション）の強度

＝Σi（［行動努力→報酬i］の主観的確率）×（報酬iの誘発性）

出所：上田（1995）、68頁に基づいて加筆修正。

図表４－３　ローラーによるモティベーションの定義式

$$\Sigma[(E \rightarrow P)\Sigma[(P \rightarrow O)(V)]$$

出所：上田（1995）、68頁に基づいて加筆修正。

ローラーの期待理論に従えば、組織における人間のモティベーションを高めるためには、①（E→P）を向上させること、②（P→O）を向上させること、③（V）を向上させること、という３つの方法が考えられる（庭本，2016）。（E→P）を向上させるためには、組織における人間の自尊心や個人的に経験したり観察したりした学習によって高まっていく。また、（P→O）は、個人の内的コントロールや外的コントロールの程度が影響している。ここでの内的コントロールとは、個人が環境に働きかけることができる程度のことを意味しており、外的コントロールとは個人が環境から受ける影響の程度のことを意味している。つまり、自身が環境をコントロールしているという内的統制感の確信が高まっていくことによってモティベーションが向上していくと考えられる。そして、（V）は、「予想される結果が自身の欲求を満足させる程度」と「予想される結果の公平性」という２つの要因が影響している。すなわち、結果が自身の欲求を満足させるものであるという程度が高まることでモティベーションが向上するとともに、自身が得られた結果に公平性を感じる程度が高まることでもモティベーションが向上すると考えられている。

5. おわりに

本章では、組織における人間の「モティベーションをいかに高めるか」について見てきた。そのモティベーションは、人間一人ひとりの内面的あるいは認知的な側面に大きく影響されており、それらの議論は主に心理学者の研究成果に基づいていることが理解できたであろう。組織における人間のモティベーションに関する研究の課題は、「生きた経営の中の現場において、そこでうごめく人々のモティベーションを捉え、さまざまな要因との因果関係を明らかにしていくこと」（服部，2020，150頁）である。モティベーションは有機体としての人間の潜在的な側面に大きく関与しているものであり、その人間一人ひとりには異なった価値観や信念、これまでの生活背景や経験、学習内容といったアイデンティティがある。つまり、多くのモティベーションに関する理論が存在していることからも理解できるように、唯一絶対のモティベーションの要因やモティベーションが刺激される絶対的な過程という真理は存在しない。そのような点に人間における行動や特性が画一的ではないという面白さを見ることができるだろう。

組織における人間の協働を引き出すためには、単に人間の行動を興味深く観察しているだけではいけない。そこには管理という観点が必要不可欠であり、人間一人ひとりの特性を理解したうえで、相応の調整と統制が求められる。その役割を担うのが、リーダー（leader）である。次章では、そのリーダーに求められる役割について見ていくことにしよう。

（1）鶴岡市立加茂水族館の事例について章末の参考文献にくわえて、インターネット上の以下の記事も参照した。青山絵美（2019）.「やまがたハツ 発×初（2）ゆる〜い主役で大盛況」（http://www.asahi.com/area/yamagata/articles/MTW20190109060820002.html）（最終閲覧日：2022年11月23日）.遠藤功（2015）.「クラゲが救った“三重苦”水族館、奇跡の物語 ギネス認定！「クラゲ世界一」の成功秘話」（https://toyokeizai.net/articles/-/64044）（最終閲覧日：2022年11月18日）。

学びを深めるために

設問 **1**：モティベーションを高めるためのマネジメントには、様々な方法や工夫がある。任意の企業を取り上げ、その企業では、どのようなモティベーションを高めるための方法や工夫が取られているのかについて調査してみよう。

設問 **2**：これまでの経験のなかで、「これ以上にないくらいにやる気が感じられた」局面と「これ以上にないくらいにやる気が感じられなかった」局面について考えてみよう。また、今後「これ以上ないくらいにやる気が感じられない」局面に遭遇した際に、どのようにすれば状況を好転させることができるのかについて、具体的な場面を想像しながら考えてみよう。

推薦図書

高松和幸（2020）．『新版 経営組織論の展開』創成社.

中野勉（編）（2021）．『グラフィック 経営組織論』新世社.

服部泰宏（2020）．『組織行動論の考え方・使い方－良質のエビデンスを手にするために』有斐閣.

COLUMN

動機づけに関する古典的研究：
E. J. MurrayとH. A. Murrayの心因性要求リスト

人間の基本的な性格を構成する要素を体系的に追究した心理学者のエドワード・マレー（Murray, E. J.）は、1964年に出版された*Motivation and Emotion*（邦訳『動機と情緒』1966年）という著書のなかで人間の行動決定因子としての動機付けについて哲学や思想学、あるいは心理学のあらゆる動物実験や人体実験に基づく研究成果を整理している。そこでは、人間の学習、遂行、知覚、注意、想起、忘却、思考、創造、感情に含まれる動機付けの因子が、人間がどのように行動するのかを決定付ける要因の１つであることを指摘し、それらを理解することこそが人間の行動そのものを理解することにつながることを示唆している。

エドワード・マレーは動機付けの起源について、証拠も十分ではなく理論についても論争が行われているという研究動向の概況に触れたうえで、「人間の行動において社会的動機が重要であるという点については意見の相違はほとんどない」（Murray, 1964；邦訳，139頁）としている。そのようななかでも、心理学者のヘンリー・マレー（Murray, H. A.）の「心因性要求リスト」が最も有力な社会的な動機付けに関するリストであると言及している。ヘンリー・マレーは、インタビューや心理テスト（主題統覚検査：TAT）などの方法を用いて極めて徹底的に人間の動機付けに接続される欲求について調査を行った。その結果として人間の欲求を、水や食物を摂取する欲求や呼吸をする欲求、性や排尿排便の欲求、生命を脅かす危機を回避する欲求などの「臓器発生的欲求（一次的欲求）」と、自己を顕示する欲求や束縛から抜け出す欲求、他人を支配したり親和関係を結んだりする欲求などの「心理発生的欲求（二次的欲求）」の２種類に分類している。

ヘンリー・マレーが提示する臓器発生的欲求（一次的欲求）は、人間の生命を存続させるために必要な主観的で生理的な満足を充足させることに関係していることに対して、心理発生的欲求（二次的欲求）は個人と他者という社会関係の中での精神的あるいは情緒的な満足を充足させることに関係している。このように、ヘンリー・マレーは、人間の行動原理や行動そのものから推測・観察される動機付けに接続される欲求を厳密な調査や分析によって抽出した点に特徴が見られる。以下にヘンリー・マレーが提示したリストの中から代表的なものをいくつか紹介する。それを参照して、自分自身や周囲の人間の行動に当てはめてみて欲しい。それによって、ヘンリー・マレーがいかに人間の行動を徹底的に観察して鋭く洞察したのかがわかるだろう（**図表1**）。

図表1 ヘンリー・マレーのリスト（抜粋）

屈従（Abasement）	外的な力（非難・批判・罰）に受動的に服従すること。
自律（Autonomy）	自由になり、束縛を振り切って抜け出すこと。
恭順（Deference）	優秀な人物に対して服従、支持、尊敬すること。
秩序（Order）	物事を整然とさせて、清潔、整頓、正確さを達成すること。
拒絶（Rejection）	負のエネルギーの充当された対象から遠ざかること。

出所：Murray (1938, 1970) に基づいて筆者作成。

第５章

リーダーシップをいかに発揮するか？（リーダーシップ論）

菅原真弓　*SUGAWARA Mayumi*
高浜快斗　*TAKAHAMA Kaito*

1. はじめに

本章では「リーダーシップをいかに発揮するか？」（リーダーシップ論）を取り上げる。リーダーシップとは、組織や集団における目標達成のために、特定の個人が別の異なる他者へと働きかける影響やその過程のことを意味する（第３節において詳細を後述）。

リーダーシップについて考える場合、一般的には会社組織など事業体におけるそれがイメージされるが、本章では博物館施設における専門研究職である「学芸員」の事例を取り上げる。小規模な自治体に開設する美術館を、開館担当学芸員はいかに構想し、いかにつくり上げたのか。また、そこで示される「（同僚を）巻き込む」という言葉は、本章のキーワードの１つになる。

本章では、次節で中山道広重美術館が開館するに至るまでの経緯と、その過程で発揮された、本章の執筆者の一人である菅原真弓のリーダーシップに関する事例を取り上げる（第２節）。続いて、リーダーシップの概念を確認したうえで、リーダーシップに関する研究群を学説史的に概観していくにあたって、まずは古典的なリーダーシップ研究群として古典的特性理論や行動科学的なアプローチを採用したリーダーシップ研究群などを取り扱う（第３節）。そのうえで、古典的なリーダーシップ研究群が捉えるリーダーシップの次元を超越した新次元的かつ代表的なリーダーシップ研究群を紹介する（第４節）。

2. 事例：中山道広重美術館（岐阜県恵那市）

本節では、筆者（菅原）自身が実際に経験した、岐阜県内の小さな市にある美術館が開館されるまでの経緯を記していく。美術館で行う事業、例えば作品資料の収集保存を基底とし、それを基にした展覧会事業、教育普及事業などを司るのは、学芸員（curator）の職務である。筆者はこの美術館の学芸員として、上記の業務の枠組みをつくり、それらを実施していた担当者であるが、それと同時に、美術館の開館担当の学芸員として、職務の範疇を超えた「美術館というハコをつくる」ことから考え、実施しなくてはならなかった。同館に在籍する唯一の専門研究職として、筆者はいかにして美術館をつくったのか。

以下は、大学卒業と同時に博物館学芸員の任用資格は得たものの、「ペーパードライバー」ならぬ「ペーパー学芸員」であった筆者の、美術館開館までのいわば「奮闘記」である。

2-1　中山道広重技術館の概要と設立の経緯

中山道広重美術館は、岐阜県恵那市が100%出資する財団法人中山道広重美術館が経営を行う市立美術館として、2001年９月21日に開館した[1]。中山道広重美術館という名称は、開館前年に市内在住の浮世絵コレクターである田中春雄（故人）より寄贈を受けた浮世絵版画作品400余点の中心が歌川広重（1797-1858）の街道絵作品「木曽海道六拾九次」であったこと、くわえて同市が旧中山道の宿場「大井」であった由縁から名付けられたものである。

同美術館の敷地面積は1,088.97m^2、鉄筋コンクリート地上３階と地下１階建て、総事業費用は８億8,944万円であった。一般的に美術館を建設するには狭小な敷地面積、そして少額な事業予算である[2]。狭小な敷地面積となった背景には、そもそも恵那郵便局の移転に伴ってできた遊休地の有効利用策として計画されたという経緯がある。JR中央線恵那駅から続く中央通り（中心市街地）に位置し、駅から徒歩３分という好立地ではあるが、博物館や美術館の立地としては、計画当時においては珍しいものであった。公立博物館施設の多くは、自治体の中心市街地ではなく、中心街から離れた郊外に立地することが一般的であったからである[(3)]。

狭小地、低予算、通常の博物館施設とは異なる立地という条件にくわえて、計画当時における収蔵作品数の少なさという悪条件が重なるなか、なぜ美術館建設を進めたのか。その理由は、この美術館の設立目的が中心市街地活性化計画の一環に位置付けられたからである。本来、社会教育施設として位置付けられている市立美術館が、このような経緯で構想されていくことは当時としては珍しかった[(4)]。

恵那市における博物館施設整備計画は、1983年にまとめられた『恵那地域商店街振興計画策定事業報告書』（恵那地域商店街振興計画策定委員会・岐阜県商店街振興組合連合会）に始まる。本報告書の「施設整備計画」の項には、JR恵那駅から続く同市中央通り周辺の整備計画の一環として、公園や駐車場、共同ビルディングとともに「郷土資料館（仮称）」を整備すると記載されていた。この時点では、「来館者に郷土を知って貰う上からも、また市民が郷土文化を再認識する上からも郷土資料館は必要である」（同報告書）とは記されていたものの、具体的なコンテンツについては明記されておらず、記載内容も曖昧であった。しかし、1992年の「中央通り街づくり計画書」には、集客の核として市文化センターと美術館が、1993年の「市街地総合再生基本計画」では歴史美術館として位置付けられるなど、徐々に具体性を増していく。1995年には美術館構想検討委員会が発足し、1997年には美術館建設検討委員会と名称を変えつつ検討を進めた結果、1998年には同委員会による「まとめ」が提出された。この時点において、美術館の建設が決定した。なおこの期間、1995年には中央通り商店会振興組合から、1997年には恵那商店街連合会や中央通り・銀座通り商店街組合が美術館建設に対する要望書が提出されており、これらは美術館建設に向けられた期待や性格を如実に示している。

1999年には設計者を決定するための公募型プロポーザルを実施して着々と建設計画が進行していく一方、同年には美術館建設の差し止めを求める仮処分申請が提出されるなど、すべてが順調な船出とはならなかった。1999年に提出された仮処分申請の事由は、美術館敷地内に来館者用駐車場を設けることができないという狭小地ゆえの問題点を指摘されたものであるが、その駐車場問題は長く尾を引く問題となった(5)。それでも、翌年の2000年には美術館の建設工事が開始され、冒頭に記した美術館の運営母体となる財団法人を設立した。筆者は、この財団が同年５月に採用した唯一の正職員の学芸員である。

2-2 「ペーパー学芸員」が美術館をつくる！

小さな美術館の開館担当学芸員に要求される職能は多岐にわたる。大きな美術館であれば、ディレクター（美術館の場合は館長や学芸部長、総務部長など）の指示のもとで、各々の仕事の担当者がそれぞれの職務を遂行することになるだろうが、小さな美術館ではそのとおりにはいかない。筆者が中山道広重美術館に着任した2000年５月から同館の開館までの約１年半に美術館の専従スタッフであったのは、事務局長と学芸員２名（うち１名は市職員)、嘱託職員（経理担当)、そして週に一度ほど出勤する財団の専務理事だけであったからである(6)。

かくして何の経験もない学芸員(7)は、まだ工事現場であった美術館施設のことや美術館の機能を果たすための様々な枠組みづくりに取り組んでいくことになる。例えば、展示室の壁の色や材質の決定、展示室に配置する展示ケースの選定と発注、そして館外に設置するポスターケースや看板の設置などである。また、ミュージアムショップの企画を立て、什器の選定やオリジナルグッズの制作プランづくりなども、無論、学芸員の仕事であった。ソフト面では、美術館友の会やボランティアといった美術館内外の組織づくりもまた重要な仕事であった。しかし、主たる学芸員として採用された筆者一人だけでは、これだけの膨大な仕事をこなすことはできない。そこで、筆者は積極的に同僚を「巻き込む」ことを心掛けた。筆者自身で様々な博物館施設を見学したうえでいくつかのプランを提示して、同僚に裁量してもらうようにしたのである。また、友の会などの組織づくりは、筆者の母校の先輩や後輩など、すでに学芸員としての勤務経験を有する先達たちに教えてもらった。

開館までの仕事のうち、最も強く記憶に残っているのは、開館１年前に実施した企画展「恵那市所蔵浮世絵の全貌」(2000年10月３日から９日まで開催、於：恵那文化センター展示室）である。この企画展は、翌年の2001年に開館する中山道広重美術館の存在を広く市民に知ってもらい、理解を得ることが目的であった。しかし、「人口36,000人弱[8]の小さな市に美術館が必要なのか」、「美術館建設よりも公共下水道設備の普及を」という市民の根本的な疑問や疑念など、美術館建設を推進する市への不信感は根強かった[9]。美術館建設の是非は、同年6月に実施された市長選挙の争点にもなった[10]。そのような大きな逆風が吹くなか、筆者は生涯初となる担当展覧会を開催しなければならなかったのである。

予算は少なく、展観する作品は美術館のコレクションとなった浮世絵版画400余点しかなかった。さらに、これらのコレクションはこの展覧会以前にもたびたび他の展覧会でお披露目されており、周囲からは「もう見慣れている」という声も上がっていた。このような条件下で、どのように大逆風をはね除けて、美術館への市民の理解を得ることができるのだろうか。そこで考えたのは、7日間の企画展の会期中、毎日の展示作品を日ごとにすべて取り替えて、コレクション全点を7日間かけて展観するという企画であった[11]。さらに、日ごとに作品をすべて取り替えて展示するならばと、展示作品の口頭解説（ギャラリートーク）も毎日実施することにした。この取り組みによって、観覧者は毎日異なる作品を見ることができ、解説も聞くことができるという展覧会にしたのである。これは斬新と言えば斬新であるが、展示替え（展示作品を取り替えること）の大変さを知る学芸員ならば決して行わない、いわば「暴挙」であり「前代未聞」の展覧会であったと言える。美術館が開催する展覧会は、長い会期（例えば3カ月程度）の展示ならば、会期中に数度の展示替えをすることはあるが、毎日展示替えをする展覧会など、この展覧会の以前も以後も聞いたことがない。

さて、この「暴挙」を実現するためには、同僚の協力が不可欠である。そこで、筆者は同僚に対して、「予算が少ないのだから、企画の奇抜さで勝負するしかないと思う。どうか私についてきて欲しい。」と企画の内容を説明したうえで懇願したのである。この奇抜な企画を実現することの困難さを同僚が理解していたとは思えないが、一方で当時の筆者自身も本当の意味では理解していなかったと思われる。それでも、同僚は納得して協力してくれたのである。それは、「毎日展示替えをすれば、毎日見に来てくれる人がいるかも知れない。美術館への理解を、少しでも醸成したい。」という筆者の気持ちを理解して、共通の目的として認識してくれたからである。また、ある同僚は、美術館開館までの経緯を、展覧会タイトルに合わせた「中山道広重美術館の全貌」と題したパネルとして作成・展示して展覧会に華を添えてくれた。筆者の気持ちは伝わった。

展覧会の結果として、7日間の観覧者数は2,802名であり、恵那市の人口規模から考えてみれば成功と言える成果であった。筆者が美術館開館に向けた日々のなかで感じた「美術館はみんなの夢をのせて走る船だ」という想いは、今もなお変わらない。この展覧会の約1年後、中山道広重美術館は開館した。その日の美術館スタッフの笑顔を、今も筆者は忘れることはできない。船長としてか、船頭としてか、はたまた一船員としてかは不明であるが、筆者が美術館という新しい船を先頭に立って漕ぎ出した瞬間であったからである。しかし、振り返れば、先頭に立って漕ぎ出したのは、開館1年前の展観会の時であったのかも知れない。

2-3　学芸員というリーダー：今、振り返ってみると

様々な葛藤のなかで開館した中山道広重美術館のその後は、非情にも順風満帆とは言えなかった。収蔵作品や展示事業費の少なさなどの悪条件が、その後の美術館の運営と活動を苦しめていったからである。それでも、展示室内外の看板を内部で作成したり、ポスターやチラシなどは内部でデザインして予算を抑え、展示企画においてもできる限りの工夫を凝らした。地元のイベントや行事、季節に合わせた展覧会を企画して、外部との連携も積極的に図った。夏期には浴衣イベント（「浴衣で涼む美術館」）を開催し、浴衣を着用して来館した来館者の無料化や、現代で言うところの「映えスポット」（巨大な浮世絵パネルを設置して、浮世絵のなかの人物になりきって写真撮影をすることができるスポット）を設置した。また、恵那市内の菓舗に協力を仰ぎ、毎年9月に解禁となる当地の人気スイーツ「栗きんとん」と抹茶をセットにした季節限定カフェも開店した。さらに、閑散期となる冬期には地元作家を取り上げる展覧会を企画した。初事例は、「中川とも―情念の造形―」展（2004年1月2日から4月4まで開催）である。地元の公立高校の美術講師であった作家にまつわる思い出話や

エピソードを、元教え子や知人、友人などに取材して実施したこの展覧会は、周囲の多くの人々を巻き込んだものとなり、一定の成果を収めることができた[12]。

今、振り返ってみると、開館までの日々のことも、その後に企画した様々な事業も、目覚ましい成功例とは決して言えず、後悔が残るものである。しかし、例えば冬期に実施した地元作家を取り上げる企画展は、筆者が中山道広重美術館を退職した2006年以降も2014年までは断続的に行われていた。また、浴衣イベントについても形を変えながら近年まで継続している。これらのことを考えてみれば、筆者自身と筆者のことを支援したり協力したりしてくれた周囲のメンバーの取り組みは、地域の小さな美術館が歩むべき道筋を、ほんの少しではあるが示したことになるのかもしれない。

3. リーダーシップの古典的次元の捉え方

3-1 リーダーシップの概念

前節の中山道広重美術館が開館するまでのストーリーで登場した、「主たる学芸員として採用された筆者（菅原）一人だけでは、これだけの膨大な仕事をこなすことはできない。そこで、筆者は積極的に同僚を「巻き込む」ことを心掛けた」という部分に本章が焦点を当てるリーダーシップ（leadership）の重要な要素を見ることができる。

一般的にリーダーシップとは、組織や集団における目標達成のために、特定の個人が別の異なる他者へと働きかける影響やその過程のことを意味する。菅原は、「中山道広重美術館を開館させる」という目標を達成させるために、美術館の同僚やスタッフ、母校の先輩や後輩などに働きかけることによって美術館内外の組織づくりという大仕事を成し遂げた。ここでの菅原はリーダー（leader）の役割を担い、菅原に影響を与えられて組織目標を達成するために協力や努力をした美術館の同僚やスタッフはフォロワー（follower）の役割を担っている。つまり、リーダーシップとは、リーダーとフォロワーの社会的な相互関係によって成り立っている概念であると捉えることができる。

以下では、リーダーシップに関する研究を学説史的に概観していこう。本節の序盤では、最も古典的なリーダーシップ研究としての古典的特性論と呼ばれる資質論、そして中盤では、行動科学的アプローチを採用した代表的な研究としてオハイオ研究とミシガン研究を取り上げる。これらのリーダーシップ研究は、いずれもどのような状況であったとしても普遍的に有効なリーダーの特性あるいは行動の特徴を追究した研究群である。一方、本節の終盤では、資質論やオハイオ研究、ミシガン研究が捉えるリーダーシップの次元とは異なり、状況に応じて有効なリーダーシップのあり方が変化すると捉えるコンティンジェンシー理論（状況適合理論）の代表的理論であるフィードラー・モデルを紹介する。

3-2　古典的特性論

1900年代の初頭、リーダーシップという概念が本格的に社会科学の研究対象として認識され始めた。その最初期の研究群が、リーダーシップの資質論（trait theory）や偉人論（great man theory）と呼ばれるものである。これらの研究群の特徴は、優れたリーダーシップを発揮するような人物の特徴を抽出しようとする点にあり、リーダーや指導者となる人物には先天的（生まれつき）に非凡で秀逸な特性や資質が備わっていることを前提としている。すなわち、リーダーや指導者となる人物に生来備わっている資質の要素や条件を抽出することによって、そこにリーダーシップを発揮するうえでの普遍的に有効な解を導こうという立場を取っている。また、それらの研究群の多くは歴史上の偉人と称されるような人物（例えば、ナポレオン［Napoléon Bonaparte］やガンディー［Mohandas Karamchand Gandhi］）などに焦点を当てており、そこから偉人としての共通項を見出そうとしていることから、リーダーシップの偉人論という別名が付けられた背景がある。

リーダーシップの資質論は盛んに議論が展開され、それらの研究群からは、カリスマ性（charisma）、情熱（passion）、勇気（courage）、外向性（extraversion）、誠実性（conscientiousness）、身体的特徴（physical characteristics）、知的能力（intelligence）などの様々な資質や属性が指摘された（関口, 2021）。しかしながら、ある研究から導出されたリーダーの資質が、必ずしも他の研究から導出されてくる資質と一致しない、あるいは、時としてある研究から導出された資質が別の研究で指摘された資質と矛盾する、というような課題が浮き彫りとなる。すなわち、リーダーシップの資質論における「リーダーや指導者には先天的な資質が備わっている」という一次元的あるいは一貫性を追究するアプローチには限界があり、リーダーシップの本質を明らかにするには至らないという見解が認識されるようになったのである。

さらに、リーダーシップの資質論や偉人論には大きな問題がある。それは、仮に「リーダーや指導者には先天的な資質が備わっている」という立場から、カリスマ性や知的能力という資質が支持されたとしても、それらの資質がなぜ有効なリーダーシップを発揮する要因となるのか、またそれらの資質がなぜリーダーとフォロワーとの有意義な社会的な相互作用を生み出すのか、などが理論的に説明されていないことである。これらの研究上の限界点や課題点により、リーダーシップの資質論や偉人論の議論は次第に衰退していくこととなる。

しかしながら、そのような研究上の限界点や課題点は、リーダーシップの資質論や偉人論に価値がないということを意味するものではない。リーダーシップの概念を本格的に社会科学の組上に取り上げ、リーダーや指導者の実体や行動から特徴や条件を見出そうとするアプローチ自体は、その後の多くのリーダーシップ研究に引き継がれている（服部, 2020）。つまり、今日までに至る多くのリーダーシップ研究に影響する基本的基盤を築き上げた点にリーダーシップの資質論や偉人論の価値や意義を見出すことができるだろう。

3-3　オハイオ研究とミシガン研究

1940年代の末葉、前項で紹介したリーダーシップの資質論や偉人論とは異なる行動科学的アプローチを採用したリーダーシップ研究が登場し始める。それらは、リーダーシップの行動理論（behavioral theory）と呼ばれる研究群であり、優れたリーダーはどのような行動をなすのかという視点からリーダーシップを捉えようと試みる立場を取っている。すなわち、リーダーシップを発揮するような人物は、そうでない人物とは異なった行動の特徴があるという前提から、その特性を行動科学的に追究しようとする研究群である。このような行動科学的アプローチを採用したリーダーシップ研究の代表的な研究として、オハイオ州立大学を拠点に実施されたオハイオ研究（Ohio state leadership studies）と、ミシガン大学を拠点に実施されたミシガン研究（Michigan leadership studies）が挙げられる。

オハイオ研究では、リーダー行動をそれに従う立場の人物（部下）から認知される知覚に基づいてリーダー行動を識別するという独自の次元から調査・研究が試みられた。そこでは、リーダー行動を徹底的に観察記録してリスト化したうえで、LDBQ From XII（Leader Behavior Description Questionnaire XII）という独自の尺度が開発された。リーダー行動の分析や膨大な文献レビューの結果、最終的にリーダー行動の全体像を、構造形成（initiating structure）あるいは構造づくり（task initiation）と呼ばれる次元、そして人間配慮（consideration）と呼ばれる次元、という2つの次元に集約して説明できることが明らかとなった。ここでの構造づくりとは、組織や集団における目標達成のためにリーダーがそれに従う立場の人物の役割を定めて、効率的な職務遂行を実現するための構造化に関するリーダー行動である。一方の人間配慮とは、組織や集団における相互理解や信頼を促すような心配り、またはリーダーに従う立場の人間から湧き出てくるアイデアや感情の尊重などの人間関係に関するリーダー行動である。オハイオ研究では、このような2つの次元の双方を高いレベルで実現することがリーダーシップの最適解、すなわち組織や集団の高い業績が期待できると考える。

一方のミシガン研究は、オハイオ研究の同時期にリッカート（Likert, R）を中心として実施されたリーダーシップ研究である。ミシガン研究では、生産性が高い集団のリーダー行動と生産性が低い集団のリーダー行動は異なるであろうという視点から、そのようなリーダー行動の相違点を見出すために、それぞれの集団のリーダーとそれに従う立場の人物に対する面接調査が実施された。その結果、生産性が高い集団では、目標達成のための全般的な監督管理を行いつつ、集団の構成員を支援したり自律性を尊重したりするリーダー行動が目立っていた（人間中心型監督：employee-centered supervision）。それに対して、生産性が低い集団では、職務の効率化を優先して集団の構成員に細かく指示を出したり、接触頻度を高めて集団をコントロールしようとしたりするリーダー行動が目立っていた（仕事中心型監督：job-centered supervision）。また、生産性が高い集団のリーダーは、ミスや失敗に対して理解を示しつつ、それらの経験から学ぶべきものが多いというスタンスであったが、生産性が低い集団のリーダーは、ミスや失敗に対して処罰や批判による対処をしているという点も判明した（服部，2020）。

それぞれの研究群には、共通したリーダーシップに対する認識があるものの重要な相違点もある。それは、オハイオ研究での構造づくりと人間配慮という次元は個別に独立した次元であり、双方の次元を同時に実現することが優れたリーダー行動と捉えることに対して、ミシガン研究では人間中心型監督と仕事中心型監督は両極の次元に位置づけられており、同時に実現することは現実的ではなく、人間中心型監督を実現することが優れたリーダー行動と捉えることである。なお、オハイオ研究における優れたリーダー行動の捉え方、つまり構造づくりと人間配慮を同時に実現するという考え方は、Hi-Hiパラダイム（金井，1991）と呼ばれ、以降の組織開発論やリーダーシップ行動論に応用されている。

3-4　フィードラー・モデル

◉――コンティンジェンシー理論の登場

1900年代の初頭から本格化したリーダーシップ研究は、資質論や偉人論、行動理論へと展開していくものの、理論的に十分な論拠のあるリーダーシップの最適解を見出すことはできなかった。その理由の１つには、リーダーという組織における特定の人物にのみ焦点を当てており、そのリーダーが活動する状況要因が考慮されていなかった点が指摘される（関口，2021）。そこで登場したのが、リーダーシップのコンティンジェンシー理論（contingency theory of leadership）という考え方である。

コンティンジェンシー理論とは、取り巻かれている環境条件やその環境条件の変化に応じて、その局面で求められる最適解が異なるという考え方である（加護野，1980）。また、その枠組みから環境適合理論や状況依存理論とも呼ばれることがある。1960年代以降、このような考え方は様々なレベルの経営管理のトピックに適用されることになり、リーダーシップ研究においても「どのような状況要因が、どのようなリーダーシップ資質や行動の成否を左右するのか」という研究課題が次々と検証されてきた（上野山，2016）。リーダーシップのコンティンジェンシー理論の代表的な研究群には、環境条件の特性に応じて意思決定の方式を使い分けるリーダーシップに着目するブルーム=エイトン（Vroom, V. H., and Yetlon, P.）の研究や、ハーシー=ブランチャード（Hersey, P., and Blanchard, K. H.）によって提唱されたSL理論（Situational Leadership theory）と呼ばれる、部下の職務習熟度に応じてリーダーシップのスタイルを変化させることが有効性を生み出すという点に着目する研究などがある（山田，1998）。

リーダーシップのコンティンジェンシー理論における研究群の中でも、フィードラー（Fiedler, F. E.）を中心にして行われた研究は最も広く知られているものである（上田，1995）。フィードラーは、1960年代までのリーダーシップ研究において支配的であった１次元論や２次元論は有効なリーダーシップを示す指標となるものの、それらにおいて最適解であると捉えられる次元は、ある局面において有効だとしても別の異なる局面では有効ではない可能性があることを指摘した。すなわち、優れたリーダーシップというものは特定のスタイルに依存するものではないことを指摘するとともに、特定のリーダーシップのスタイルは、それぞれの置かれた環境条件によって有利に作用したり不利に作用したりすることを主張したのである。

◉――フィードラーのコンティンジェンシー理論

優れたリーダーシップのスタイルは環境条件によって異なる、という捉え方を提唱したフィードラーは、リーダーの特性に着目して、そのリーダーの特性がどのような環境条件において有効であるのか調査を行った。つまり、優れたリーダーシップに関して、リーダーシップのスタイルとリーダーの管理状況要因との適合度を明らかにしようとしたのである。ここでのリーダーの管理状況

図表 5-1　リーダーの管理状況要因の測定例

愉快	8	7	6	5	4	3	2	1	不快
非効率	1	2	3	4	5	6	7	8	効率
非友好的	1	2	3	4	5	6	7	8	友好的

出所：上田（1995）、166頁に基づいて筆者加筆修正。

要因とは、リーダーにとっての状況の好ましさ（状況好意性：situational favorableness）と呼ばれ、具体的には組織や集団においてリーダーがタスクを執行したり管理したりしやすいかどうかを示すものである。また、そのリーダーの管理状況要因は影響力順に、1.リーダーとフォロワーの関係の良好さの程度、2.タスクの構造化の程度、3.リーダーという地位や職位に基づく公式的権力の程度、という3つの局面から測定された。これらの3つの局面の組み合わせによって、リーダーにとって最も好ましい状況から最も好ましくない状況までが1次元的に識別される（**図表 5-1**）。

また、フィードラーは独自に開発したLPC（least preferred coworker）尺度を用いてリーダーに対する態度測定を行った。そのうえで、高LPCに位置付けられるリーダーを人間関係志向型（relationship-oriented）、低LPCに位置付けられるリーダーを課業志向型（task-oriented）と区分し、それぞれのリーダーシップのスタイルが有効である状況が考察された。

フィードラーの分析の結果、リーダーの管理状況要因が最も好ましい状況（リーダーとフォロワーの関係が良く、タスクが定型的で、フォロワーが従順である状況）と最も好ましくない状況（リーダーとフォロワーの関係が悪く、タスクが非定型的で、フォロワーが従順ではない状況）では課業志向型（低LPC）のリーダーシップが、管理状況要因が中程度であれば人間関係志向型（高LPC）のリーダーシップがそれぞれ有効であることが示された（**図表 5-2**）。

図表 5-2 に示すようなフィードラーの分析結果からは、どのような状況であっても普遍的に最適解となるリーダーシップは存在しないことが示唆される。また、優れたリーダーシップを発揮するようなリーダーシップのスタイルは、そのスタイルと管理状況の程度の組み合わせによって決定付けられることも読み取れる。すなわち、優れたリーダーシップが発揮されていない（リーダー

図表5-2　管理状況要因によるリーダーシップのスタイルと業績の関係

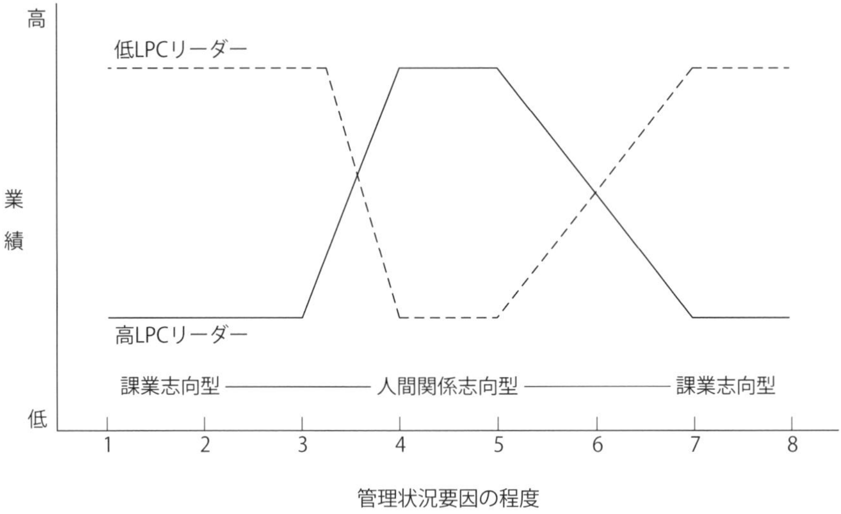

出所：Fielder（1972）に基づいて筆者作成。

シップのスタイルと管理状況要因の程度が適合していない）局面であれば、リーダーシップのスタイルを柔軟に変更したりリーダー自体を変更したりすることが求められる。あるいは、管理状況要因の対象となるフォロワーの態度を変えることも方策の１つとして考えられるだろう。

フィードラーのコンティンジェンシー理論は、リーダーが活動する状況要因を考慮したうえで、従来のリーダーシップ研究群が追究していた「リーダーシップの唯一最善の解」が存在することを否定した点に重要な特徴が見られる。一方で、フィードラーのコンティンジェンシー理論には様々な批判が向けられていることも事実である。例えば、LPC尺度がリーダーシップを測定する指標として信頼できるものであるのかという疑問や、LPCの得点と業績の間の因果関係が不明瞭であるという指摘である（e.g., Graen et al., 1970；冨岡，1993；田尾，1999；上野山，2016）。これらの疑問や批判が残るものの、フィードラーのコンティンジェンシー理論は、従来の資質論や偉人論、行動理論などの研究群が見落としていたリーダーシップの状況要因を指摘していることから、今日に至る古典的かつ代表的な意義ある研究として位置付けることができる。

4. リーダーシップの新次元的な捉え方

前節では、リーダーシップという概念を確認した後、リーダーシップ研究を学説史的にさかのぼって、リーダーシップの資質論や偉人論、オハイオ研究やミシガン研究、そしてフィードラーのコンティンジェンシー理論を概説してきた。それらの古典的なリーダーシップ研究群は、いずれも1900年代から1970年代にかけて活発的に行われたものであり、今日のリーダーシップ研究の基盤となっている。それでは、今日的なリーダーシップ研究はどのような展開を見せているのであろうか。また、古典的なリーダーシップ研究群に見られたような課題点や問題点を克服するために、どのような視点からリーダーシップを捉えるようになっているのであろうか。

1970年代以降、今日的な新次元の捉え方を見せるリーダーシップ研究群が登場し始めている。例えば、服部（2020）のリーダーシップ研究群に関する整理によれば、1970年代以降には、カリスマ・リーダーシップ（charismatic leadership）、サーバント・リーダーシップ（servant leadership）、変革型リーダーシップ（transformational leadership）、という概念や研究群が登場している。そして、1990年代以降の近年ではシェアード・リーダーシップ（shared leadership）やオーセンティック・リーダシップ（authentic leadership）なども登場している。本節では、それらの新次元のリーダーシップ研究群のなかでも、特に多くの注目を集めているサーバント・リーダーシップとシェアード・リーダーシップという代表的な２つの研究について紹介しよう。

4-1 サーバント・リーダーシップ

近年では、リーダーという地位や権力から連想される「リーダーによる命令とフォロワーの服従」という統制関係のような、リーダーの利己主義的な行動のあり方は最善ではないと考えられるようになった。このことは、オハイオ研究における人間配慮やミシガン研究における人間中心型監督、そしてフィードラー・モデルにおける人間関係志向型のリーダーシップのスタイルが提示されていることからも理解できるであろう。ただし、これらの古典的な研究群において想定されている場面は、あくまでも根強くリーダーというポジションに焦点が当てられており、リーダーの利己主義的あるいは個人主義的な価値観が前提となっている。一方で、リーダーシップ研究の進展に伴って、フォロワーという存在の重要性が指摘されるようになっている。近代的なリーダーシップ研究においては、優れたリーダーシップを発揮するためには、単にリーダーがメンバーを統制するのではなく、フォロワーへの支援のあり方も重要な要因であるという捉え方が登場している。

1970年代終盤、古典的かつ利己的なリーダーの捉え方とは対になる利他的なリーダーの捉え方を取る考え方として、グリーンリーフ（Greenleaf, R. K.）を主唱者とするサーバント・リーダーシップ（servant leadership）という概念が登場した。この考え方に基づけば、リーダーはその役割として調整と統制を図りつつも、本質的な側面ではサーバントとしての役割も担うことが重要である。つまり、サーバント・リーダーシップの考え方のもとでは、リーダーは利己的あるいは積極的にリーダーシップを発揮しようとするようなメンバーを牽引する存在ではなく、サーバント（召使いや使用人のように奉仕の精神を持って他者を助けたり支えたりする存在）としてメンバーの行動を支援したり奉仕したりする存在として捉えられる。

サーバント・リーダーシップの特徴としては、①他者の意見を聞き入れ（傾聴）、②それに対して共感し（共感）、③時として癒しを与えることもあり（癒し）、④自己を意識して（気づき）、⑤他者に対する説得を行い（説得）、⑥事柄を概念的に捉え（概念化）、⑦将来に関する予測を立て（先見力・予見力）、⑧奉仕の精神を持ち（執事役）、⑨人間の成長にコミットして（人々の成長への関与）、⑩コミュニティづくりをしていく（コミュニティ形成）、という点がある（Greenleaf, 1970; 1991）（**図表5-3**）。これらのサーバント・リーダーシップの特徴において重要なことは、諸要素が実現されることによって良い結果が生まれるということではなく、リーダー自身にサーバントとしての精神や価値観が潜在的に伏在していることこそが重要なのである（関口，2020）。

図表５－３　サーバント・リーダーシップの10の特性

傾聴 (listening)	大事な人たちの望むことを意図的に聞き出すことに強く関わる。同時に自分の内なる声にも耳を傾け、自分の存在意義をその両面から考えることができる。
共感 (empathy)	傾聴するためには、相手の立場に立って、何をして欲しいかが共感的にわからなくてはならない。他の人々の気持ちを理解し、共感することができる。
癒し (healing)	組織や集団を大変革し統合させる大きな力となるのは、人を癒すことを学習することである。欠けているもの、傷ついているところを見つけ、全体性を探し求める。
気づき (awareness)	一般的に意識を高めることが大事だが、特に自分への気づきがサーバント・リーダーを強化する。自分と自部門を知ること。このことは倫理観や価値観とも関わる。
説得 (persuasion)	職位に付随する権限に依拠することなく、また、服従を強要することなく、他人の人々を説得できる。
概念化 (conceptualization)	大きな夢を見る能力を育てたいと願う。日常の業務上の目標を超えて、自分の志向をストレッチして広げる。制度に対するビジョナリーな概念をもたらす。
先見力・予見力 (foresight)	概念化の力と関わるが、今の状況がもたらす帰結をあらかじめ見ることができなくても、それを見定めようとする。それが見えたとき、はっきりと気づく。過去の教訓、現在の現実、将来のための決定のありえそうな帰結を理解できる。
執事役 (stewardship)	大切な物を任せても信頼できると思われるような人を目指す。より大きな社会のために、制度を、その人になら信託できること。
人々の成長への関与 (commitment of the growth of people)	人びとには、働き手としての目に見える貢献を超えて、その存在をそのものに内在的価値があると信じる。自分の制度のなかの一人ひとりの、そして周囲の成長に深くコミットできる。
コミュニティ形成 (building community)	同じ制度のなかで仕事をする（奉仕する）人たちの間に、コミュニティを創り出す。

出所：Spears (1998)、池田・金井 (2007)、日本サーバント・リーダーシップ協会HP「スピアーズによるサーバントリーダーの属性」に基づいて筆者作成。

グリーンリーフがサーバント・リーダーシップの考え方を提唱して以降、様々な研究者によって実証的な研究がなされている。それらの研究群によれば、サーバント・リーダーシップは、組織や集団における倫理的側面をはじめとして、組織や集団の活動における様々な側面に良い影響や効果をもたらすことが明らかとなってきている（Parris and Peachey, 2013）。

4-2　シェアード・リーダーシップ

これまでに見てきたリーダーシップという概念とそれに関する古典的研究群は、いずれも組織あるいは集団において「リーダーシップをいかに発揮するのか」というクエスチョンが原点にある。例えば、リーダーシップの資質論や偉人論では、優れたリーダーシップを発揮するような人物の先天的な特性や資質を見出すことによって、リーダーシップを発揮するうえでの普遍的に有効な解を導こうという立場にある。また、オハイオ研究やミシガン研究など代表されるリーダーシップの行動理論では、優れたリーダーは組織や集団においてどのような行動を取ることによってリーダーシップを発揮するのかについて、行動科学的に検討している。そして、フィードラーに代表されるリーダーシップのコンティンジェンシー理論では、「どのような状況要因が、どのようなリーダーシップ資質や行動の成否を左右するのか」（上野山，2016，97頁）という研究課題を起点として、優れたリーダーシップを発揮するようなリーダーシップのスタイルは環境条件や管理状況要因によって異なるという立場を取っている。

組織や集団において「リーダーシップをいかに発揮するのか」というクエスチョンは、単にリーダーシップを発揮するリーダーの資質や行動にのみ焦点を当てているだけでは解を導くことはできない。なぜならば、前項の冒頭において確認したように、リーダーシップという概念がリーダーとフォロワーの社会的な相互関係によって成り立っているからである。組織や集団においてリーダーシップを発揮する主体はリーダーであることは事実である。しかし、そのようなリーダーシップを発揮するリーダーの成否を左右するのはフォロワーの存在であり、近年のリーダーシップ研究の傾向ではそのフォロワーの存在意義や注目度が増してきている（小野，2009）。さらに、リーダーシップは組織や集団における地位や立場としてのリーダーのみが発揮するものではなく、適切に発揮・行使・機能されるのであれば、組織や集団のどのメンバーからも発現される、という考え方が登場している（上野山，2016）。このような組織や集団におけるフォロワーが果たすリーダーシップの役割に注目した研究が、シェアード・リーダーシップ（shared leadership）である。

シェアード・リーダーシップとは、一般的に、組織や集団におけるメンバー間にリーダーシップの影響作用が分散・配分されているようなチーム状態のことを意味する（Pearce and Sims, 2002; Carson et al., 2007）。つまり、リーダーというポジションに就いた特定の人物が「リーダーシップをいかに発揮するのか」という古典的なリーダーシップ研究群が前提とした論点とは異なり、有効なリーダーシップを組織や集団に属するメンバーの誰しもから発現・発揮することができる共有状態に着目している（庭本, 2019）。また、庭本（2019）によれば、このようなシェアード・リーダーシップの構造的特徴として、①タスクに関してフラットな権限関係であること、②情報共有が徹底され円滑なコミュニケーションシステムが構築されていること、③メンバーの自律性が高いこと、という3つが指摘されている。

このようなシェアード・リーダーシップという考え方は、古典的なリーダーシップ研究群を礎として発展したリーダーシップ研究の1つであることに違いないものの、位置付けとしては対峙関係にあると考えられる（Bradford and Cohen, 1998）。近年では、シェアード・リーダーシップの有効性や現実性が実証的かつ積極的に研究されており、今後もさらなる実証研究を蓄積することで精緻化されていくことが期待されている理論の1つである。

5. おわりに

本章では、「ペーパー学芸員」であった菅原真弓が美術館をつくるという大仕事を成し遂げるうえで発揮した「周囲の人間を巻き込み、目標達成のために他者へと働きかける」という過程から、リーダーシップの本質的な一例を概観した。そのうえで、リーダーシップとはどのような概念であるのか、またリーダーシップの概念が社会科学の研究俎上に挙げられてからどのような研究や理論が誕生してきたのかについて経時的に代表的な諸理論を紹介した。

「リーダーシップをいかに発揮するか」という問題については、時代とともにその捉え方や研究手法が変化している。また、第3節でも述べたように、リーダーシップとは、リーダーとフォロワーの社会的な相互関係によって成り立っている概念である。つまり、組織や集団を取り巻く環境が変われば、組織や集団のあり方の変化が求められるし、その結果としてリーダーのあり方やフォロワーとの相互関係の様態が変化したり、あるいは組織や集団に適した管理方式を柔軟に検討・採用したりしていく必要がある。それらが必要となる理由は、いずれも組織や集団の目標達成を実現するためである。その組織や集団の目標達成のために、リーダーはリーダーシップを発揮してリーダーとフォロワー間、あるいはフォロワーとフォロワー間の社会的かつ相互的な協働関係を構築していく役割を担っているのである。

次章では、本章で取り扱った「リーダーシップをいかに発揮するか」という問題を踏まえたうえで、「協働をいかに促すか」について、組織をより総体的・構造的に捉えて協働関係が実現されるような組織の構造をデザインする組織構造論について見ていくことにしよう。

（1）2000年に財団法人の認定を受けて発足。2012年には公益財団法人として新たなスタートを切った（https://hiroshige-ena.jp/about/more-about）（最終閲覧日：2022年11月7日）。

（2）「市立」美術館の敷地面積としては、金沢21世紀美術館の26,964.50m^{2}などが最大規模と考えられるが、小規模な館でも富山市ガラス美術館では4,144.67m^2、東広島市立美術館は1,800.0m^{2}であり、この美術館の敷地が狭小であることを裏付ける。また開館事業費の規模として考えても、前述の金沢21世紀美術館の200億円、富山市ガラス美術館の182億円、そして最も敷地面積の数値が近い東広島市立美術館でも16億円となっており、かなり小さいことがわかる。しかし2022年度の「恵那市予算資料」と照合しても、美術館建設の総事業費は一般会計の3.4%程度を占める。同市の予算規模を考慮すれば、これは高額な支出であったと考えられる（なお2000年度の同市の予算資料がすでに公開されていないため、2022年度の予算書を参照した）。

（3）落合（2018）は「郊外設置型」を最寄駅からの距離1km以上と定義しており、日本に存在する都道府県立のミュージアムの70%以上がそれにあたると述べている。

（4）博物館法および文部省告示「公立博物館の設置および運営に関する基準」（1974年〔昭和48〕）には、あくまでも博物館は社会教育施設として位置付けられている。この告示は、中山道広重美術館開館後の2003年に「公立博物館の設置及び運営上の望ましい基準」として全面的に改正されたが、博物館の位置付け自体は変わっていない。なお近年は、中心市街地の活性化の目的のもとに博物館施設が整備される例は珍しくない。例えば2018年度から実施されている青森県八戸市の中心市街地活性化事業のなかには美術館の整備が含まれている。

（5）美術館建設を希求した商店街にとっては、中心市街地を徒歩で回ることがポイントであったが、一方、開館後は来館者駐車場を求める利用者の声も大きく、現在は隣接する民間駐車場との提携を実施している。

（6）事務局長および学芸員（市職員）は市からの出向の形で在職。

（7）非常勤（任期付き、嘱託等）も含め、学芸員として勤務した経験は、2000年4月に嘱託学芸員（1年任期）として採用された埼玉県立近代美術館での1カ月のみであった。

（8）2004年の新設合併（恵那郡南部の4町1村との合併）によって、2022年11月現在の人口は47,000人弱である。恵那市HP（https://www.city.ena.lg.jp/material/files/group/8/202211.pdf）（最終閲覧日：2022年11月10日）。

（9）平成26年（2014）度末時点でなお、公共下水道普及率は59.2%にとどまっており、岐阜県42町村のうち29位である。『岐阜県の下水道』（岐阜県，2015年12月）（https://www.pref.gifu.lg.jp/uploaded/attachment/20916.pdf）（最終閲覧日：2022年11月10日）。

（10）1999年12月には、「美術館反対署名運動」も実施されている。

（11）ただし、同コレクションの「目玉」と言うべき著名な作品4点と、浮世絵師・歌川広重の肖像画（「死絵（しにえ）」）は通期で展示した。

（12）地元の新聞である『岐阜新聞』（本展名義後援）は「ともは愛された　恵那で画家中川とも回顧展」と題した連載コラム（全6回）を掲載した。共催でない新聞社が掲載料（広告料）なしに連載することは珍しい。

学びを深めるために

設問 **1**：優れたリーダーを複数人思い浮かべてみたうえで、古典的特性理論としての資質論や偉人論の立場から、そのような人物に共通するような資質や特性が見られるかどうか考えてみましょう。

設問 **2**：あなたが今まで所属してきた組織や集団におけるリーダーを具体的にイメージして、そのリーダーがどのようなリーダー行動を取っていたのかについて、本章で取り扱ったいくつかの理論のなかから説明してみましょう。

推薦図書

金山喜昭（2020）．『転換期の博物館経営－指定管理者制度・独立行政法人の検証と展望』同成社.

児玉敏一・佐々木利廣・東俊之・山口良雄（2013）．『動物園マネジメント－動物園から見えてくる経営学』学文社.

ハーバード・ビジネス・レビュー編集部（編）（2018）．『ハーバード・ビジネス・レビュー－リーダーシップ論文ベスト10リーダーシップの教科書』ダイヤモンド社.

COLUMN

中山道広重美術館の現在

2021年、開館20周年を迎えた中山道広重美術館は、現在も走り続けている。

同館の特色ある事業を紹介しよう。例えば、開館15周年となった2016年にSoftBank社製造の人型ロボット「ペッパーくん」を「採用」（**図表 1**）したことが挙げられる。ペッパーくんは、館の概要やコレクションの紹介をしてくれていたが、その後「退職」した。博物館施設への導入事例としては、最も早い時期であったという[(1)]。

図表 1　「浮世絵ナビルーム」（中山道広重美術館）でお客様をご案内するPepperくん

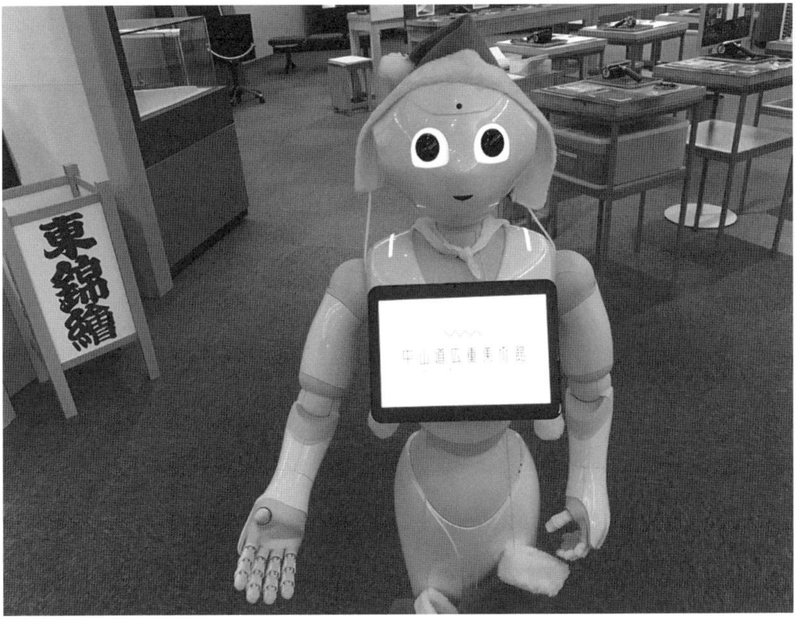

出所：筆者（菅原）撮影。

また同じ年、同館２階の「浮世絵ナビルーム」（学習展示室）に、江戸時代の絵草紙屋（浮世絵版画の販売店）を模した展示を作成した（**図表２**）。その建材はダンボールである。ダンボール原紙生産量日本一にして国内シェア25％を誇る恵那市[2]の美術館として、市の産業をアピールする意図が見て取れる。そのかたわらには、開館以来継続している「版画摺り体験コーナー」があり、来館者から変わらぬ人気を博している[3]。

もう１つは、スポンサー制度である。2017年８月より実施したこの制度は、企業に美術館活動の支援を呼びかけて、ある企業に「特定の開館時間帯の観覧料金相当額（１年分）を負担」してもらうことで同時間帯の観覧料を無料とするものだ[4]。「ユニクロ・フリー・フライデー・ナイト」という先行事例（2013年より実施）[5]は存在していたものの先駆的な取り組み

図表２　江戸時代の絵草紙屋を模した展示（中山道広重美術館内「浮世絵ナビルーム」）

出所：筆者（菅原）撮影。

であり、成果も上がっている[6]。

中山道広重美術館は、次はどこに向かうのだろう。来館者や地元企業をも巻き込み、より豊かな美術館活動のあり方を求めて、前に走り続けていくことを期待している。

（1）当時の美術館長の話による。なおスミソニアン博物館（米国）への導入がニュースとなったのは、2018年５月のことである（https://japan.cnet.com/article/35118568/）（最終閲覧日：2022年11月23日）。

（2）「えな100選」のうち「えな業」（恵那市HP）（https://www.city.ena.lg.jp/material/files/group/２/ena100sen49-58.pdf）（最終閲覧日：2022年11月23日）。

（3）https://hiroshige-ena.jp/enjoy/experience（最終閲覧日：2022年11月23日）。

（4）https://hiroshige-ena.jp/about/sponsor（最終閲覧日：2022年11月23日）。

（5）https://kyodonewsprwire.jp/release/201304171279（最終閲覧日：2022年11月23日）。

（6）http://www.waseda.co.jp/museum_report/hiroshige-ena-friday（最終閲覧日：2022年11月23日）。

第 6 章

協働をいかに促すか？（組織構造論）

中山健太郎　*NAKAYAMA Kentaro*

1. はじめに

組織は、ヒト、モノ、カネ、情報などの経営資源を有効に活用し、それぞれの組織目標の達成に向けて活動している。モノ、カネ、情報は、ヒトの活動の結果として生み出されるものであり、そのため、組織運営においてヒトのマネジメントをいかに行っていくかは重要なポイントとなる。ヒトのマネジメント、つまりは、ヒトの協働を促すには、組織の構成員それぞれにどのような職務、役割、権限、責任を与えるのか、その仕組みを形づくる必要がある。その形づくられた仕組みの体系が組織構造である。

本章では、昨今、経営学の分野でも研究対象として取り上げられることが増えている医療機関に焦点を当て、医療業界の動向に触れながら、事例として社会医療法人愛仁会を紹介する（第2節）。次に、組織における協働を促すための仕組みについて解説する（第3節）。そして、組織構造の代表的パターンについて説明を加える（第4節）。最後に、本章のまとめを行う（第5節）。

2. 事例：社会医療法人愛仁会

2-1 愛仁会の概要

全国には8,205施設の病院があり、そのうち医療法人立は5,681施設ある(1)。本節では、その医療法人立の中でも非同族による組織運営を行ってきた社会医療法人愛仁会（以下、愛仁会）とその一施設である千船病院の事例を取り上げる（**図表6-1**）。愛仁会は、スモッグ多発地帯で衛生状態も悪い大阪市西淀川区における中小企業労働者の医療対策として地域に密着した医療活動を行うべく1958年に医療法人愛仁会千船診療所を設立した。設立当時、社会が複雑化、多角化していく中で疾病構造も変化し医学・医術も急速に進歩、高度化していた。社会からの需要に対して限られた医療資源、少数の医師、看護婦などの人的資源をもって対応するには限りがあった。さらに、当時は限りある経営資源を有効に活用する組織体系を有していなかった。そこで、愛仁会は、1つの統一した意志、理念のもとに非同族の医師が集結し、地域社会に適応しながら有機的かつ効率よく運営する組織構造を形づくってきた。

創業時の千船診療所は、現在では、一般病床292床、21診療科を有する地域医療支援病院、地域周産期母子医療センター、大阪府がん診療拠点病院などの認可を受けている地域中核・総合急性期病院に発展している。また、愛仁会は、西は兵庫県明石市、東は大阪府高槻市にまたがる京阪神地域で病院のほか介護老人保健施設、訪問看護、ケアプランセンターなどの介護施設・在宅部門、健診・人間ドックや看護助産専門学校を有するトータルヘルスケア事業体として職員数6,300人、総収入680億を超えるわが国でも有数の医療法人となっている。

2-2 愛仁会における組織構造の変遷

◉――職能別組織から事業部制組織への変遷

愛仁会は、大阪市西淀川区で診療所から病院へと機能・規模を拡充しながら

図表6-1　愛仁会グループの施設

出所：社会医療法人愛仁会より提供。

医療活動を行ってきた。西淀川区で得たノウハウをさらに社会に還元するため、1970年頃より新たな地域での事業展開を模索するようになる。1977年に大阪府高槻市に愛仁会２番目の病院として高槻病院を開設し、２つの地域での事業展開に移行した。病院が所在する地域が異なることからそれまでの一病院での職能別組織の形態から事業部制組織の形態を組み入れるようになる（**図表6-2**）。

図表6－2　愛仁会における職能別組織から事業部制組織への変遷

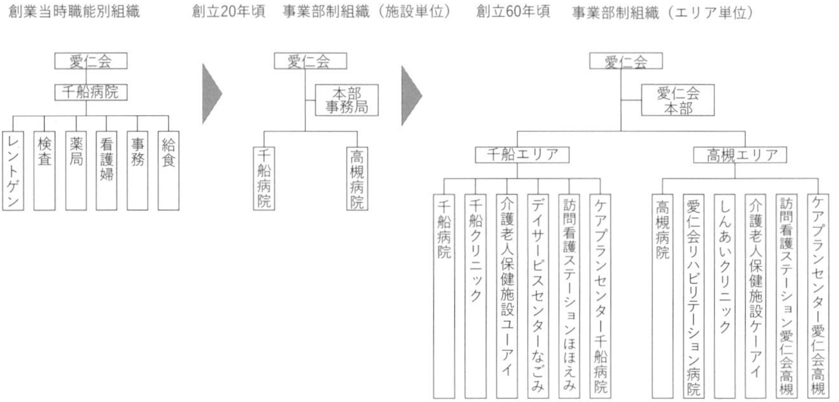

出所：筆者作成。

千船病院、高槻病院をそれぞれ１つの事業部と捉え、事業部は自律的に運営し、法人理事会が全体を統括する運営スタイルとなった。事業部制への移行は、地域での情報に基づき提供するサービスをタイムリーに検討・実行することができる。さらには事業部間での競争意識を高めることにつながり、法人全体の発展に寄与してきた。その後、2000年に介護保険制度が施行されると病院だけでなく介護老人保健施設や訪問看護ステーションなどの病院以外の事業所がそれぞれの地域に開設され、それぞれの事業所も１つの事業部として自律して運営されている。

2025年は、団塊の世代のすべてが75歳以上の後期高齢者になる。高齢者が住み慣れた地域で自分らしい人生を全うできる社会を目指して、地域における住まい、医療、介護、予防、生活支援の５つのサービスを一体的に提供できる地域包括ケア体制の構築が目指されている。そのため、2016年からは、事業部の定義を事業所単位ではなく、地域単位でのエリア事業部制に移行し、エリアの事業を束ねた組織構造に転換している（**図表6-2**）。

◉――マトリクス組織化

多施設化し事業部制に移行していくなかで、法人全体の経営管理業務の効率

図表6－3　愛仁会におけるマトリクス組織の変遷

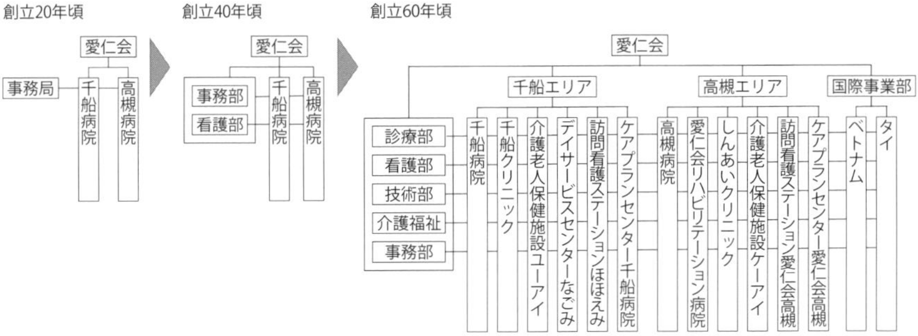

出所：筆者作成。

化を図り規模の原理、シナジーを得るため、法人経営の中枢機関である理事会を補佐する基本業務とともに複数病院の共通する会計処理、給与計算や人事管理などの専門的な業務を集中処理するために1977年に本部事務局が設立された。事業軸に加えて、職能軸を組み合わせたマトリクス化した組織編成を取るようになる（**図表6-3**）。2002年には看護部が設置され、各事業部（各病院）の看護職の人事管理の一元化、業務の標準化、質向上を図るために看護の職能軸を通するようになる。その後、順次、技術部、診療部の職能にも拡大している。

マトリクス組織のデメリットとして指摘されている２方向からの指示については、例えば、病院の看護部では、トップである院長より指示を受ける一方、本部看護部からの指示命令も受ける。２方向から指示を受けることになり板挟みやコンフリクトが生じ、スピード感をもった柔軟な意思決定がしにくくなることもある。一方で、他の事業部（他の病院）の良いところを本部看護部が集約し、横展開や限られた専門性のある看護職の施設間異動や派遣調整が図れるなどシナジーを生んでいる。

2-3　千船病院における減量チームでの分業[2]

医療技術は日々進歩しており、高度化・専門化が進んでいる。職能別の分業体制が敷かれると部門間の縦割りが生じやすい。また、疾病が急性疾患から生活習慣病を始めとする慢性疾患に移行しており、単一部門で完結できず複数部門が総合的に対応する必要性が高まっている。さらに、価値観の多様化、患者の自己決定権の高まりにより病院総力をあげた医療サービスの提供が求められている。これらに対応するには、高度に専門化された各職能部門の知識を集約し効率的に提供する部門毎の縦割りのマネジメントとともに部門間の横のつながりのマネジメントが質の高い医療を提供するうえで重要になっている。

医療では、一人の患者に対して複数の医療専門職が集まって治療方針を検討することを「チーム医療」と呼んでいる。チーム医療とは、「医療に従事する多種多様な医療従事者が、各々の高い専門性を前提に、目的と情報を共有し、業務を分担しつつも互いに連携・補完し合い、患者さんの状況に的確に対応した医療を提供すること」[(3)]と定義されている。栄養サポートチーム（NST：Nutrition Support Team)、感染症対策チーム（ICT：Infection Control Team)、認知症ケアチーム（DCT：Dementia Care Team）など様々なチームがある。

千船病院には、肥満・糖尿病内分泌センターという特殊診療部門がある。肥満症は、遺伝、環境要因、生活習慣など複数の要素が積み重なり起きる糖尿病や高血圧とならぶ医学的治療を要する慢性の病気であり、高度の肥満症ともなると多くの病気の引き金となる。糖尿病内分泌内科専門医による内科的治療がうまく行かない場合は、高度肥満症リスクを回避するために外科手術が１つのオプションとなる。

2016年に外科医、内科医、管理栄養士、理学療法士、看護師、薬剤師などの医療専門職からなる「減量チーム」を結成した（**図表 6-4**)。多職種が連携し減量のサポート・治療を継続して行っている。減量外来では、医師による詳細な問診を行い、同時に管理栄養士から食事内容や摂取について、理学療法士からは運動指導を受ける。複数の原因が複雑に絡んでいることも多く、定期的なカウンセリングを通じ、減量を妨げている真の要因を患者と一緒に探っている。

減量チームを結成したものの開始当初は検査予約や他職種との調整を含め、治療過程の多くを主に医師一人が担当していたため業務過多となっていた。そのため、診療がスムーズに行えず、患者へのサービス低下からクレームの発生や途中離脱する患者が増加するといった問題が生じていた。そこで、医師の業務のあり方を見直した。医師でなくてもできる業務のうち、患者との窓口役、

図表6－4　減量チームカンファレンスの様子

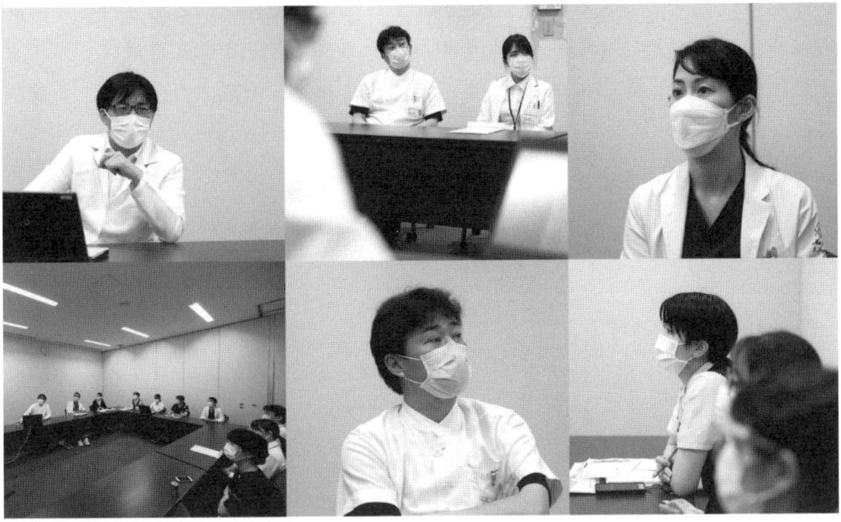

出所：社会医療法人愛仁会HP（https://www.chibune-hsp.jp/about/nizikuzira/）（最終閲覧日：2022年11月23日）。同HP内、村上敬（2022）「減量手術チーム　減量はしんどい。だからこそ、チーム医療が必要」『虹くじら』創刊号、28頁より。

また、各部門の連携役として、無資格の事務職に緊密なチーム医療のコーディネーターという新たな業務分担を行った。減量コーディネーターの役割は、これまで院内にロールモデルも明確な業務規定もなく、２年をかけ試行錯誤しながら職務内容を明確化していった。その結果、2021年度減量手術件数は全国２位の実績になっている。

2-4　千船病院での新型コロナウイルス感染症（以下、COVID-19）対応における協議と意思決定(4)

2019年11月に一人目のCOVID-19感染者が出て世界中を震撼させた。わが国にも感染が拡大し、2020年３月には大阪においても発熱を主訴とした救急患者の受け入れ困難な状況が発生し始めた。行政からは千船病院にもCOVID-19患者の受入れが要請された。しかし、未知のウイルスへの対応は自己犠牲精神の強い医療従事者であっても尻込みした。未知のウイルスへの理解格差から生じる偏見やウイルスに対する情報がアップデートされるたびに変更される運用面の煩わしさに加え、通常医療の制限や院内感染クラスターによる経営ダメージを恐れ受入れ体制整備の議論は紛糾し、感染症指定医療機関ではない千船病院においてCOVID-19患者の受入れの意思決定は容易ではなかった。

COVID-19患者の受入れについての意思決定は、特に対応を行う診療部、看護部の合意形成を図り意思統一する必要があった。そこで、職員一人ひとりが何をすべきか、何ができるかを考え、総力を結集するため職員との協議を行った。2020年４月上旬、看護科長会でCOVID-19患者の受入れについて議論し全員が意見を述べた。「医療を通じて社会に貢献する」という理念に立ち返り「COVID-19患者を受入れることが病院の役割であり、そのための体制整備を行う」という意見で一致した。４月中旬には診療部主任部長会が開催された。各診療科の責任者である主任部長全員が意見を述べ、最後に病院のトップである院長が各部門の管理者の想いをくみ取り「地域医療支援病院として地域の医療を守るため、COVID-19軽症・中等症の患者受入れを行う」ことが意思決定された。

また、COVID-19患者の受入れにあたり日々のなかで生じる諸課題への協議に関しては「新型コロナウイルス感染症対策会議」を発足した。職員だけでなく委託業者も含め参加自由とし、状況に応じて毎日～週１回開催した。16名から開始された会議は、一時60名以上が参加することもあった。会議時間も約５分～60分と議題に応じて柔軟に対応した。会議で承認されれば議事録が共有され、即実行となった。医師を含め誰もが初めて対応することであり、この会議では対話に重点を置き、誰でも参加ができる場の提供が重視された。

3. 協働を促す基本的ルール

3-1　基本ルール

組織それぞれの状況によって構成員の協働を促す仕組みは異なる。構成員の特徴、組織の規模や戦略、社会・業界を取り巻く環境によって求められる組織構造が異なる。この組織構造を採用したらうまくいくと言えるものは一概にないものの構成員の協働を促し、組織目標を達成していくうえでの一定の基本的なルールが存在する。その基本的なルールをベースにそれぞれの組織がその時々の状況に応じて組織構造を構築している。

本節では、組織において構成員の協働を促し、組織目標を達成していくための組織構造を形づくる基本的なルールについて触れる。大きくは、分業と調整、部門化、意思決定権限、協議の4点について解説する。

3-2　分業と調整

組織活動は、数多くの作業プロセスから成り立っている。誰にどのような業務を担当してもらうのか、分業している業務をいかに調整し一体として整えるのか。分業と調整が組織構造の大きなポイントの1つである。

分業は、業務を細分化し単純化させることで多くの人がその作業プロセスに加わることができる。一人では成し得ないことが複数の構成員による分業を通じて、より大きな成果を生み出すことにもつながる。また、分業は同じ作業を繰り返すことによる習熟効果が得られ、効率性が向上する。さらには、特定の業務に専念することで高度な知識の獲得につながり、専門性を高めることができる。

しかし一方で、分業は業務の単調化や流動性を失いやすく変化への対応力が低下する。また、分業による専門性の高まりは価値観の違いを生み出しやすく分業間での対立が助長される。分業を担っているのはヒトであり、構成員の協働を促していくためには分業するだけでは十分ではなく、分業と分業とをうまくつないでいく調整が重要になる。この調整のコストが分業には伴う。

◉——医療における分業

日進月歩の医療の進化は、一医師の専門性だけではカバーしきれなくなっており、専門分化した医師との協働や医師の業務から分化した多様な医療専門職との分業による協働で成り立っている。医療は、身体生命に重大な影響を及ぼすものであることから法律で免許制度が定められ、行うことができる業務が厳格に規定されている。医師、薬剤師、保健師、助産師、看護師の他、診療放射線技師、臨床検査技師、理学療法士、作業療法士、管理栄養士、社会福祉士、救急救命士など多種多様な国家資格が定められている。

個々の医療専門職の業務が法律によって規定されているのであれば病院における分業の調整は、容易いと思われるかもしれない。しかし、病院の機能や診療科の提供する診療内容が異なるという特性から医師以外にどの程度分業するかはまちまちであり、医師の業務には他職種へタスク・シフティング（業務の移管）が可能な業務が多く含まれていると指摘(5)されており、課題が多い。

≪医師と看護師等の医療関係職とのタスク・シフティング例≫
薬剤の投与量の調節、静脈注射、救急医療等における診療の優先順位の決定、入院中の療養生活に関する対応、患者・家族への説明、採血・検査についての説明、薬剤の管理、医療機器の管理

「2-3　千船病院における減量チームでの分業」での減量コーディネーターの役割設定による分業もその一例である。

3-3　部門化

小さい組織であればまだしも組織が大きくなると、分業するだけでは分化された業務の関連が取りにくくなり、効率的な運用に支障が生じる。また、業務を分化するためそれぞれに分業する構成員を組織の目指すべき方向性にまとめ

ていくことが難しくなるなど分業に伴う課題を調整する必要が生じる。調整する方法の１つとして、関連する構成員を１つのグループにまとめる部門化が取られる。

部門化における問題は、何を基準にまとめるのか、そのまとまった部門の規模をどの程度にするのかである。部門化にあたっての基準は、職能、製品、顧客や地域を単位にするなど様々取り得る。部門が増えると各部門の動きがばらばらになりやすく部門間を調整する負担が増していくことになる。

まとめられた部門には管理者が配置される。管理者は、部門内での仕事の調整や他部門との調整を担う。管理者を置かずに構成員個々が調整を始めると調整数が格段に増えることになる。限定された管理者間での調整に集約することで調整を簡素化させる効果が生まれる。また、各部門の規模については、管理者が情報を処理し調整や意思決定するうえで適正な人数が設定される。そのため、人数が多くなると階層や新たな部門をつくり、新たな管理者を立てることが行われる。

3-4　意思決定権限

一人の管理者が数多くの意思決定を集約して行う場合、意思決定における調整は容易になる。しかし、組織においては大小含め様々な意思決定が行われており意思決定する事項が多くなる場合、すべての事項に対する十分な知識や現場情報を持ち得ているとは限らず、また、タイミングにおいても適切に意思決定を下せない場面が増える。そこで、意思決定権限を下層の部門管理者に委譲し、意思決定の責任を分化させていく方法を取るようになる。

意思決定権限を委譲することは、現場に近いところでスピーディーに解決できる事柄が増える。さらには、多くの構成員を経営の意思決定に参画させることで帰属意識を高め、組織としての一体感を醸成することにもつながる。しかし一方で、意思決定するうえでパワーのある管理者が担っていた調整業務が下層の管理者に委譲されるため、部門間での協議の過程で軋轢が生じ、調整するための負担が増すなどのデメリットも生じる。意思決定権限を誰にどの程度委譲し、責任を分担していくのかがポイントになる。

3-5　協議

部門間の擦り合わせや調整のためには、協議するプロセスを適切に設けることが必要となる。関係者が集まり相談、協議や意思決定する場として、会議が設けられる。その会議に誰を招集するのか、開催頻度はどの程度にするのかなど会議の設計がポイントになる。

部門の上層部のみだと現場の情報を適切に持ち合わせていないなかでの判断を下すこともあれば、部門の下層者を呼ぶと部門としての判断ができず持ち帰ることが増えるなどの課題も生じる。小人数だと議論しやすいが多人数になると意見が噴出しまとまらないこともある。また、会議の開催頻度は月に１回か週に１回か、常設か臨時か、様々な開催方法が取り得る。会議での決定事項などは議事録などで共有され、部門管理者より部門構成員に伝達され、実行されていく。

「2-4　千船病院での新型コロナウイルス感染症対応における協議と意思決定」で述べたCOVID-19患者の受入れにあたる看護部、診療部の責任者の会議で順に協議する意思決定のプロセスを経た。また、諸課題への対応に関する会議では、課題が内容も緊急度も日々変化していたため誰もが参加でき、開催頻度や開催時間も状況に応じて柔軟に変更する運用としている。

4. 組織構造の種類

4-1　組織構造の選択

組織構造にはいくつかの代表的なパターンがある。一般的には、職能別組織、事業部制組織、マトリクス組織などが組織構造の代表例として言われるが、その組織構造においてそれぞれ分業、調整、意思決定など役割や責任の所在が異なる。

どのような組織構造を選択するのかは、単純なものではなく、業界での商慣習や取り巻く外部環境に加え、規模、組織文化、戦略などの内部環境によっても異なってくる。また、一度、構築したら未来永劫同じ形態を取るものではなく、常に変化している。組織構造の変遷の一例を「2-2　愛仁会における組織構造の変遷」で確認いただきたい。

本節では、職能別組織、事業部制組織、マトリクス組織の代表的な組織構造に加えて、タスク・フォースについて触れる。

4-2　職能別組織

専門的な知識や技能を基準とする職能で部門化した組織構造を職能別組織という。単一事業の組織は、この職能別組織を採用することが多く、組織全体を１つの自律した単位として扱う組織形態である。

専門的な職能で部門化するため効率化が図られ、また、部門独自の知識や技能の習熟が図りやすく専門性が高くなる。各職能はそれぞれの職務に専念し、意思決定は各職能からの情報を集約して組織のトップが行うので役割と責任の所在が明確となる。

一方、職能の専門性が高くなるため各職能の縦割りが起こりやすく、他部門や全体への意識は希薄となる。また、職能別組織での多角化は各部門内にグループができ、トップの調整や意思決定の負荷が大きくなり変化には弱いとされる。事業が複合化していく場合、職能別組織では機能しにくくなり、新たな組織構造への転換が求められるようになる。

4-3　事業部制組織

組織の大規模化、事業の多角化や複数地域での事業展開が行われるようになると職能内に複数のグループができ、職能内に加え職能間の情報を総合的にまとめ調整や意思決定を組織のトップが行うのが困難になる。そこで、自律した事業部門を新たに設け、意思決定の権限を組織のトップから部門に権限委譲する事業部制組織の形態が取られるようになる。事業の定義の仕方については、製品、技術、サービスの軸もあれば、顧客、地域など市場の軸など様々取り得る。

事業部制組織は、職能を総合的に把握し、各事業の取り巻く外部・内部環境を踏まえ迅速に意思決定ができる。責任の所在も事業部が持つことになり、事業間の競争による活性化が図られるなどのメリットがある。

一方、各事業部で扱うことができない狭間の事業展開が取りにくくなることや各事業部で共通の職能や活動をそれぞれが行うことになり、経営資源の二重投資を招くデメリットがある。

4-4　マトリクス組織

マトリクス組織は職能別組織の職能軸と事業部制組織の事業軸を掛け合わせた組織形態である。職能独自の知識や技能を活かす職能別組織のメリットと各事業の取り巻く外部環境と内部環境を統合し迅速な意思決定が可能な事業部制組織のメリットを活かすことができ、機動的な事業展開が期待できる。

しかし一方で、部門長が職能軸、事業軸双方に配置されるため職能軸と事業軸の２つの指示が出てくる。組織構造は複雑となるため調整が難しく、双方の管理者間で調整が図られていない場合、意思決定に混乱を生じやすく組織管理上のデメリットも大きい組織形態である。

4-5　タスク・フォース

組織全体の経営課題や特定のタスクやプロジェクトに取り組む際に既存の組織構造では対応しにくいことがある。そこで、職能や事業の枠を超えて必要とする構成員を招集し、課題にあたらせるタスク・フォースが編成される。既存の枠組みでは解決が難しいことへのチャレンジを課し、大きな成果を期待されて設置される。既存の部門から派遣されるため掛け持ちによる労働負荷や既存部門から抜けることへの人員確保などに配慮する必要がある。

編成される期間は課題によってまちまちであり、達成されるとそのチームは解散されることが多いが恒常的に設置する場合もある。「2-4　千船病院での新型コロナウイルス感染症対応における協議と意思決定」は、タスク・フォースの１つである。また、「2-3　千船病院における減量チームでの分業」は特定の治療に関して恒常的に設置されたタスク・フォースの例とも言える。

5. おわりに

本章では、病院組織である愛仁会の事例を紹介しながら、構成員の協働を引き出すための基本的ルールと代表的な組織構造について触れた。愛仁会の事例でもわかるように同じ組織形態を採り続けてきたわけではなく、事業展開、社会・医療環境の変化、即時的な必要性に応じて組織構造を作り替え対応している。どのような組織構造を採用するかは、業務の質・効率性、意思決定の質・迅速性、変化への対応度合い、短期・長期の時間軸など様々な視点から考慮する必要がある。様々な要因が複雑に絡み合うため組織構造の設計は簡単ではなく、それぞれの組織では試行錯誤しながら作りこんでいる。

組織構造がもたらす影響として、形態によって構成員の行動や思考が規定されるということがある。職能制組織であれば他の職能部門との接触は少ないかもしれないが、事業部制組織では事業部内に所属する他の職能との接触は増えるなど構成員相互のコミュニケーションの仕方、頻度が変わってくる。また、どのポジションにどれだけの役割を持たせるのかによって、作業に比重が置かれているのか、調整業務に比重があるのか、はたまた意思決定に時間が割けるのかなどどのような仕事にどれだけの時間を費やせるのかが決まってくる。権限の持たせ方によっては、自部門に固執した思考になることもあれば、部門を超えた大きな視点での思考を持てるようになることもある。組織構造は、構成員の日々の行動・思考になって表れてくる。

本章で触れた組織構造だけを考慮すれば個々の構成員の協働が促されるというものではなく、組織構造の検討とともに、第４章の「モティベーションをいかに高めるか？」、第５章の「リーダーシップをいかに発揮するか？（リーダーシップ論）」などのソフト面への配慮とセットで考えていく必要がある。

（1）厚生労働省HP「令和3（2021）年医療施設（動態）調査・病院報告の概況」（https://www.mhlw.go.jp/toukei/saikin/hw/iryosd/21/）（最終閲覧日：2022年11月23日）。
（2）「2-3」については村上（2022）と戸城（2022）を特に参考にしている。
（3）厚生労働省HP「チーム医療の推進について」取りまとめ（「チーム医療の推進に関する検討会」報告書）（https://www.mhlw.go.jp/shingi/2010/03/s0319-9.html）（最終閲覧日：2022年11月23日）。
（4）「2-4」については後迫（2021）を特に参考にしている。
（5）都道府県知事あて厚生労働省医政局長通知 医政発第1228001号各「医師及び医療関係職と事務職員等との間等での役割分担の推進について」平成19年12月28日。

学びを深めるために

設問 **1**：組織構造はどのようなタイミング、状況で移行するのか説明しなさい。

設問 **2**：病院組織とその他業界の組織と組織構造において違いがあるのか説明しなさい。

推 薦 図 書

池上直己（2017）．『日本の医療と介護－歴史と構造、そして改革の方向性』日本経済新聞出版社.

高橋正泰（監）・髙木俊雄・四本雅人（編）（2019）．『マクロ組織論』学文社.

COLUMN

医療活動の広がりと分業・調整

江戸時代、病気になれば住まいで医師の診療を受けていた。主な業務は薬を調剤することであった。明治時代になり西洋医学が入ると病院という医療体系が導入されるようになる。病院とは、20人以上の患者を入院させるための施設をいう。医師一人で対応できる範囲で診ていた往診から、多数の患者を診る外来や20人以上の入院患者を診るようになると、医療行為を行う医師がすべての病院業務を担うのは難しくなり、診療を補助し療養の世話を行う看護師などと協働しながら組織としての体制を取るようになる。

体調が気になったときに病院を訪れると、まず始めに受付で事務員による保険証などの確認が行われ診察待合へ案内される。看護師などから問診が取られ診察室で医師の診察を受け、検査や処方など治療内容を決定していく。治療にあたっては、処方箋や指示箋で医師から看護師、薬剤師や検査技師などへ指示が出され、処置が行われていく。診断結果によっては入院し手術を受け、退院まで医師の指示のもと、看護師などが診療の補助、療養の世話を行い、軽快すると事務員が会計を行い退院となる。

単純に一連の医療サービスを説明してもこのように多岐にわたる業務があり、現実にはもっと細分化された業務が存在する。業務を細かく分担しながらサービスが提供されている。誰にどのような業務をお願いするのか、役割分担した個々の業務を全体としてどのように１つに統合・調整していくかがポイントとなる。さらには、医療専門職ごとに考え方、利害があり、また、個々人にはそれぞれ感情も持ち合わせている。それらの要因を上手に調整し、様々な分担業務を協働させていくことが病院では求められる。

第 7 章

いかなる事業を手がけるか？（企業戦略論）

楊　一　*YANG Yi*

1. はじめに

経営戦略は、全社レベルで新規事業への進出や既存事業からの撤退さらには各事業部門の組み合わせなどを考える企業戦略と、個々の事業分野における競争に対応する競争戦略（事業戦略）に大きく2つの階層に分けることができる。本章では、前者の企業戦略について解説していく。いかなる事業分野を手がけるのかは、企業の成長そして時には、その「死」をも左右する重要な問題である。

以下ではまず、「笑いの総合商社」などと呼ばれる吉本興業ホールディングス株式会社がいかに多角化戦略を展開していったのかについて紹介する（第2節）。それに所属するタレントをテレビ、ラジオ、現在ではインターネット上でしばしば見かける、あるいは、見かけない日はない。このように指摘できるほどエンターテイメントの業界において、その存在感は大きい。くわえて、各地の自治体などと組んでの地域活性化に取り組むなど、単なるエンターテイメントの会社の枠組みを超える会社となっている。適宜、同社の事例を取り上げつつ、多角化の類型や企業が多角化する動機などについて考え（第3節）、最後に、経済的価値と社会的価値を同時に追求する共通価値の創造について解説する（第4節）

2. 事例：吉本興業

2-1　概要

本節では、吉本興業ホールディングス株式会社（以下、吉本興業）の事例を取り上げる。同社は1912年に創立され、落語を中心とした寄席小屋の経営から始まった。その後、漫才や吉本新喜劇などのお笑いに関連する多くの事業に進出し、媒体技術の進化に伴いラジオやテレビ番組の制作などの事業も手がけていった。特にテレビのバラエティー番組などでは吉本興業のタレントが多く活躍している。吉本興業は総合エンターテイメント企業へと変身を遂げ、現在の所属タレントは6,000人を超え、多数の有名タレントを輩出している最大規模の芸能事務所でもある。

近年は、多角化戦略の一環で地域密着型プロジェクトを実施し、所属のタレントを「住みます芸人」として全国47都道府県に派遣している。各県に実際に移住したうえで、地域社会に貢献しようという趣旨で芸能活動が行われている。以下では、吉本興業はどのように多角化を進めていったのか、また、どのように住みます芸人プロジェクトを展開し、企業の利益を上げるとともに社会問題を解決していったのかについて見ていく。

2-2　落語から漫才と吉本新喜劇への事業展開と媒体の利用

1912年に吉本泰三・せい夫婦は天神裏門の寄席花月亭を手に入れ、寄席小屋の経営を始めたのである。創立当初は主に落語の演目を寄席小屋で上演していた。興行は大当たりしたことで、寄席小屋を次々と買収すると同時に専属の落語家や芸人を充実させ、質・量ともに大阪市内で一番の小屋主になったのである。しかしながら、1920年頃には興行の世界は活動写真（映画の旧称）が中心となり、大阪市における１カ月あたりの全興行入場者数の５割以上は活動写真の客で占められていた。つまり、従来の落語や諸芸だけではすでに客が呼べなくなっていたのである。それに加え、1920年には松竹楽劇団が発足し、大阪の興行界は少女歌劇ブームに沸き立ち、千日前の興行街では出雲民謡の安来節が人気を呼んでいた。

そこで吉本泰三は、すでに寄席を任されていた吉本せいの弟であり後に社長となる林正之助を、安来節の本場である出雲へ送り込み直接新人の発掘に当たらせることにした。正之助がスカウトしてきた安来節は大いに好評を博したが、人気低迷の落語に取って代われるような寄席の演芸の新しい流れにはならなかった。そこで、正之助が目をつけ始めていたものが万歳（漫才の旧称）であり、自ら万歳のスカウトに乗り出して興行に何組か入れてみた。結果は好評だったため、正之助は見込みのありそうな万歳師を次から次へと専属にして吉本の寄席に送り込み、落語家と競争するように促したのである。万歳に注目が集まるなか、会話中心の新しい万歳をつくり上げたのが、横山エンタツ・花菱アチャコだった。正之助の勧めでコンビを組むことになり、二人に与えられた課題は新しい万歳の形づくりだった。そして、二人の万才は着物から洋服へ、キミ・ボクと呼び合い、テーマは日常で、音曲をやめてしゃべりだけとした。いわゆる今日の「しゃべくり万才」の原形であり、これが万歳の大人気につながっていった。

1925年にはラジオ放送が始まったが、吉本興業は無料で落語や万歳を聞かれたら寄席に客が来なくなると判断し、芸人がラジオに出ることを禁止していた。それにもかかわらず、当時、大変な人気のあった桂春團治は1930年にラジオ出演したのである。この無断出演事件では、その顛末が写真入りで大々的に新聞で報道されたことで、かえって春團治人気が高まり、本人を一目見たいと寄席に客が寄せてきたのである。吉本はこの事実を目の当たりにして、ラジオによる宣伝効果を思い知らされたのである。以後、吉本は方針を転換し、1934年には寄席中継を行うなど、積極的に芸人をマスメディアに登場させることに力を入れるようになっていく。この時代から始まったメディアとの共存・協力関係は、そのあとの吉本の事業展開に大きな影響を与えていくことになる。

戦時中に吉本は劇場の大半を空襲で失い演芸陣を解散したため、戦後は洋画の上映を主体にした劇場興行を再開していたのである。しかしながら、1950年代にテレビ放送が始まったことによって、映画館の客入りに陰りが見え始めていた。この頃より、同社の八田竹男や中邨秀雄（両者とも後に社長になる）らは同じ映像メディアである映画は、やがてテレビに人気を奪われてしまうようになるだろうと考えたのである。とすれば今のうちにテレビとリンクする方法を考えるべきであり、そのためには吉本が過去に経験のある他の興行会社には真似のできない独自のノウハウを生かして、演芸界に乗り出すべきではないかと考えた。そこで自ら研究生を募集・採用し、舞台に上げて育成することにした。落語や漫才だけでなく、新たにギャグ満載のドタバタ劇である吉本新喜劇をも旗揚げした。テレビ・ラジオ中継は在阪の毎日放送と朝日放送が行い、他にも芸人が多くの番組に出演していた。そして、全国ネットのテレビ番組「ヤングおー！おー！」で吉本興業は企画から構成、演出、キャスティング、舞台装置、カメラ、収録、編集まで番組の制作に関わるすべての工程をも請け負うという「ユニット制作」を本格的に開始した。これによって収益はタレント出演のみの場合より飛躍的に向上した。

1980年、関西テレビの「花王名人劇場」で「第1回 激突！漫才新幹線」が放送され、この番組を発火点にして空前の漫才ブームが起こった。横山やすし・西川きよしをはじめとする多数の漫才コンビの人気が上昇し、「漫才」そのものが脚光を浴び、テレビ以外にも全国各地のイベントへの漫才の出演依頼が殺到した。ブームの波に乗って東京進出を果たしたことにより、それまで大阪中心だった所属タレントは、全国ネット番組に出演する機会が増え、人気も全国的なものになる。どの局も似た番組を放送したためにブームは2年足らずで去ったが、その後も吉本のテレビ部門は好調の波に乗り続け、実力のあるタレントも活躍していた。

吉本興業は、芸人・タレントをマネジメントするノウハウを初期の段階から蓄積し、それを落語だけでなく後の漫才や吉本新喜劇などの新事業に取り組む際に利用していったのである。さらに、最初はテレビ・ラジオ媒体を巧みに使い芸人・タレントを売り出し、やがては独自でテレビ番組の制作も手がけていった。劇場はスキルを磨く場であり、そこで一定の人気を獲得できた芸人・タレントは媒体を通じてさらに人気を拡大させ、その後に劇場出演することでより多くの客をライブ現場に呼び込むことができるのである。媒体と興行の相乗効果を生み出し、利益につなげているのである。

2-3 「あなたの街に“住みます”プロジェクト」と地域活性化

近年、吉本興業は地域密着型プロジェクトを実施している。所属のタレントが全国47都道府県に実際に移住したうえで、その地域のテレビ・ラジオ番組や地元主催のイベントへの出演と、地域活性化に寄与する活動を行っている。以下では、「ぴっかり高木といしいそうたろう」のコンビについて紹介する[(1)]。

ぴっかり高木といしいそうたろうの出会いは、漫才のコンテストである「M-1グランプリ」に出場するため、即席でコンビを結成したことである。グランプリの１回戦を突破できたことで、コンビを結成して共にファイナリストを目指す。M-1グランプリはピラミッド式に勝ち上がっていくライブであり、コンビで１年間ライブに出場していたが、最下位かその１つ上を行き来していた。そこで、ぴっかり高木といしいそうたろうは現状を打破すべく、「あなたの街に住みますプロジェクト」に応募したのである。

2011年に山梨県に居を移した２人は、半年も経たないうちに地元テレビ番組のレギュラーコーナーに起用された。2013年以降は、コンビで「山梨大使」に任命されたこともあり、地元テレビやラジオのレギュラー番組への出演が増え、ローカルタレントとしての活動は順調であった。さらに、地方では娯楽・文化活動が少ないとされているなか、ぴっかり高木といしいそうたろうは、2015年に１年かけてコンビで山梨県内の全27市町村を巡回するライブツアーを開催した。当時は、各市町村の商工会や商店街の人たちがライブツアーに合わせてイベントやお祭りを開いたのである。

ライブツアーをきっかけに、ぴっかり高木といしいそうたろうは、近くに商店のない山間部などに住むお年寄りに野菜、卵、朝食などの車を使った移動販売を始めたのである。地元の人たちと触れ合い、協力してイベントを立ち上げるような「会いに来てもらう芸人」ではなく、自分から「会いに行く芸人」こそが、住みます芸人だと思ったからである。高齢農家から「ハネモノ」と呼ばれる規格外の野菜を譲り受け、地元のパン屋からは焼きたてのパン、養鶏業者からは産みたての卵を仕入れ、いわゆる「買い物弱者」に「詰め放題」という車を使った販売方法で格安提供している。ぴっかり高木といしいそうたろうは、

「移動詰め放題屋　ふじまーる」で富士川町内を回り、タレントだということもあり、話をするのが楽しみで多くの地元の方が訪れることがある。買い物に訪れる人たちにコーヒーや軽食も提供し、高齢者を中心に町民の「憩いの場」にもなっている。このように、タレントたちが地域に密着した芸能活動を行うことで、地域社会へ貢献しているのである。

3. 多角化

3-1　経営戦略論の略史

経営戦略論は、1960年代から70年代にかけて確立された研究分野である。もともと軍事用語であった「戦略」という概念を経営学の概念として登場させたのは、チャンドラー（A. D. Chandler, Jr.）という企業経営の歴史の研究者である。彼は戦略を「企業の長期目標を定めたうえで、その目標を実現するために行動を起こしたり、経営資源を配分したりすること」と定義している。

多くの戦略についての定義に出てくるのが企業目標という言葉である。経営戦略論の基礎を築いたアンゾフ（H. I. Ansoff）は、多くの学者によって論じられてきた企業目標に対する考え方の変遷を整理している。19世紀では短期的な利益の最大化が企業の成功を測定する尺度として用いられていたが、20世紀に入ると工業技術の進化に伴い設備投資が必要となり長期的な利益の最大化が求められるようになったのである。その後、短期や長期に関わらず利益を最大化することは間違いであり、企業存続のための利益の適正化が重要であるとされてきた。さらに、企業の利害関係者に対する社会的責任が問われ、企業目標は、管理者、作業者、株主、供給者、売却者などの相矛盾する要求のバランスを取ることから引き出されるべきであると論じられている。

この流れに沿って後年、ポーター（M. E. Porter）は、企業は社会的責任を全うするだけでなく、企業目標を経済的価値と社会的価値を同時に追求する共通価値の創造としている。この考え方の背景には、近年、企業の経済活動の規模が拡大していくにつれ、様々な社会問題や環境問題などを引き起こし、多くの批判を浴びるようになっていることがある。しかしながら、本来、企業と社会は共存共栄の関係であり、社会問題の解決を通じた共通価値の創造は企業のさらなる成長の推進力になるとポーターは主張したのである（詳しくは第4節で解説）。

3-2　企業成長の戦略

企業は資源を製品やサービスに変え、それを顧客に販売することで企業目標を探究し、企業の成長につなげていくのである。企業の成長戦略について、先述のアンゾフは商品と市場の2つの軸で企業が取り得る戦略を4つに分類している（**図表7-1**）。どの戦略を選択するかにより成長軌道は大きく異なるが、現実には企業はこれら4つの戦略の内の複数を同時に追求することが多くある。

市場浸透は、既存の商品－市場戦略から逸脱せずに、市場シェアの増大を図る。市場開拓は、新市場を開拓し、既存の商品で新たな需要を探求する。商品開発は、既存の商品に代わる新たな商品を開発し、既存の市場で利益の向上を目指す。多角化は、既存の商品－市場から同時に離れる戦略であり、新しい商品で新しい市場に対応する。多角化戦略は企業が有する既存の経験、スキル、技術、生産設備との関連度が低くなり、他の3つの戦略とは別次元のものになる。

3-3　多角化の類型

企業が多角化戦略を展開する場合、どの分野に進出すればよいだろうか。一般的には水平型多角化、垂直型多角化、集中型多角化、集成型多角化の4種類があるとされている。提唱者であるアンゾフは製造業を念頭に置いているが、それ以外の産業にも当てはまると考えられる。本章では引き続き人の演出を商品として扱う吉本興業を事例に見ていく。

まず、水平型多角化は、既存の製品ラインにはない新たな製品の製造に参入することであるが、必要となる知識は、既存事業の経験、技術、マーケティン

図表７－１　成長ベクトルの構成要素

		商品	
		現	新
市場	現	市場浸透	商品開発
	新	市場開発	多角化

出所：Ansoff（1965）；邦訳（1969）、137頁をもとに筆者作成。

グと少なからず関連している。吉本興業は落語を中心とした寄席小屋の経営から始まった。そして、同じくお笑いというカテゴリーに属しているが、従来とは異なる客層をターゲットとする漫才や吉本新喜劇などと徐々に新たな商品を展開していった。現在ではそれに加えテレビ番組製作や住みます芸人プロジェクトまで携わっている。このように、お笑いに関する既存の経営上の知識をある程度利用できる新商品を手がけることが吉本興業の水平型多角化となっている。

次に、垂直型多角化は生産工程の垂直的な統合である。あらゆる製品は部品や基本素材などによって生産されるが、メーカーは外部のサプライヤーから原材料を購入している場合が多い。つまり、これらの部品や基本素材の製造分野に参入することを指しているのである。製造業では１つの製品が複雑な生産工程を経て顧客に届けられるが、吉本興業などのエンターテイメント企業は人の演出を商品としているため、出演者の演出を顧客に届けるまでの人材育成が製造業における生産工程に値する。吉本興業は1982年にタレント養成学校である吉本総合芸能学院（NSC）を開学し人材育成に取り組んだ。タレントを志す人を顧客に、学校における教育を商品として新事業に乗り出したのである。演出の場である劇場だけでなく、出演者育成のための学校経営にも取り組んだことが垂直型多角化となっている。

垂直型多角化や水平型多角化は、進出する事業が既存事業とある程度関連し、従来と似たようなタイプの顧客をターゲットにしている。対する集中型多角化や集成型多角化は既存業界を超えて事業展開するため、企業が保有している知識との関連度がさらに低くなる。吉本興業の水平型多角化と垂直型多角化は、あくまでもお笑い業界内での多角化であり、お笑いを見に劇場へと駆けつけてくる顧客をターゲットにしている。集中型多角化や集成型多角化はお笑い業界を超えた多角化になる。

集中型多角化によって企業が進出する事業は、既存事業における商品創造の知識と関連することもあるが、既存顧客と類似しているタイプの顧客をターゲットにするのである。吉本興業は過去にプロレス業界への進出や映画館経営に携わったこともあり、現在ではスポーツ選手のマネジメントも行っている。これらは、主な事業を展開しているお笑い業界には含まれないが、エンターテイメント産業という広い範囲で捉えれば、類似した顧客をターゲットにしていることとなり、お笑いとは共通点があまりないが既存事業での劇場運営やタレントマネジメントの知見は利用できる。

集成型多角化は既存事業における商品創造の知識と関連性のない事業へと進出し、関連度の低いタイプの顧客を対象にする。吉本興業の場合は、エンターテイメント産業との関連性がなく、既存の顧客とも経営上の知識も共通性が非常に少ない不動産事業に参入していることが挙げられる。

3-4　多角化の動機

ここまで企業の多角化の類型について見てきたが、そもそも企業はなぜ多角化を行うのか。それは企業にどのようなメリットをもたらすのか。バーニー（J. B. Barney）は多角化戦略を実行する動機をいくつか挙げているが、ここでは事業運営上の範囲の経済とリスク分散について解説する。

◉──活動の共有

事業運営上の範囲の経済は、「活動の共有」あるいは「コア・コンピタンス」の2つのうちいずれかの形態を取る。まず、活動の共有は企業のバリュー・チェーンを分析することで、多角化した企業内の複数事業間で共有可能な活動を見出すことができる。この活動の共有が、多角化企業にとって「事業運営上の範囲の経済」の潜在的源泉となる。吉本興業は、落語、漫才、吉本新喜劇、テレビ番組への出演、住みます芸人プロジェクトなどの事業を展開しているが、各分野で活躍している出演者の多くは養成学校の出身者であり、また、流通チャネルとしての全国各地の劇場ではそれぞれの演目を上演している。さらに、各分野で人気を博した人はラジオ・テレビ番組へ出演する機会を得ることができる。

吉本興業のバリュー・チェーンにおける学校と劇場とメディアが複数の事業間で共有されている活動となり、それぞれの事業を単独で営むよりもコストが割安になる。当然ながら、活動を共有していることはコスト面での有利だけでなく、企業全体の売上拡大にもつながっている。特に、複数の事業間で養成学校と劇場を共有していることで、タレントはより自身の能力発揮に適した分野を選択することができ、それは演出内容の質を高めているのである。育成や能力発揮の場を共にすることで、人材の有効活用になり、売上を向上させている。

◉──コア・コンピタンス

もう1つの事業間リンクは、より目に見えない無形の経営資源を共有するものである。プラハラッド（C. K. Prahalad）とハメル（G. Hamel）によって提唱されたコア・コンピタンスは多様な生産スキルや技術を調整する方法に関する知識であり、それを利用して優れた新商品を競争相手より低コストかつ短期間で市場に送り出すことができるとしている。言い換えると、既存事業におけるコア・コンピタンスを活用して多角化を進めようとする企業は、これらを持たない企業が新規に事業を始める場合に比べ、よりコスト優位に立つか、より多くの売上を得るか、もしくはその両方であろう。もちろん、この既存のコア・コンピタンスに基づいて新規事業を始めた企業も、新規事業の遂行過程で新たなコア・コンピタンスを内部開発し蓄積する可能性は大いにある。吉本興業のコア・コンピタンスは、組織内に蓄積されたお笑いに関する知識や技能を持つ出演者と、それらを育成・マネジメント・プロデュースする方法である。これらのコア・コンピタンスを利用し積極的に多角化していった。

吉本興業の創業初期は寄席小屋の経営から始まり、多くの落語家や芸人を自社専属させ、演出する番組の編成を経営層が行っていた。寄席経営の事業規模が拡大するにつれて組織内に各部が設けられたが、そのなかでも当時では先駆的なものとして挙げられるのが宣伝部と余興部である。宣伝部は芸人を使用したプロモーションの企画と実施で公共組織を含めた事業宣伝をサポートする部署であり、余興部では娯楽イベントの企画立案から実施までを職務としている。その後、これらの部署の名前は変わったもののタレントの宣伝やイベントを企画立案する能力は現在まで引き継がれている。このような自社のコア・コンピタンスへ投資し利用することで、落語を中心とした番組編成から漫才や吉本新喜劇へと多角化し、現在ではテレビ番組の製作も手がけている。

また、タレントのマネジメントにおいて、テレビ・ラジオなどのメディアを利用する方法やテレビ局とのつながりもコア・コンピタンスとして企業内に蓄積してきた。1920年代にラジオ放送が始まった時期、寄席中継を行うなど芸人をマスメディアに登場させた。現在でも劇場中継があり、また豊富なタレントが在籍している強みを生かし、テレビ・ラジオ業界へと多角化してきた。所属タレントがテレビ番組で知名度を高め、また劇場に戻って演出することで顧客を劇場に呼び込むという相乗効果が企業業績の向上につながっているのである。

◉――リスクの分散

事業間リンク以外で多角化の動機としては、企業全体の財務上のリスクを分散させることが挙げられる。複数の事業を営むことにより、既存事業の成熟や衰退に対処することができる。吉本興業が漫才に進出した時は、落語の人気に翳りが出始めた頃である。当時は、落語を中心に、浪花節、映画、安来節などに進出していたが、最も力を入れていた落語の人気が低下してきたのである。活路を見出すべく、他の事業分野への進出に乗り出した。少女歌劇人気に便乗して花月乙女舞踊団を立ち上げたり、三味線太鼓の出囃子に洋楽器を加えて和洋合奏を試みたりしたが、最終的には漫才が多くの人気を集めた。既存事業の成熟・衰退に伴い新事業に多角化することで財務的なリスクを低減させているのである。

4. 共通価値の創造（CSV：Creating Shared Value）

4-1　共通価値とは何か

以前から主張されてきたことではあるが、近年、企業の事業活動が環境問題や経済問題の元凶と叫ばれる機運が、ますます高まっている。そこには、政府と市民社会において政策を決定するにあたり、経済効率と社会の進歩との間にはトレード・オフが存在するとの認識が横たわっている。第1章でも見たように、社会における会社の存在感が高まりを見せるなか、その事業活動と社会を再び結びつけるためには、会社、企業は率先して社会との関係を見据え行動しなければならない。実際、一定の企業の間ではこの認識が既に定着しており、将来有望な取り組みも始まっている。

そのなかで、ポーターは、指針となる全体的なフレームワークを「共通価値の創造」として提示している。そして、企業本来の目標は単なる利益ではなく、共通価値の創出であると再定義すべきとし、これによってグローバル経済に新たなイノベーションと生産性の向上がもたらされるのである。

4-2　多様なアプローチ

「共通価値」（shared values）という概念は、企業が事業を営む地域社会の経済条件や社会状況を改善しながら、自らの競争力を高める方針とその実行と定義されている。経済的価値を創造しながら、社会的ニーズに対応することで社会的価値も創造するというアプローチであり、企業成長の重要な推進力となるだろう。社会的価値と経済的価値を同時に創造する方法は、「商品と市場を見直す」、「バリュー・チェーンの生産性を再定義する」、「ビジネスを営む地域社会に産業クラスターを形成する」の3つがある。

◉――商品と市場の再考

社会的ニーズの規模は計り知れない。例えば、健康、住宅整備、栄養改善、高齢化対策、金融の安定、環境負荷の軽減などは、間違い無くグローバル経済の中でいまだ満たされていないニーズの最たるものである。日本の場合、近年では少子高齢化が進み、地域社会の経済・産業活動の縮小やコミュニティ機能の低下などが問題視されている。そのなかで、各自治体や政府による地域活性化に向けた取り組みが推進されている。

上記のような社会問題について、劇場でお笑いを顧客に提供することを主な事業としている吉本興業は、自社の商品・市場をより広い視野で取り上げ、「あなたの街に“住みます”プロジェクト」を通じて取り組んでいる。第2節で紹介したように、山梨県に移住したぴっかり高木といしいそうたろうは、地域のテレビ・ラジオ番組に出演するだけでなく、山梨県内の全27市町村を巡回するライブツアーを開催したり、「買い物弱者」に食材を届ける移動販売をしたりしている。商品と市場の再考に照らし合わせると、お笑いという商品の価値は人を笑わせるだけでなく人々の生活を豊かにすることとして捉えられ、さらに、吉本の劇場に来る顧客やラジオ・テレビ番組を視聴する顧客だけでなく、地域に住む人々の需要をも自社の市場として位置付けることができる。

◉――バリュー・チェーンの生産性の再定義

企業のバリュー・チェーンは、天然資源や水利、安全衛生、労働条件、職場での均等処遇など様々な社会問題に影響を及ぼす一方で、逆にこれらの影響を被る。そこを見直すことで共通価値を創造するチャンスが生まれる。

興行ビジネスを手がける吉本興業の重要な経営資源は言うまでもなく出演者であり、バリュー・チェーンは出演者であるタレントの育成・選抜を含むキャリア形成になる。バリュー・チェーンは付属の養成学校であるNSCから始まり、そして劇場・媒体を通じた育成と選抜の場が設けられている。タレントの一般的なキャリア形成はNSCを卒業後、劇場でのピラミッド式に勝ち上がっていくライブに出演し、M-1のファイナリストを目指すのである。しかしながら、6,000人以上のタレントを抱える吉本興業では、M-1ファイナリストやピラミッドのトップまで上がり詰められる人は極少数とも言える。

そこで、タレントのキャリ形成の仕組みであるバリュー・チェーンを再定義し、2011年から「あなたの街に“住みます”プロジェクト」を開始し、タレントに新たな活躍の場を提供したのである。劇場や全国放送のテレビ・ラジオに出演することだけでなく、地方へ進出し地域活性化に携わることもキャリア形成の１つの選択肢となり、バリュー・チェーンにおける人的資源を有効利用したのである。

共通価値における社会問題の解決は、自社の従業員の雇用状況の改善も含まれている。芸能界では競争が非常に激しくキャリアを構築することは大変であるというのが実情であるが、吉本興業は「住みます芸人プロジェクト」でタレントにより多くのキャリア選択をつくり出しているのである。当然ながら、より多くのタレントが活躍することで企業の利益をも上げている。共通価値の観点からバリュー・チェーンを見直せば、ほとんどの企業が見逃してきた新しい経済的価値を発見できるだろう。

◉――地域社会における産業クラスターの開発

自己完結できる企業など存在しない。いかなる企業も、その成功は、支援企業やインフラに左右される。生産性やイノベーションは、特定分野の企業や関連企業、サプライヤー、サービス・プロバイダー、ロジスティックスなどが地理的に集積した地域、すなわち「クラスター」に大きく影響される。産業クラスターは、公共施設、行政機関、他企業などがある。企業の共通価値の創造においても、事業を展開する地域における産業クラスターが欠かせない存在となっている。例えば、住みます芸人プロジェクトでは、各芸人が自身の影響力を生かし、移住した地域の行政との連携のもと、その地域の観光振興に携わっていることがある。また、ぴっかり高木といしいそうたろうは、車を使った販売方法で地元の業者から食材を仕入れ、近くに商店のない山間部などに住むお年寄りに届けている。真面目で人当たりが良いという評判が立っているという側面もあり、関連業者を巧みに巻き込むことで、クラスターの開発に寄与すると同時に自身の事業を展開でき、共通価値を創出したのである。

5. おわりに

本章では、吉本興業の事例に適宜触れながら、企業がいかに事業を展開しているのかについて見てきた。事業運営上の「範囲の経済」と財務上の「リスクの分散」を重視した事業展開、経済的価値と社会的価値を同時に追求する共通価値の創造を目標にかがけた事業展開について解説した。本節では以下にまとめる。

事業運営上の範囲の経済は、「活動の共有」と「コア・コンピタンス」の2つのパターンがある。活動の共有は、企業内の活動を複数事業間で共有していることで、それぞれの事業を単独で営むよりもコスト面での有利を享受でき、あるいはより高い収益を得ることができるということである。吉本興業のバリュー・チェーンにおける学校と劇場とメディアが、複数の事業間で共有されている活動となる。コア・コンピタンスは、既存事業におけるノウハウを活用して多角化することで、これらを持たない企業が新事業を始める場合よりも優位に立つことができる。吉本興業の場合は、組織内に蓄積されたお笑いに関する知識や技能を持つ芸人・タレントと、それらを育成・マネジメント・プロデュースする方法を利用し、落語から漫才や吉本新喜劇へ進出したことである。事業運営上の範囲の経済は企業間の競争と関係しており、それを実現することによって競争相手よりも優位に立つことができるのである。これについては次章で解説する企業の競争戦略と深く関わっている。

企業戦略は、新規事業への進出や既存事業からの撤退さらには各事業部門の組み合わせなどを考えるが、本章では主に多角化戦略について解説した。しかしながら、多角化以外にも戦略的提携やM&A（合併買収）などの外部企業との事業展開があり、また、企業の海外進出に関する国際戦略などもある。これらについては本章で引用したバーニーの文献を読むと良い。

共通価値の創造は「商品と市場を見直す」、「バリュー・チェーンの生産性を再定義する」、「地域社会における産業クラスターの開発」を通じて実現できる。吉本興業は、お笑いという商品の価値を人々の生活を豊かにすることとして捉え、劇場に来る顧客やラジオ・テレビ番組を視聴する顧客だけでなく、地域に住む人々の需要をも自社の市場として位置付けたのである。自社の提供する商品とターゲットとする客層を見直すことによって新たな事業機会を見つけることができた。そして、自社のバリュー・チェーンを再検討することで、競争の激しい芸能界における芸人・タレントのキャリアの選択肢を増やし、組織内部の人材の有効活用にもなった。

（1）この2人の活動については、以下を特に参考にしている。東洋経済オンライン「『M-1で勝つことをやめた47歳芸人』その後の人生　ぴっかり高木といしいはなぜ解散を選んだのか」（https://toyokeizai.net/articles/-/466942）（最終閲覧日：2022年11月12日）。

学びを深めるために

設問 **1**：　多角化戦略を展開している企業を挙げ、その企業が営む複数の事業間の相乗効果を説明しなさい。

設問 **2**：　近年、環境問題に取り組む企業が増えているが、そのような企業を具体的に１つ取り上げ、どのように共通価値を実現しているのかを説明しなさい。

推 薦 図 書

牛島辰男（2022）．『企業戦略論－構造をデザインする』有斐閣.

沼上幹（2009）．『経営戦略の思考法－時間展開・相互作用・ダイナミクス』日本経済新聞出版社.

COLUMN

プロダクト・ポートフォリオ・マネジメント

多角化企業は自社が進出している事業の成長や衰退に備えて資金をバランスよくマネジメントしなければならない。つまり、経営者はどのように各事業部門を評価し、個々の事業にどれくらいの資金を投入するかを考える必要がある。その指針となる枠組みとして、ボストン・コンサルティング・グループはプロダクト・ポートフォリオ・マネジメント（PPM：Product Portfolio Management）のマトリックス図を提示したのである（**図表1**）。

縦軸が成長率で横軸が市場シェアになり、商品（製品あるいはサービス）を4つに分類している。それぞれの商品は特徴が異なることから、それを生み出す各事業部門の資金の流動に影響を与えているのである。なぜなら、商品を成長させ続けたり市場シェアを維持したりするには、各事業部門で研究開発やマーケティング活動を行うために資金を投入する必要があるからである。

「金のなる木」は市場シェアが高くて成長率の低い商品で、シェアを維持するのに必要な再投資よりも多くの利益を得ることができる。「負け犬」は市場シェアと成長率が両方とも低く、得られた利益は市場シェア維持のためにすべて再投資しなければならない。また、成長の見込みもなく精算整理することが求められる。どの商品もいずれ成長は鈍化するため、市場で上位のシェアが取れるかどうかで商品の価値が分かれ、最終的には金のなる木か負け犬になる。

「花形」は市場シェアが高くて成長率も高い商品で、利益を出すが必ずしも投資した資金を回収できるとは限らない。しかし、上位のシェアを崩さず成長が鈍化し再投資の必要が少なくなった場合に大きな利益を生む商品になる。最終的には金のなる木になり、高利益で安定性も強く、他商品に資金を供給することができる。「問題児」は市場シェアが低くて成長率の高い商品で、生み出す利益よりも多くの資金を必要とし、市場シェアを向上させることができないと負け犬になる。しかし、投資することによって花形に転化できる可能性も秘めている。

花形あるいは問題児への投資を怠ると、金のなる木が衰退したときに経営が不安定になる。逆に、金のなる木がないと花形や問題児へ投資する資金が不足する。つまり、企業は将来のために資金を投入すべき商品を持たなければならず、また、そのための資金を生み出す商品も必要になってくるのである。

図表1　プロダクト・ポートフォリオ

		市場シェア	
		高	低
成長率	高	花形	問題児
	低	金のなる木	負け犬

出所：Henderson（1979）；邦訳（1981），236頁をもとに筆者作成。

第 8 章

競争優位をいかに獲得するか？（競争戦略論）

楊　一　*YANG Yi*

1. はじめに

前章では、新規事業への進出や各事業部門の組み合わせなどを考える企業戦略について見てきたが、本章では、その個々の事業がどのように競合他社と競争していくかについて考える競争戦略について解説する。

競争戦略は、個別事業が他企業との競争に焦点を当てることから事業戦略とも呼ばれ、1970年代から1980年代にかけて確立された分野である。この分野では、「いかに競争優位を生み出し、維持していくのか」という問いについて考えるのである。そして、競争優位とは他社との競争に勝ち抜くことで、標準を上回る利益を得ることである。競争戦略論では、この競争優位の源泉を明らかにする様々な研究が行われてきた。

競争戦略に関する研究には、競争優位を生み出す源泉を明らかにするための、いくつかのアプローチがある。まずは、競争優位の源泉を企業の外部環境に求めるというアプローチであり、ポジショニング・アプローチとゲーム・アプローチがある。ポジショニング・アプローチは、業界によって収益性が異なり、ある事業の収益は属している業界の構造によって決まるという考え方である。そして、業界における収益を減少させる競争要因に、企業がいかに対処していくかの戦略を提示している。ゲーム・アプローチは、同じく外部環境が収益を左右するとし、他社との競争関係だけでなく、時には協調関係を築いて収益を高めていくこともあるということを示唆している（コラムで解説）。次に、競争優位の源泉を企業の内部に求める経営資源アプローチがある。企業が保有する経営資源に焦点を当て、どのような経営資源が競争優位をもたらすのかについて明らかにしている。本章ではまず新日本プロレスの事例を紹介する（第2節）。次にポジショニング・アプローチについて（第3節）、最後に経営資源アプローチについて詳細に解説していく（第4節）。

2. 事例：新日本プロレス

2-1　概要

本節では、新日本プロレスの事例を取り上げる。同社は1972年にアントニオ猪木によって設立され、実力主義のいわゆる「ストロングスタイル」を謳い、強さを前面に出して人気を博していた。初期の頃は、テレビ局との連携を通じてゴールデンタイムに生中継されることもあった。その後は選手の離脱で経営難に陥った時期もあるが、1990年代に入ると人気が復活した。1990年代はプロレスの黄金時代と呼ばれ、日本のプロレス界の景気はずっと上向きだった。新日本プロレスと全日本プロレスがメジャーな団体として注目を集め、多くのインディー団体も誕生していったのである。しかしながら、2000年代からはプロレス全体の人気に陰りが見え始め、長らく低迷してしまった。原因として考えられるのが、プロレスと同じく四角いリングで戦うパフォーマンスを観客に見せるというカテゴリーに属する格闘技団体との競争である。新日本プロレスは、2005年にゲームソフトの制作に携わっている株式会社ユークスに、2012年にカードゲームやキャラクターなどの事業を営む株式会社ブシロードに買収され事業再生を図る。親会社が変わるごとに経営が好転し、2012年からは業績のV字回復を果たした。以下では、新日本プロレスが格闘技団体とどのように競争してきたのかに焦点を当て、なぜ2000年代に人気を失ったのか、また、その後どのように再び人気を呼び戻すことができたのかについて見ていく。

2-2　黄金時代から低迷

1990年代はプロレスブームが起こり黄金時代とされていた。新日本プロレスでは、選手でもあった坂口征二が社長を務め、長州力が選手指導や対戦カードを決める現場監督を担うという体制で、闘魂三銃士が活躍した時代である。武藤敬司、蝶野正洋、橋本真也の３大エースが人気・実力ともに不動の地位を確立し新日本プロレスの黄金時代を築いていた。「闘魂三銃士」と呼ばれた３人はアントニオ猪木のストロングスタイルとは一線を引き、プロレスの巧みさをリングで発揮していたのである。それに対し、オーナーであるアントニオ猪木は、リングに上がった後にポーズをとったり技を出すときに観客に合図を送ったりするなど「ショーマンスタイル」と呼ばれるスタイルに偏っていることを問題視し、総合格闘技への方針転換を目指す。というのは、1990年代後半からK-1やPRIDEなどの格闘技団体が台頭し始めたからだ。そして、総合格闘技のリングに上がったレスラーが次から次へと惨敗していき、新日本プロレスのイメージダウンにもつながっていったのである。総合格闘技団体のPRIDEの方もプロレスラーとの戦いを意識的に行い、レスラーが敗退することでその存在意義を上げていった。プロレスの顧客の囲い込みを試みたのである。

格闘技とプロレスはリングで戦うことを観客に見せるという意味では共通しているが、本質の部分では相当に異なるのである。格闘技には特定のルールがあり、それに則って選手同士が勝敗を争う競技であり、高度な技術の攻防が見られ、勝ち負けが重視される。それに対し、プロレスは対抗する選手同士で事前に試合の運びをある程度決めたうえで、技の攻防を観客に演じることで互いに活躍することを目的としている。

アントニオ猪木の方針転換に対し、新人選手ならまだしも、自身のスタイルで一時代を築いてきたベテラン選手は、総合格闘技のような戦い方に対応することができないのである。そして、大幅な方針転換に承服できない選手が大量離脱した。団体創設から「キング・オブ・スポーツ」で強さ至上主義を掲げてきた新日本プロレスとして、アントニオ猪木の考えは自然な流れではあったが、それによってマット界におけるプロレスと格闘技の差別化が失われてしまったのである。

2-3　V字回復

2000年代からは新日本プロレスの暗黒期が長く続いた。それを受け、新日本プロレスは総合格闘技路線を取り除き、脱ストロングスタイルを主張し、棚橋弘至、中邑真輔、オカダ・カズチカといった若手レスラーを中心に試行錯誤を重ねていった。そして、格闘技との差別化戦略によって2012年からは売上のV字回復を果たす。

差別化戦略として、まずは選手一人ひとりのキャラクターを構築していったのである。単に選手一人ひとりに個性があればよいのではなく、ファンが感情移入、自己投影できるようにしなければ多くのファンを獲得することができない。そのために、それぞれの選手が抱える物語をエモーショナルな映像で伝えていった。プライベートや練習風景のほか、どんな思いで今回の試合に臨んでいるのか、何を乗り越えて今リングに上がっているのかなどを動画サイトや試合会場で流すようにしたのである。試合が始まる前に、ケガからの復活や選手同士の因縁などのストーリーを知ることで、観客は感情移入と自己投影することができ、それによって試合がさらに面白くなる。高度な技の攻防そのものをマネするのは難しいため自己投影できる人は少ないが、レスラーの物語を提示して、初めて「あいつには負けたくない」などの気持ちに感情移入できるようになるのである。これらのようなストーリー性に加え、見栄えのよいアスリート体型をジムでしっかり鍛え上げ、マイクアピールのセンスやリング上での演技力もよく、プロレスに「カッコ良さ」を求めるファンは殺到した。まさに、格闘技とは異なるプロレス本来の強みを存分に生かしたのである。業績が低迷していた頃は、主にリング上でプロレスの技の攻防で顧客を集めてきていたが、キャラクターづくりやストーリー性を持たせることで業績回復に至った。

次に、ターゲットとする客層をリセットしたのである。従来のプロレスの「コアな」と呼ばれる主たるファン層はほぼ男性であったが、2012年以降は客層を女性と子どもにも広げていったのである。当初、来場者に占める女性の割合は１割前後であったが、2018年時点では観客の４割が女性で、かつ20代30代が多い。そして、１割が12歳以下の子どもであり、残りの５割が男性である。男性、女性、子どもではプロレスに注目するところが異なっている。男性は大半の人が技や試合そのものに関心がある。女性も試合内容に注目するが、レスラーのビジュアルやキャラクターをも重視する。子どもの場合はヒーローに憧れ、強さや格好良さに惹かれる。どの客層にも訴求するには、レスラーの多様化が必須になるが、新日本プロレスにはそのような選手が揃っている。まず、日本人選手だけでなく、外国人選手も多く所属している。そして、パワーで戦う選手もいれば、テクニカルな関節技が得意な選手もいれば、空中殺法が得意な選手もいれば、反則技を使って展開する選手など、じつに幅広く抱えている。多様な観客を引き寄せる要素は技の披露だけでなく、選手のビジュアル面や上述したキャラクターにおいてもある。プロレスが低迷していた頃、「若くてイケメンでかっこいい身体」をしているのは格闘家であり、それに対してレスラーは「身体がデカくてゴツイが、脂肪もついていてお腹が出ている」ことが多い。格闘技を見にいくことが「オシャレ」になり、プロレスは「古くさく、おっさんがやっている」というイメージがあった。

V字回復の立役者の一人である棚橋弘至は、トレーニングで体をつくり、大きさだけでなく引き締まった筋肉と割れた腹筋で多くの女性ファンを魅了し、プロレスのイメージを積極的に変えていった。さらに、自身のキャッチフレーズを「100年に一人の逸材」とし、大会のエンディングに「愛してま～す」と叫び、大人のファンや子どもともハイタッチやハグを交わす。今の新日本プロレスのメインイベントの顔ぶれは日替わりになっており、レスラーによって大会の締め方が変わるが、中邑真輔の場合は、「イヤァオ！」と叫ぶのである。中邑真輔は棚橋弘至とともに低迷の時期を乗り越えV字回復を実現した二枚看板である。くせ毛のロングヘアーに赤か黒のレザーパンツを履き、腕に革の腕章を付けている。まるでダンス・パフォーマーのように体をくねらせてリングに登場し、ミステリアスなレスラー像でファンの支持を得ている。他にも多様なレスラーが所属しているが、互いに個性を邪魔せず相手の得意技も使わないようにし、自身のオリジナルの技で勝負している。結果として独特なキャラクターを持つレスラーが活躍し、数多くのファンを惹きつけている。

最後に、プロレスの体験機会を増やしたのである。いくら魅力のあるものでも、体験する機会がなければファンの獲得にはつながらない。また、興行ビジネスであることから、試合数とチケット販売による会場への集客には限界がある。そこで、少しでも多くの人の目に触れるように工夫を重ねていったのである。2014年からは動画配信サービス「新日本プロレスワールド」を始めた。インターネットにつながれば、いつでもどこでも好きな時間に世界中の人たちが見られる。インターネットを通じてプロレスに興味を持った顧客が劇場へと足を運び、プロレスファンは劇場だけでなくネットの試合配信もチェックするようになり、会社としては両方で収益を上げることができる。このように、インターネット媒体とライブ劇場の間には相乗効果がある。相乗効果は日本国内にとどまらず、海外での集客にも貢献している。インターネット配信は世界中の人たちが見られるため、「新日本プロレスワールド」の会員は海外の人も多い。実際、新日本プロレスが海外興行を行った時にも多くの顧客を劇場に集めることができたのである。

3. ポジショニング・アプローチ

3-1 SCP理論

前節で例に挙げた新日本プロレスは、外部環境における格闘技団体などの競争相手との差別化戦略を通じて業績をV字回復したのである。また、回復する前の業績不振に陥った時期は、競争相手との差別化が失われたからである。それでは、企業の差別化が業績とどのようにつながっているのか、本節では、まずその理論背景について解説し、差別化戦略を含む企業が取りうる戦略について見ていく。

差別化戦略は、外部の競争環境に対処するポジションを獲得することで競争優位を実現する考え方であるポジショニング・アプローチに含まれ、SCP理論をはじめとする一連の研究がある。SCP理論は「業界構造（Structure）－企業行動（Conduct）－業績（Performance）」の頭文字をとった略称であり、業界構造によって企業行動が決まり最終的に業績が決まるということを説明している。業界構造は、完全競争、独占的競争、寡占、独占のいずれかに分類され、完全競争における企業の収益性が最も低く、独占を享受している企業の収益性が最も高いのである。この4つのタイプの業界構造は完全競争から独占まで徐々に収益性が高くなっていき、それを程度論として考えることができる。

ある業界の構造が、どのタイプに当てはまるかを規定する要因は、競合企業の数、商品の差別化の度合い、参入と撤退にかかるコスト、などがある。完全競争は、当該業界への参入と退出のコストが非常に低いために、多数の競合企業が存在し、なおかつ提供する製品・サービスが同質的（差別化されていない状態）である。そのため、企業は商品の価格を自らコントロールできず、属する業界の需要と供給に合わせて価格を変動させることしかできなく、標準以上の利益を獲得することができない。

独占的競争は、当該業界への参入と退出のコストが非常に低いために、多数の競合企業が存在するが、提供する製品・サービスが差別化されていることで企業が疑似的に独占企業として行動できるようなニッチを見出している状況である。この種の業界における企業行動は、コスト・リーダーシップ戦略あるいは差別化戦略などがあり（詳しくは3-3で解説）、標準を上回る利益を上げる可能性がある。

寡占は、当該業界における製品・サービスが差別化されているか否かにかかわらず、業界への参入と退出のコストが高いために、競合企業の数が少ない状況である。少数の企業が暗黙的談合によって、互いに価格を引き下げずに行動するため、高い利益が得られる。

独占は、当該業界が1社だけ存在している状況である。その企業は市場占有力を生かし、著しい経済利益をもたらす価格設定ができる。このように、ある業界における競合企業が少なくなるにつれ、完全競争から離れて独占に近づいていき、収益性が高くなっていくことがわかる。しかし、収益性に影響を与える要因は他にも様々なものがあり、次項ではそれらについて体系的に説明する。

図表 8－1　5つの競争要因

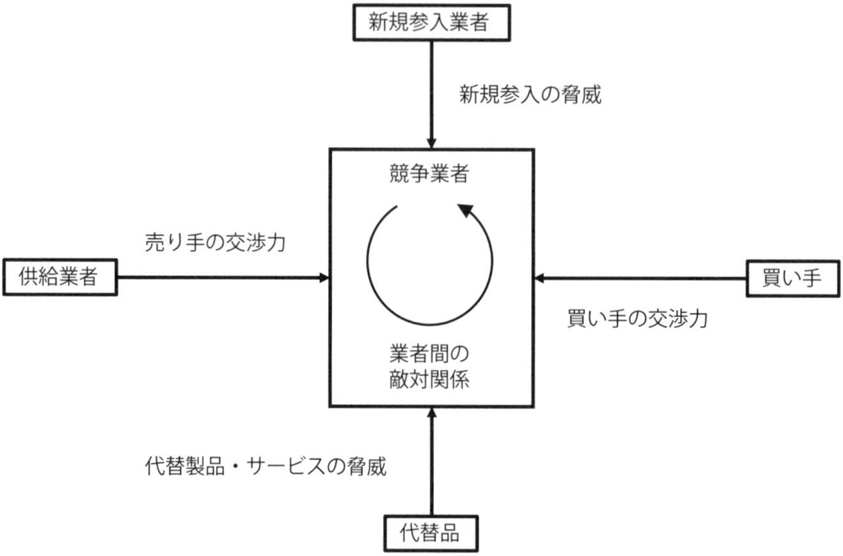

出所：Porter（1980）；邦訳（1982）、18頁をもとに筆者作成。

3-2　業界構造分析

完全競争から離れて独占に近づいていくにつれて業界の収益性が高くなっていくが、その収益性を決める要因は業界における競争の度合いである。ポーター（M. E. Porter）は業界の収益性を決める競争要因を明らかにするための分析枠組みを提唱した（**図表 8-1**）。競争の度合いを左右する要因は、新規参入の脅威、既存競争業者の間の敵対関係の強さ、代替製品からの圧力、買い手の交渉力、売り手の交渉力、の５つがある。

①新規参入の脅威は、業界に新たな企業が参入することで競争が激化する脅威である。②既存競争業者の間の敵対関係の強さは、業界内における企業間の競争の激しさである。③代替製品からの圧力は、自社とほぼ同じ顧客ニーズを異なる方法で満たす代替品に、自社の商品が取って代わられる脅威である。④

図表 8－2　3つの基本戦略

出所：Porter（1980）；邦訳（1982）、61頁をもとに筆者作成。

買い手の交渉力は、自社商品に対する買い手が持つ価格交渉力であり、収入を減少される恐れがあることである。⑤売り手の交渉力は、供給業者が持つ価格交渉力であり、自社商品のコストを増加される恐れがあることである。以上の5つの競争要因の影響が強いほど、企業の収益性が低くなる。それでは企業はどのような戦略を通じて5つの競争要因に対処していくのか。

3-3　基本戦略

5つの競争要因に対処し、業界の標準以上の利益を得ようとする場合、企業にはコスト・リーダーシップ戦略、差別化戦略、集中戦略の3つの基本戦略がある（**図表 8-2**）。コスト・リーダーシップ戦略は、大量生産を通じて他社よりも低いコストを実現することで、利益を上げ続けることである。差別化戦略は、自社が業界の中でも特異だと見られるように、製品・サービスの提供において、他社と異なる価値を創造しようとする戦略である。他社と差別化することができれば、顧客が支払っても良いと思う価格の上限が高くなり、競合との価格競争にも陥らなくなる。集中戦略は、業界内で特定の商品カテゴリー、買い手グループ、地域市場、などのセグメントに企業の資源を集中する戦略である。そして、特定のセグメントをターゲットにコスト・リーダーシップ戦略あるいは差別化戦略のどれかを選択するが、業界全体を狙う他社よりも効率的かつ効果的に競争できるという利点がある。以下では、企業がコスト・リーダーシップ戦略と差別化戦略のいずれかを取ることで、それぞれどのように5つの競争要因に対処できるかについて見ていく。

コスト・リーダーシップ戦略を実現するための主な方法に「規模の経済」があり、それは商品を大量に生産することによって、一商品当たりの平均コストを低く抑えることである。この場合、業界への新規参入を検討している企業は、同じ水準もしくはさらに低いコストを実現できるような大量生産を一度に実施しなければならない。そのためには多大な費用が必要になり、失敗したときの損失も大きくなる。結果、高い参入障壁を構築することになり、新規参入の脅威を弱めることができる。また、コスト・リーダーシップ戦略を展開している企業が、既存の競争業者や代替製品を生産する業者との間で、利益を軽視した価格競争が起きたとしても競争に勝ち残ることができる。さらに、業界最低のコストを実現していることから、買い手の値引き交渉や売り手からの値上げ交渉からは、同業他社より対処しやすく、また生産性を向上させることでコストをさらに下げることもできる。

差別化戦略は、同じ業界内でも自社独自の価値を提供することであり、それが顧客に認められることで低価格の地位を占める必要がなくなる。代替製品に対しても、同業者に対しても有利な立場にいられ、業界の標準以上の利益を得ることができる。自社に顧客ロイヤルティがあれば、新規参入しようとしている企業にとっては、それに負けないほどの努力をしなければならないために、そのまま参入障壁になる。差別化による高利益は供給業者に対抗する能力を高めることができる。また、買い手は同じものを他社から調達することができず、その交渉力を弱めることができる。

4. 経営資源アプローチ

4-1 リソース・ベースト・ビュー

企業が属する業界の構造によって収益が決まるとするポジショニング・アプローチに対し、経営資源アプローチは、競争優位の源泉を企業の内部に求める考え方であり、それに着目した理論としてはリソース・ベースト・ビュー（RBV）がある。リソース・ベースト・ビューは、企業が競争優位を獲得するためには、どのような経営資源が必要になるかについて考察するのである。

経営資源は一般に財務資本、物的資本、人的資本、組織資本の4つのカテゴリーに分類される。財務資本は、戦略を構想し実行するうえで企業が利用できる様々な金銭的資源である。物的資本は、企業内で用いられる物的技術、企業が所有する工場や設備、企業の地理的な位置（立地）、また原材料へのアクセスなどである。人的資本には、人材育成訓練、個々のマネージャーや従業員が保有する経験、判断、知性、人間関係、洞察力が含まれる。組織資本は、個人の集合体としての属性であり、企業内部の公式な報告ルートを反映した組織構造、公式・非公式の計画、管理、調整システム、企業内部のグループ間での非公式な関係、自社と外部の他企業との関係などがある。そして、企業の競争優位の源泉となる経営資源は異質性と固着性という特徴がある。異質性は企業ごとに経営資源が異なっているということであり、固着性は他社による経営資源の複製コストが非常に大きいことである。

4-2 VRIO

リソース・ベースト・ビューの考えをもとに、バーニー（J. B. Barney）は企業の競争優位の源泉を分析できるVRIOという枠組みを構築した。この分析枠組みは企業の経営資源の4つの側面である経済価値（value）、稀少性（rarity）、模倣困難性（inimitability）、組織（organization）に対する問いによって構成さ

図表 8-3　VRIOフレームワーク

その経営資源は

価値があるか	稀少か	模倣コストは大きいか	組織体制は適切か	競争優位の意味合い	経済的なパフォーマンス
No	—	—	No	競争劣位	標準を下回る
Yes	No	—	↕	競争均衡	標準
Yes	Yes	No		一時的競争優位	標準を上回る
Yes	Yes	Yes	Yes	持続的競争優位	標準を上回る

出所：Barney（2002）；邦訳（2003）、272頁をもとに筆者作成。

れている（**図表 8-3**）。ここでは、1914年に初公演を行い、現在まで継続的に人気を博していることから競争優位に立っている宝塚歌劇団を具体例に挙げながら、４つの問いについて詳細に見ていく。

①経済価値（value）に関する問いは、「企業の保有する経営資源は、外部環境における脅威や機会に適応することを可能にするか」である。人の演出が商品となるエンターテイメント産業において、重要な経営資源は言うまでもなく出演者である人材である。宝塚歌劇団は公演内容の華やかさはもちろん、出演者であるタカラジェンヌ一人ひとりの成長過程もファンにとっては重要な見どころとされている。タカラジェンヌの人気によっては私設ファンクラブが組織化され、それを通じて成長過程を見守り応援することがある。新人から一人前になりトップスターまで上がりつめる過程を価値として提供し、顧客との継続的な関係性を保つことで顧客ニーズという機会を逃さず、他劇団という外部の脅威からも自社を守れるのである。

②稀少性（rarity）に関する問いは、「その経営資源を現在保有している企業は、ごく少数の競合企業だろうか」である。出演者一人ひとりの成長過程を顧客と共有するようなエンターテイメント組織は非常に少なく、さらにタカラジェンヌは長期的な育成を通じて宝塚歌劇独自のスタイルを身につけて演出を行っていることから、稀少性の高い人材を有している。

③模倣困難性（inimitability）に関する問いは、「その経営資源を保有してい

ない企業は、その資源を獲得あるいは開発する際にコスト上の不利に直面するだろうか」である。タカラジェンヌになるには、まず劇団付属の養成学校である宝塚音楽学校に入学し、2年間の稽古を経て入団する。そして、公演を通じてさらに訓練を重ねていき、10年以上のキャリアを積みトップスターに就任する。長い年月をかけて育成されるために模倣困難性が高い。

④組織（organization）に関する問いは、「企業が保有する価値があり稀少で模倣コストの大きい経営資源を活用するために、組織的な方針や手続きが整っているだろうか」である。宝塚歌劇団には、学校と舞台興行によるキャリア形成を促す仕組みが施されている。学校での成績や様々な公演を通じて、タカラジェンヌの情報を発信し、そこからファンの感想などのフィードバックを得る機会もあり、成長過程を共有できるようにしている。このような一貫した組織体制があることで、経営資源を十分に活用することができているのである。

4-3 バリュー・チェーン

企業の競争優位に寄与する経営資源を特定する1つの方法として、バリュー・チェーン分析を行うことがある。企業が市場に送り出す製品・サービスは、垂直的に連鎖する事業活動によってつくり出されている。一般的には、原材料の獲得、中間製品の製造、最終製品の製造、販売と流通、販売後のサービスがある。これらの一連の事業活動の流れをある商品のバリュー・チェーン（Value Chain：付加価値連鎖）と呼ぶ。バリュー・チェーン分析を行うことで事業活動全体において、どこに自社の強みがあるのかを検討することができ、さらにその資源をいかに活用していくのかという指針も見えてくる。多くの経営学の教科書では製造業をもとに紹介することが多いが、本章では引き続き宝塚歌劇団を事例に解説を進めていく。

宝塚歌劇団のバリュー・チェーンは、出演者の採用から育成と選抜、最終的に退団するまでのキャリア形成のプロセスになる。そして、学校と舞台興行の連携によってキャリア形成を支援する仕組みがあり、それによって優秀な人材を囲い込み育成することで競争優位を維持している。

付属の養成学校への入学には年齢制限があり、入学者は10代の少女である。

芸能界に足を踏み入れることは親に反対される場合が多いが、養成学校は花嫁学校として宣伝され、多くの応募者を集めている。例えば、宝塚歌劇団は「清く正しく美しく」をモットーにし、創設者である小林一三は「宝塚は花嫁学校。ここで学んだことは、結婚後の家庭生活で役立つ。宝塚では、花も実もあるうちに自発的に身をひいて新しい世界へ巣立っていく」と述べている。しかし、宝塚音楽学校への入学の倍率は数十倍と非常に高く、卒業して入団した後も個々人の技能に対する評価システムがあり、実際には思うような配役を得られずに退団してしまう人が多いのである。

劇団は、花組、月組、雪組、星組、宙組と専科に分かれ、各組にはトップスターが存在しているが、厳しい選抜を経てトップに就任する人はほんの一握りである。トップスターは数年で卒業するという制度がある。卒業した出演者は映画やテレビなどへ出演するなどとキャリアを構築していくことで、宝塚歌劇団の劇団員としての成功モデルを提示しているのである。芸能界で宝塚歌劇団の出身者が活躍することで、世の中からさらに多くの優秀な応募者を集める作用がある。このようなことができるのは、演者として優秀であると同時に、退団後のキャリア形成を歌劇団側がサポートしていることもあるからである。また、トップスターが退団するとそのポジションが空き、後進に育成の場を提供することになる。

以上のように、宝塚歌劇団は「清く正しく美しく」のイメージで応募者を集め、トップスター退出後の成功モデルによっても、応募者を増やしている。また、トップスターの定期的な退出は他の人材に育成の場を提供することにもなっている。育成と同時に選抜をも行い優秀な人材を組織内に残しているのである。このように、バリュー・チェーンにおける人材という経営資源を蓄積し競争優位に立っているのである。

5. おわりに

本章では、新日本プロレスや宝塚歌劇団などの事例に適宜触れながら、企業がいかに競争優位を獲得するのかについて見てきた。競争優位の源泉を企業の外部環境に求めるポジショニング・アプローチと、競争優位の源泉を企業の内部に求める経営資源アプローチについて解説した。本節では以下にまとめる。

ポジショニング・アプローチによると、業界構造によって企業の収益性が異なり、完全競争、独占的競争、寡占、独占の順に徐々に収益性が高くなっていくのである。ある業界の収益性を決める要因は新規参入の脅威、既存競争業者の間の敵対関係の強さ、代替製品からの圧力、買い手の交渉力、売り手の交渉力、の5つがある。これらの要因に対処する戦略として、コスト・リーダーシップ戦略があり、大量生産を通じて他社よりも低いコストを実現することで利益を上げ続けることである。また、差別化戦略も5つの要因に対処することができる。自社が業界の中でも特異だと見られるように、製品・サービスの提供において、他社と異なる価値を創造しようとする戦略である。競技としての格闘技に対し、新日本プロレスは、高度な技の攻防を演出することと、選手のキャラクターとストーリー性を構築していくことで差別化を図ったのである。

経営資源アプローチは、企業の競争優位の源泉となる経営資源は経済価値、稀少性、模倣困難性、組織4つの側面によって構成されている。それぞれの度合いが高ければ企業は競争優位を獲得できるが、それはバリュー・チェーンを分析すると特定することができる。宝塚歌劇団バリュー・チェーンは、学校と舞台興行の連携によってキャリア形成を支援する仕組みがあり、それによって優秀な人材を囲い込み育成することで競争優位を維持しているのである。

競争優位の源泉を明らかにするアプローチは上記に加え、コラムで解説したゲーム・アプローチもあり、また本章では紹介していないが学習アプローチもある。興味を持たれた読者は「推薦図書」を読むと良い。さらに、本章のバリュー・チェーン分析で触れたように、企業が競争優位を獲得するには事業レベルでの仕組みづくりが重要になる。これについて詳しく解説しているものも「推薦図書」にある。

学びを深めるために

設問 **1**：自身が興味関心のある企業を調べ、その企業がなぜ競争優位に立っているのかについて、どのアプローチで説明できるのかを考えなさい。そして、本章で解説したフレームワーク（枠組み）で説明しなさい。

設問 **2**：差別化戦略を通じて顧客の支持を得た商品・サービスを挙げなさい。また、競争相手とどの点で差別化しているのかを説明しなさい。

推薦図書

青島矢一・加藤俊彦（2012）.『競争戦略論（第2版）』東洋経済新報社.

加護野忠男・山田幸三（編）（2016）.『日本のビジネスシステム－その原理と革新』有斐閣.

楠木建（2010）.『ストーリーとしての競争戦略－優れた戦略の条件』東洋経済新報社.

COLUMN

価値相関図

本章で紹介した外部環境に競争優位の源泉を求める考え方は、ポジショニング・アプローチ以外に、ゲーム・アプローチもある。両者の異なる点としては、ポジショニング・アプローチでは他者が利益を奪っていき、自社がそれにどのように対処するかを考えるが、ゲーム・アプローチでは他者とは必ずしも競争関係だけではなく、互いに行動を読み合い、時には協調関係を通じて利益を上げることも多々あるということである。それについて、ブランデンバーガー（Adam M. Brandenburger）とネイルバフ（Barry J. Nalebuff）は、競争戦略にゲーム理論を取り入れて「価値相関図」という分析枠組みを構築した（**図表1**）。

ポジショニング・アプローチにおける業界構造分析の枠組みでは外部のプレイヤーが自社の利益を減少させる要因となるが、ゲーム・アプローチ

図表1 価値相関図

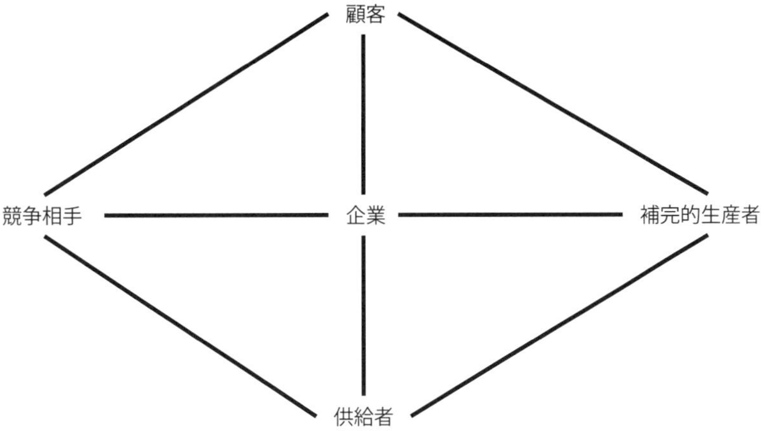

出所：Brandenburger & Nalebuff (1997)；邦訳 (1997)、29頁をもとに筆者作成。

の価値相関図では外部のプレイヤーとの競争関係だけでなく、協調を通じて自社の利益を増加させるという視点も含まれている。本章の第２節で例に挙げたプロレスの場合、プロレスというコンテンツを顧客に届ける媒体・メディア企業が補完的生産者になる。ジャイアント馬場とアントニオ猪木が、それぞれ「全日本プロレス」と「新日本プロレス」を1972年に設立したが、初期の頃は圧倒的に全日本プロレスが人気を獲得していた。当時、新日本プロレスはテレビ放送がなかった。それに対し、全日本プロレスの出演者が豊富であったこともあるが、同時に日本テレビによる放送があったことも大きな要因だと考えられる。その後、新日本プロレスはテレビ朝日が放送するようになり、選手層も厚くなったことで全日本プロレスと互角の人気を博した。業界構造分析で見たとき、媒体・メディア企業は、プロレスというコンテンツの買い手であるという解釈ができ、プロレス団体の利益を奪う存在となる。一方で、価値相関図で見ると媒体・メディアは補完的生産者となり、プロレス団体の利益を増やしているとも言える。当然ながら、同じプロレス団体である全日本プロレスと新日本プロレスは競争相手となる。新日本プロレスは実力主義のストロングスタイルを謳い、一方で、全日本プロレスはショーマンスタイルで王道のプロレスを貫き、差別化戦略により独自の顧客層を獲得していった。プロレスという１つの市場で利益を奪い合っているのである。このようにゲーム・アプローチからは補完的生産者を巻き込んだ競争が見られる。

それでは、外部の多様なプレイヤーと何を基準にどのように競争と協調をし、利益を増やしているのか。競争と協調の関係を理解するうえで重要となるのが、「価値の創造と配分」という概念である。価値の創造というのは市場全体の規模を大きくすることであり、そのためには外部プレイヤーとの協調関係が重要になる。価値の配分はその創造された市場全体の価値を個々の企業間で配分することを指し、その場合は外部プレイヤーと競争関係になる。

引き続きプロレスの事例を見てみよう。1990年代は日本のプロレスの黄金時代とも呼ばれているが、90年代初頭にプロレス市場を広めるために全日本プロレス、新日本プロレス、WWF（現・WWE）が共同興行を複数回開催した。また、同時期は大小様々なインディー団体が誕生し、プロレス界の多様なイメージをつくることができた。「新日本プロレス」と「全日本プロレス」が互いに大きな利益を上げるには差別化による競争はもちろん重要だが、それと同時に協調し合うことでプロレス業界を盛り上げ、業界全体の利益を大きくする必要がある。そして、市場を大きくした後に競争によって価値を配分する。2010年以降も多くのプロレス団体が旗揚げされた。地域密着戦略を展開しているプロレス団体が多く、後楽園ホールや東京ドームで「プロレス戦国時代　群雄割拠」をテーマにした共同興行が複数回行われている。それぞれの団体が各地域を代表する団体間の対抗戦である。共同興行によるプロレス全体の価値の拡大と、地域ごとに価値を配分する戦略である。

第 9 章

「静脈」の仕組みをいかに作り上げるか？

牧　良明　*MAKI Yoshiaki*

1. はじめに

現在の自然環境問題は、「人類存亡の危機」とも表現しうるほどの大きな問題となっている。その危機意識の表れの１つが、近年急速に認知が進んだ「SDGs：Sustainable Development Goals」である。これは、決して自然環境問題に特化したものではいが、その中心的課題の１つが自然環境問題であることは間違いない。当然、自然環境問題は企業経営に大きな影響を与える。というより、むしろ自然環境問題の最大の要因が企業経営であり、また、その解決の主たるプレイヤーもやはり企業であるということが言えるであろう。

自然環境問題への対応の１つとして重要なのがリサイクルの推進である。**図表 9-1** は日本におけるリサイクル率の推移を表したものである。「出口側の循環利用率」は廃棄物のうちリサイクルされた率（循環利用量／廃棄物等発生量）を表し、「入口側の循環利用率」は生産過程に投入された資源のうちのリサイクル材の率（循環利用量／［循環利用量＋天然資源等投入量］）を表す。共に1990年代以降上昇の傾向を示すものの、近年頭打ちの感もある。また、政府が掲げる目標値は2025年度で出口側の循環利用率が47％、入口側の循環利用率が18％であり、そこに到達するためには、一段の取り組みの進展が必要とされている。

本章では、リサイクルの過程を動脈流と静脈流との循環過程と捉え、そのなかでも静脈流を主な事業対象とする静脈企業の経営に着目する（第２節）。静

図表 9－1　循環利用率の推移

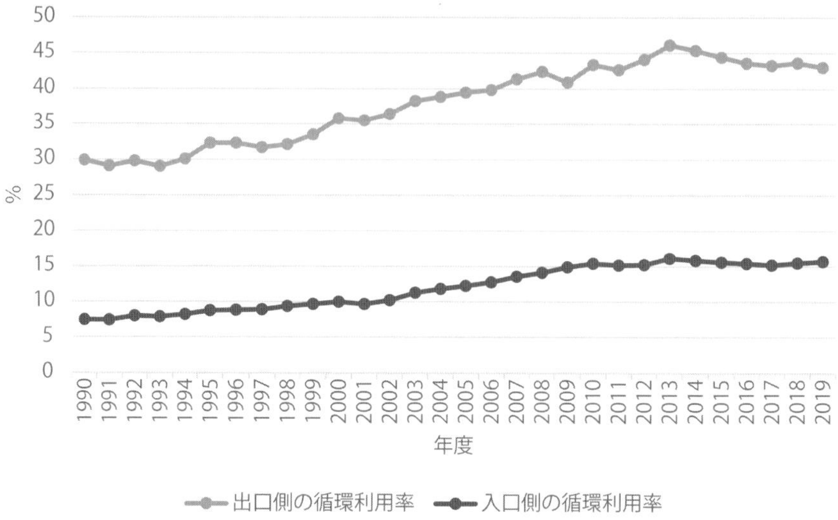

出所：環境省（2022）（HTML版）をもとに筆者作成。
注：推計方法見直しのため、2016年度以降の数値はそれ以前の推計方法と異なっている。

脈企業を研究する意義について整理したうえで（第3節）、静脈企業経営が特性上抱える課題と、その課題を克服する1つの方法としての静脈企業のネットワーク化について、事例を踏まえて考察することとしたい（第4節）。

2. 事例：J・RIC、RUMアライアンス・KRAシステム

本節では、事例として2つの静脈企業ネットワークを紹介する。1つめが株式会社リーテム（以下、リーテム）によって構築された事業者向け電機リサイクルサービスであるJ・RIC（Japan Recycle Improvement）であり、2つめが会宝産業株式会社（以下、会宝産業）が中心となって構築した自動車リサイクル企業ネットワークであるRUM（Re-Use Motorization）アライアンスおよびKRA（会宝リサイクラーズアライアンス）システムである。

2-1 J・RIC[(1)]

◉──概略

J・RICは、リーテムによって1998年に構築された、「全国、エリア規模で事業を展開する排出事業者向けの廃棄物再資源化サービス」であり、「リーテムが主幹事となり全国の処理会社をネットワークし、全国同一水準のサービスを実施」することを目的としている。全国を、北海道、東北、関東、中部、近畿、中国・四国、九州とエリア分けし、エリアごとに幹事会社を置いている。リーテムは、J・RICの主幹事であると同時に、関東エリアの幹事でもある。

リーテムは1909年に茨城県水戸市で鉄スクラップを扱う古物商として誕生した。その後長年にわたって鉄スクラップ収集を主事業としていたのであるが、転機となったのが1993年であった。この頃、同社は鉄スクラップ収集事業からの脱皮を課題と考えており、新しい事業として目を付けたのが、携帯電話やパソコンなどの、鉄・非鉄・プラスチックなどの様々な物質から生産されている金属樹脂複合廃棄物のリサイクルであった。同社はその実現のために、同社自身が開発した「リーテム・リサイクルシステム・プロセスI」を導入した。同システムは、廃棄物を鉄系製品と金属樹脂複合廃棄物とに選別し、そのうち金属樹脂複合廃棄物を手解体したうえで、磁力選別、ふるい選別、渦電流選別等数種類の選別装置を通して、鉄やアルミ、金銀銅などに仕分けるものである。さらに同社は1997年に携帯電話や基板等の小型電子機器に対応した「リーテム・リサイクルシステム・プロセスII」を開発・導入している。

同社はこうした先端的なリサイクルシステムを全国的に広めたいと考えた。しかしながら、当時社員数35名であった同社自身が、リサイクル事業を全国展開することは不可能であった。そこで考えられたのが、リサイクル企業のネットワーク化によって日本全国で同一水準・同一条件でリサイクルサービスを受けられる仕組みであり、それを実現したのがJ・RICである。

◉──リサイクルネットワークの意義

このリサイクルネットワークの意義は大きく２つある。１つは、先に述べたとおり、全国規模で同一水準・同一条件でのリサイクルを可能にすることである。リサイクル企業は中小企業が多く、実際J・RICの幹事会社はすべて中小企業である。そのため、各リサイクル企業が事業を全国展開することは難しい。他方、リサイクル企業に廃棄物処理を委託する企業は大企業も多く、こうした企業は日本全国に事業を展開している。ここに、リサイクル企業と廃棄物処理を委託する企業との地域的ギャップが生じる。例えば関東地方でリーテムに廃棄物処理を委託している企業が他の地方に業務展開し、そこで廃棄物処理を委託しようとすると新しいリサイクル企業を探索しなければならない。それ自体にコストが発生すると同時に、発見した企業がリーテムと同等のリサイクルが可能かどうかはわからない。こうした状況において、J・RICは威力を発揮する。J・RICが同一水準・同一条件でのリサイクルを可能とすることで、新しく事業を展開する企業は、J・RICのネットワークを使うことによって、容易に各地方で高水準のリサイクルを行える企業を見つけることができるのである。

もう1つは、リサイクル企業の育成である。全国各地に高水準のリサイクルを実施できる企業が多くあるのであれば、こうしたネットワークを構築することはそう難しくない。しかしながら、実際にはそうではなかった。J・RICを構築しようとした際、リーテムは簡単に全国各地に同社と同水準のリサイクル企業を見つけられたわけではなかった。そこで、同社のリサイクルに関する理念に共感する企業を見出したうえでその企業を育成することで、同一水準・同一条件のネットワークを作り上げたのである。つまり、J・RICは一定水準以上の既存のリサイクル企業をネットワーク化しただけではなく、その水準に達する企業を育成する効果も有したのである。

2-2　RUMアライアンス・KRAシステム(2)

◉――設立の背景

2つめが、会宝産業を中心とした自動車リサイクル企業ネットワークである。自動車廃棄物に関しては、かつて日本において大きな社会的影響を与えた事件があった。豊島事件である。豊島事件とは、瀬戸内海に浮かぶ香川県の島である豊島に様々な産業廃棄物が不法に投棄されていた事件であるが、そのなかに大量の廃自動車のシュレッダーダストが含まれていたことから、廃自動車の適正処理の必要性に社会的な注目が集まるようになったのである[3]。

こうした事件を受けて、廃自動車の適正処理が求められるようになり、その一環として自動車の廃棄処理過程においてシュレッダーダストとしてしまう前に、できる限り部品を取り出し、リサイクル部品として再利用しようとする動きが加速した。そのうちの１社が会宝産業であった。会宝産業は、1969年に有限会社近藤自動車商会という名で自動車解体企業として石川県金沢市にて創業し、1992年に現在の社名に変更された。この頃から、廃自動車を鉄くずのスクラップにして売るというビジネスから、廃自動車から使える部品を取り出し、それを販売するビジネスへと転換している。

◉── 2つのネットワークの概略

会宝産業は、大きく２つの静脈企業ネットワークを構築している。１つめが、2004年に特定非営利活動法人（NPO法人）として設立されたRUMアライアンスである。RUMアライアンスは、2022年１月現在、正会員15社、サポート会員３社の自動車リサイクル事業者によって構成されている。RUMアライアンスは、自動車リサイクルの社会的重要性を理念として共有し、お互いに胸襟を開いた情報交換を通して切磋琢磨し、自動車リサイクル業としての成長を促し合うことを目的としている。その活動は、①自動車リサイクルの品質管理の標準化と啓蒙、②リサイクル技術の向上と人材育成、の２つが大きな柱である。

RUMアライアンス自体は、理念を共有する企業同士の集まりという性格が強く、それ自体が自動車リサイクル業の経営に直接的にメリットをもたらすものではない。他方、自動車リサイクルに具体的なメリットをもたらすものとしてあるのが、2005年に会宝産業がリリースしたKRAシステムである。KRAシステムは、端的に言えばインターネットを利用した中古部品販売の仕組みである。インターネット上に中古部品の在庫情報を掲載し、中古部品を必要とする事業者等に販売するというものである。インターネット取引が当たり前となった現在においてはそれ自体目新しいものには感じられないかもしれないが、2005年の段階で自動車中古部品取引にインターネットを活用したのは先見の明があったと言えよう。

同システムを考察するうえで重要な点が2つある。1つが、掲載される中古部品情報の詳細さである。その中古部品が何年式のどのような状態の中古車から取り出したのか、どのような処理を施したのか、販売済みの部品の場合はどの顧客に渡ったのか、同じ種類の在庫はどれだけあるかなど、トレーサビリティのシステムを導入したのである。こうした徹底した情報開示によって、ただでさえ信頼を得ることが難しい中古部品の、しかも直接顔をあわせないインターネット取引上での信用を得ようとしたのである。そしてもう1つが、このシステムが会宝産業以外の多くの自動車リサイクル業者に開放されたということである。1つ1つの自動車リサイクル業者が処理する自動車の年式や種類は事前に把握することはできず、取扱い部品は限定される。そのため、1社単独で中古部品の需要のすべてに対応することは難しい。そこで、複数の自動車リサイクル業者にこのシステムを開放することで、ネットワークとして中古部品の需要に対応することを可能にしたのである。

このようなリサイクル自動車部品のネットワークは他にもある。例えば、NGP日本自動車リサイクル事業協同組合である(4)。NGPは現在133の組合員企業を持つ全国的な自動車リサイクル部品企業ネットワークである。NGPは1985年4月に九州を拠点とする3社が「西日本グッドパーツグループ」を立ち上げたことに端を発する。同協会所属組合企業は、自社で廃自動車を解体し、使用可能な自動車部品を取り出した後、その自動車部品をNGP共有在庫システムに商品登録する。この時点で、リサイクル自動車部品は解体した各企業ではなくNGPのネットワークのなかに入ることとなり、KRAシステムと同様にネットワーク全体として需要に応える機能を有する。NGPは、現在日本で発生する廃自動車の約20%を処理している。

こうしたネットワークは、万一ネットワーク上のリサイクル自動車部品に品質上の問題があればその影響はネットワーク全体に広がることとなることから、ネットワーク加盟企業の品質水準の維持・向上の原動力ともなっている。

3. 自然環境問題と企業経営

自然環境問題を経済・経営の視点から捉える際の1つのキーワードが「循環」である。例えば、ヨーロッパを中心に盛んに議論されているのが「サーキュラーエコノミー：Circular Economy」である。これは、従来の経済モデルを「一方通行型経済モデル」として批判的に捉え、それに対して、「循環」を盛り込んだ形での新しい経済モデルを模索する議論である（Peter & Jakob, 2015）。

また、生産システムの議論として、坂本清による「循環統合型生産システム」の議論がある（坂本, 2017）。地球上に生息するすべての生命は、地球の一住民として、地球が長年にわたって維持している自然の営み（自然循環）から生命活動に必要な諸要素を取り出し、また不要となったものを自然に帰すことで生命活動を維持している（生命循環）。しかしながら、人類のみが自然循環と生命循環との間に生産活動（生産循環）を挟み込むことで、より効率的に、より大規模に、そしてより人類の発展に有意義な形で自然循環からの恩恵を受け取ることができ、生命循環の輪を拡大させてきた。しかしながら、この生産循環の拡大が、自然循環のキャパシティを質・量ともに大幅に越えてしまったことによって自然循環を狂わしてしまい、それが人類をはじめとした多くの生命の生命循環を危機的状況に陥らせる結果となってしまっている。そこでわれわれが構想しなければならないのが、「循環統合型生産システム」つまり、自然循環・生命循環・生産循環の調和的な関係を実現した生産システムである。

このような経済活動における「循環」を表す言葉として用いられるものの1つが、「動脈・静脈循環」である。これは社会・経済循環を生命における血液循環に模したものであり、生産過程が動脈に、リサイクル・廃棄過程が静脈にあたる。そして、各機能を担う企業を、動脈企業・静脈企業と呼称する。**図表9-2**は動脈・静脈循環の全体像を表したものである。

従来の経営学は動脈企業を対象とした分析が中心であった。これは、人類の経済活動とはすなわち自然循環から物質を取り入れ、人類の発展に必要なものへと加工する生産過程およびその分配である流通過程のことであり、この機能

図表9－2　生産の循環構造（動脈流と静脈流）

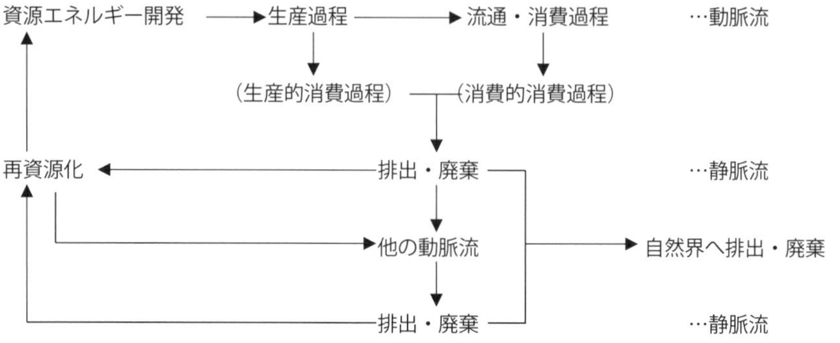

出所：坂本（2017）。

を果たすことが企業の主たる役割であったからである。しかしながら、これからの「循環」をキーワードとした経済・経営の構築において、静脈企業の分析は欠かせない。当然、動脈企業の研究から得た経営学的知見は静脈企業にとって重要ではあるが、静脈企業特有の経営的事象も存在するのであり、静脈企業を対象とした経営学の発展が強く望まれるようになっている（貫，2005；粟屋，2018）。

4. 静脈企業経営の特徴とネットワーク化の意義

4-1　静脈企業経営と動脈企業経営の相違点

では、動脈企業を対象とした経営学と静脈企業を対象とした経営学はどのように異なるものなのであろうか。この問いは、動脈企業の経営と静脈企業の経営とにどのような相違点があるのかという問いにつながる。無論、同じ資本主義社会における企業経営である以上、多くの共通点があるのは当然であるが、少なくとも以下の点において静脈企業経営には動脈企業経営との相違点が存在する。

1つめが戦略形成の難しさである。通常、動脈企業の戦略は自社の製品・サービスの販売先、すなわち販売市場を出発点とした戦略構築を行う。すなわち、どの市場をターゲットにするのかのセグメンテーションに始まり、そのセグメントにどのような品質・価格の製品・サービスを提供するのかを決定し、そのうえでどのようにその製品・サービスを生産するのか、そのための原料をいかに調達するのかを考える。静脈企業にとっても、自社の製品の市場戦略の構築が重要な意味を持つことは当然である。

しかしながら、同時に、あるいはそれ以上に重要なのが、どのような原材料＝廃棄物を利用するのかに関する戦略である。静脈企業が静脈企業であるゆえんは、その原材料が廃棄物であることである。そしてその廃棄物はすでに社会的に存在し、何らかの形で「処理」されることが求められている。すなわち、リサイクル材を生産する静脈企業は自社の製品市場のみを戦略的出発点にすることはできず、どのような廃棄物が社会に存在し、「処理」が求められているのかを同時に考えなければならないのである。市場競争で勝つためには原材料をどのように調達するかは重要な戦略的判断であることを考えると、静脈企業にとってはその選択の幅が動脈企業に比べて狭められているということがいえる。

2つめが生産システム構築の難しさである。現代社会の中心的原理の1つが大量生産－大量消費である。20世紀初頭のフォード・システムの構築を1つの嚆矢に様々な製品において大量生産システムが構築され、人類社会に物的豊かさを与えた。この大量生産システム構築において重要な原理が標準化の原理である。すなわち、原材料や部品を標準化することで、生産過程における擦り合わせを極力減らすことが大量生産実現の重要な前提なのである。この標準化という視点から静脈企業を捉えたとき、その生産システム（すなわち廃棄物処理システム）の特徴が見出される。すでに述べたとおり、静脈企業にとっての原材料は廃棄物である。廃棄物は様々な意味で雑多なものである。まず、様々な種類の製品が混入している。たとえ製品ごとの分類がきちんとなされた状態であったとしても、その製品の品種や生産された地域・年代などが異なっている。また、1つの製品だけをとってみても、そこには様々な原材料が物理的・化学的に組み合わされているという意味でも雑多なものである。こうした雑多な原材料を前提に生産システム（廃棄物処理システム）を構築することは、動脈産業における生産システムとは異なった特有の課題が存在するのである。

３つめに市場における取引形態が変容することが挙げられる。通常、企業は２つの市場との関わりを持つこととなる。１つは、原材料等を仕入れるための市場であり、もう１つが企業が生産した製品・サービスを提供するための市場である。動脈企業にとっては、前者が購買市場、後者は販売市場であり、どちらも、ものの移動とは逆にお金が動く。すなわち、どちらの市場においても有償取引が行われるのである。静脈企業にとっては、この２つの市場それぞれにおいて、有償取引とは逆の逆有償取引となることがある。まず、原材料を入手するための市場について見てみよう。先にも述べたとおり、静脈企業にとっての原材料は廃棄物である。この廃棄物を入手する取引は２通りが考えられる。１つは、廃棄物の処理費用として静脈企業側が手数料等を受け取って廃棄物を入手する場合である。これは、有償取引とは異なってものの移動とお金の移動とが同方向であり、逆有償取引となる。他方で、廃棄物が資源として見なされ、通常の資源取引と同様に有償取引として入手する場合もある。また、静脈企業が廃棄処理・生産した物質も、製品として有償取引（すなわち販売）する場合もあれば、製品としてではなく廃棄処理される物質として、他の静脈企業や廃棄物処理場にお金を払って譲渡する場合もある。

このように、静脈産業には物質の入手と譲渡とにそれぞれ有償取引と逆有償取引とが混在しているのである。こうした入手・譲渡における有償・逆有償取引の組み合わせを整理したものが**図表 9-3** である。入手が有償取引、譲渡が逆有償取引という組み合わせは、いずれの市場からも企業が収入を得ることができないため、論理的にあり得ないことから、静脈企業は取引関係から３つの組み合わせに分類することができる。さらに、有償取引と逆有償取引とが移行する場合がある。廃ペットボトルの入手において逆有償取引から有償取引へと移行したことは典型的な事例であろう（小田，2016；中村，2018）。

4-2　中小企業が担う静脈企業ネットワーク

このように、静脈企業の経営には動脈企業とは異なった特有の困難がある。

図表9－3　取引関係から見る静脈企業の分類

		譲渡	
		有償	逆有償
入手	有償	③	
	逆有償	②	①

出所：牧（2019a）。

こうした困難は、現状においてその中心が中小企業によって担われているという静脈産業の１つの特徴を生み出している。事例に登場した会宝産業会長の近藤典彦が述べるとおり、「後始末側は中小・零細企業が多く、花形メーカーが軒を連ねる動脈産業とでは力の差がありすぎ」（近藤，2021）るというのが、一般的な静脈産業の姿なのである。

こうした、大企業が生産する製品を中小企業中心の静脈産業がいかに効率的かつ適切に処理し、それを通して持続的な経営を実現するかが静脈産業が抱える大きな経営上の課題なのであり、その課題克服の１つが事例で考察した静脈企業ネットワークなのである。J・RICは、その中小企業性から単独企業による全国への事業展開が困難であるという課題に対して、ネットワーク化によって克服しようとした。KRAシステムやNGPのネットワークは、廃自動車を前提としたリサイクル部品の確保では、市場で必要とされる部品を必要に応じて供給することは単独企業では難しいことから、ネットワークによって市場の需要に対応しようとしている。また、これらのネットワークに共通するのは、ネットワーク参加企業の育成やリサイクル水準の維持・向上の機能を有することである。J・RICはその構築過程で静脈企業を育成し、RUMアライアンスは情報交換による成長をその重要な目的としている。また、ネットワークそのものが、自社の不備がネットワーク全体の不備となってしまうというプレッシャーを通してリサイクル水準の維持・向上を促してもいる。

5. おわりに

本章では、静脈企業の動脈企業と比較した際の特徴を整理したうえで、その特徴ゆえに静脈産業が一般的に中小企業によって担われる傾向にあることを指摘した。そして、そこから生じる課題を克服する１つの方法としてネットワーク化に焦点を当て、事例を通してその意義について整理した。静脈企業のネットワーク化は、個別には存在するすぐれた静脈企業の理念や革新性を広範囲に拡大する可能性を秘めていることが確認されたと思う。静脈産業におけるこうした取り組みが今後も拡大することで、より多くの廃棄物を適正処理し、地球への負荷がさらに削減されることを期待したい。

ただし、自然環境問題解決の役割は一手に静脈企業が引き受けるべきものではないということは最後に強調しておきたい。何よりも廃棄物排出の責任は動脈企業にあるのであり、動脈企業は積極的に自然環境問題解決に関わる責任がある。それは、静脈企業がリサイクル処理をしやすい材料の使用や設計の導入であったり、そもそも廃棄物の総量を減らす取り組みであったりするであろう。また、資本導入や技術開発、リサイクル企業の立ち上げなど、より積極的・直接的な静脈産業への関与も必要とされる。加えて、私たち消費者にも大きな役割と責任がある。例えば目の前に同じ品質・価格のバージン品とリサイクル品とがあった場合、どのような消費行動をとるであろうか。同じ品質であったとしても、バージン品に高い「価値」を見出し、そちらを選好する消費者行動が一般的であれば、リサイクル品は常に市場においてバージン品に対して厳しい競争環境に置かれることになり、結果的にリサイクル品は市場に普及しづらくなる。むしろ、リサイクル品に対して、自然環境問題解決に寄与するという意味でバージン品よりも高い「価値」を見出すような消費者行動が求められているとも言えるかもしれない。

自然環境問題は、こうした様々な経済的主体の取り組み総体としてようやくリサイクル率の向上をはじめとした解決の糸口を見出しうるものであり、経営学としても、そこにいかに寄与していくかが問われているのである。

（1）J・RICの事例については牧（2019b）に基づいている。

（2）RUMアライアンスおよびKRAシステムの事例については近藤（2021）に基づいている。

（3）豊島事件の経緯に関しては曽根（1999）が詳しい。なお、豊島に不法投棄された産業廃棄物は、住民運動の成果として島外に運び出され、そこで適切な処理がなされることとなった。この復興の過程については、豊島の住民も関わって立ち上げられたHP、「豊島（てしま）・島の学校　豊かな島と海を次の世代へ（https://www.teshima-school.jp/)」に詳しい。

（4）NGPについては同協同組合HP（https://www.ngp.gr.jp/）および筆者がNGPの組合企業である西日本オートリサイクル株式会社で2011年に行ったヒアリング調査に基づいている。

学びを深めるために

設問**1**：皆さんの身の回りでは、どのような企業がリサイクルを行っているだろうか。

設問**2**：日本においては、1991年に制定された「再生資源利用促進法」（2000年に資源有効利用促進法に改正）を皮切りに、製品ごとにリサイクルを適正・効率的に行うことを目的とした法律が制定されている。どのような製品に対してどのようなリサイクル法が制定されているだろうか。

推薦図書

- Peter Lacy & Jakob Rutqvist（2015）. *Waste to Wealth: The Circular Economy Advantage.* Palagrave Macmillan（アクセンチュア・ストラテジー訳，牧岡宏・石川雅崇（監訳）『新装版サーキュラー・エコノミー』日本経済新聞出版社，2019年）.
- 中瀬哲史・田口直樹（編）（2019）.『環境統合型生産システムと地域創生』文眞堂.

COLUMN

地球史的変化としての自然環境問題－人新世論

現在の自然環境問題を、単に人類存亡の危機というだけではなく、46億年にわたる地球史上の大変化として捉える議論がある。それが、人新世論である。

通常、地球史は地質年代によって区分される。地質年代という言葉は身近ではないかもしれないが、「ジュラ紀」や「白亜紀」といった言葉に触れたことのある人は多いのではないだろうか。一般的に現在は「完新世」にあると言われる。完新世は約１万1700年前に地球上の最終氷期が終わった後に始まったとされ、地球史上比較的安定した時代であるとも言われている。つまり、人類はこの安定した時代に大きな発展を遂げたということになる。

これに対して、完新世の時代はすでに終わりを遂げ、人新世という新しい時代に突入しているのではないかとする議論が人新世論である。人新世の時代に現れる特徴として挙げられるのは、過去400万年間無かった高レベルの大気中二酸化炭素濃度、過去５回しか経験がないほどの激しい生物多様性の消滅、過剰なまでの窒素とリンの増加、過去150年の間に生態系にばらまかれたプラスチックや内分泌攪乱物質、放射性同位体などの完全に新たな物質の蓄積などである。こうした地球史上に残る変化をもたらしたのは、紛れもなく人類の活動であり、「人」新世と名付けられたゆえんである。

人新世が始まったとされるのは、18世紀後半である。18世紀後半といえば英国で産業革命が始まった時代であり、全世界的に資本主義化が進展した時代である。つまり、人新世は人類活動一般が及ぼした結果ではなく、資本主義的な人類活動が及ぼしたものなのである。その意味で、現在の地球史的大変化を「人」新世としてではなく「資本」新世として展開する議論もある（Christophe & Jean-Baptiste, 2013）。

人新世が新しい地質年代として国際的に認められるかどうかはまさに今、専門家の間で議論がなされていることであるが、認められるかどうかにかかわらず、資本主義社会における人類の活動が地球史的影響を与えうるほどの強大な力を持っているということは紛れもない事実である。そして、この強大な力の主たる持ち主は、資本主義社会における企業である。

こうした人類による強大な力の獲得は、それ自体人類の「発展」ではある。これまで、資本主義は人類に大きな豊かさを与えたし、人新世を「明るい未来」と捉える向きもかつてはあったという（Gísli, 2020）。しかしながら、現状は自然環境問題による「暗い未来」を想像する方がより現実的になってしまっている。人類が獲得した地球そのものの変化をも可能にするほどの強大な力をどのように制御し、行使し、人類のみならず地球に生息するあらゆる生命にとっての「明るい未来」を実現するのかという課題を突きつけているのが、人新世の議論である。

第 10 章

変革をいかに成し遂げるか？

高浜快斗　*TAKAHAMA Kaito*

1. はじめに

前章までに、経営管理という「求める目的に向かって効率的に動くために、資源を統合し、調整する」（野中，1980）ための組織の諸側面について見てきた。そこでは、管理（management）の対象が組織や戦略という枠組みにとどまるのではなく、モティベーションやリーダーシップといった人間個人の内的な側面にまで及ぶことが理解できたであろう。あらゆる組織は、広域にまで及ぶ管理を最適化させることを目指し、日々の業務を遂行している。しかし、ある瞬間に組織の管理において最適解が導かれたとしても、その解が永続的に競争環境のなかで通用するとは限らない。温度の変化に応じて姿形を変える水のように、環境の変化に応じて組織を柔軟に変化させていくことが管理という行為に求められるのである。本章では、組織の変わろうとする行為、変われないあるいは変わりたくないという変化することへの阻害なども含めて組織変革について見ていくことにしよう。

本章では、経営学としてはこれまで触れられる機会が少なかった宗教系組織のうち、元銀行マンという異色の経歴を持つ安永雄彦のもとで大改革を成し遂げた寺院である浄土真宗本願寺派築地本願寺（東京都中央区）を取り上げている。よく言われるところの坊主丸儲けという慣用句があるように、僧侶は読経するだけで布施（僧侶に施し与える金や物）がもらえるため、「元手いらずに儲けることができる」（新村出編，2018，2674頁）というのが常識のように扱われてきた。しかし、少なからぬ企業が直面しているように、現存する多くの寺院が人口減少や少子高齢化、核家族化などによる寺院離れを背景に存続が危ぶまれる状況が招かれている。そのような厳しい環境下では、坊主丸儲けとはいかずに寺院という古くから存続し続けてきた組織体であっても変革の波を起こして環境適応を図っていくことが求められるが、一朝一夕には変わることはできない。そもそも、寺院という時代が変わってもそれ自体は変わることなく存在してきた対象に、経営的な視点はいらないのではないか、経営という俗世的な視点を入れるなんてもってのほか、という内部の根強い意見もあるだろう。安永は、変われないあるいは変わりたくないという寺院の内部の難儀をいかに克服して変革を成し遂げていったのか。寺院のマネジメントに関する１つの変革ストーリーを、是非とも興味を持って読み進めていただきたい。

本章ではまず、浄土真宗本願寺派築地本願寺の変革に関する事例を取り上げる（第２節）。続いて、事例での特異点を組織変革と捉えたうえで、組織変革の概念と枠組みについて（第３節）、組織変革のマネジメントについて概説する（第４節）。最後に、本章の要諦と次章への接続について述べることにしたい（第５章）。

2. 事例：浄土真宗本願寺派築地本願寺

2-1　400年なんとかなっても、401年目はどうなるかわからない

「なぜ、そんなことをやる必要があるのか」。変わるために行動を起こそうとした者、浄土真宗本願寺派築地本願寺の「社外取締役」にあたる評議員であった安永雄彦に向けられた言葉である。築地本願寺の存続と発展のための改革を委ねられた安永に対して、古参の僧侶たちから向けられる視線はいささか冷ややかなものであった。安永は、三和銀行（現在の三菱UFJ銀行）に21年間勤務した後、いくつかの会社を経て独立、コンサルティング会社を経営しながら通

信教育で学び50歳で僧侶の籍を取得した。言うなればビジネス人、言うなれば仏教宗界の「よそ者」である。そのようなビジネス界から突然やって来たよそ者が、400年以上の歴史がある築地本願寺を今まさに変えようと言うのであるから、古参の僧侶たちから異色の目で見られて当然であっただろう。

安永を突き動かしていた背景には、次のような日本が抱えている問題があった。現代の社会的課題である人口減少、少子高齢化、核家族化はもとより単身者の増加、そしてわれわれの価値観の多様化などを背景に、日本に約8万と存在する寺院のおよそ30%が20年後になくなると予測されている。一言で言い表せば寺院離れ、檀家制度の消滅。知名度と歴史のある老舗企業のような築地本願寺であっても、そのような世の動きから逃れることはできないのである。現に、「ちーん」という鈴音とともに仏壇に向かって手を合わせる機会を、最近いつ経験しただろうか。年末年始やお盆の時期になると、寺院に墓参りに出向く人は少なくない。しかし、季節の行事や慣行、葬式などの時を除いて、日常的に寺院と関わりがあるという人は限られてくるだろう。「お墓のことは親が管理しているから自分には関係ない」、「地元から離れて過ごしているから、お寺やお墓が今どうなっているかわからない」などという人の方が珍しくない時代である。人とお寺の距離がどんどん離れている時代、寺院という「コーポレーション」を見る安永の目には、早急に改革すべき点が次々と映り込んでいた。

ところが、これまで経験してきたビジネスの視点で寺院を見る安永に対して、古参の僧侶たちの様子はまったく違うものであった。「安永さん、お寺は会社じゃありません」(安永, 2020, 3頁)、「400年もなんとかなってきたんですから、大丈夫ですよ」(前同)。それでも、築地本願寺の「社外取締役」としての使命感と、このままでは伝統のある築地本願寺が潰れてしまうという危機感を持った安永は、固定概念に敷かれた古参の僧侶たちに向かって変わることの必要性を強硬に主張し続けたのである。

2-2 変わるために変わらない価値をつくる

◉──寺院の価値を受け継いでいくために

「そこまで言うなら案を出してください」。強硬な安永の主張を受けて、古参の僧侶たちは改革案を要求した。これに対して、安永は首都圏での伝道推進や人々の人生の拠点的存在になるための事業計画案「首都圏伝道推進基本計画」を提出し、改革の必要性と実現性を説いた。この基本計画は、2015年からの10年間で40億円を投じて推進する、まさに築地本願寺の経営大改革・リブランディングである。予算の40億円は、築地本願寺の「統括本社」である京都府の本願寺派（宗派）から20億円、築地本願寺の内部留保から20億円がそれぞれ捻出されたものである。当時、赤字経営であった築地本願寺にこれだけ多額の投資をするのであるから、改革推進者の安永にとっては確実に結果を出さなければならない大きな取り組みが始まった。

寺院は、長きにわたって人々の生活と密接にあり続けてきた存在である。いくつもの困難や災害、不況にある世の中において人々の拠り所となり、長期的な視点に立って救いのビジョンと新しい生き方を提供してきた。ただし、加速度的に変化する環境下では、いつまでも昔のままではうまくいかなくなる。何もかも昔のままを選択することは、究極的には成長を止めることにつながり、人間であれ企業であれ、そして築地本願寺という大寺院であってもその一生に区切りを付けてしまうことを意味する。変わりゆく時代だからこそ、これまでの人々の拠り所という本質的機能（価値）は変えることなく、その価値を提供し続けるために自らを変えていく必要があった。

◉──築地本願寺の大改革の始動

そこでまず取り組まれたのが、「ひらけ‼築地本願寺。」というスローガンのもとで立ち上げられた「『寺と』プロジェクト」であった。このプロジェクトは、人と寺院の新しいつながりを提案するために、開かれた寺院として人々に身近な存在であると感じてもらい、困ったときに相談できる場所となり、その関係を継続させていくような縁と仕組みを創造しようとするものである。寺院を身近な存在と感じてもらうための取り組みの1つ、「『寺と』カフェ」。新たに設立されたインフォメーションセンターに併設された「築地本願寺カフェTsumugi」は、寺院に用事がある人だけでなく誰もが気軽に立ち寄れる開かれた場所として新しい寺院とのつながりを提示した。なかでも、看板メニュー「18品の朝ごはん」はインスタグラムで「映える」と評判が評判を呼び、女子大生からシニア世代の女性が行列を作るほどにになった。さらに、ランチタイムにはビジネスマン、アフタヌーンティーを嗜む人など、これまでの寺院では見かけることがなかった人々が気軽に築地本願寺に足を運ぶようになった。

くわえて、寺院は葬式や法要だけでなく、人々の人生に寄り添ってコミュニティに中心としての役割を果たすべきであるという考えから、入会金や年会費もなく誰でも入会できるオープンな会員制度「築地本願寺倶楽部」が生まれた。この倶楽部は、不安の多い世の中を心豊かに生きるために、人々の心のサポート、生きがいのサポート、終活のサポートなどをワンストップで提供することで、人生そのもののサポートをしようとするものである。2020年現在の会員数は約2万1,000人で年齢層は若年層から高年層まで様々、婚活サービスや僧侶だけでなく臨床心理士・公認心理師による相談サービス、医療相談サービス、資産計画相談まで幅広く人生の悩み事に寄り添う。なかでも、2016年5月にオープンした「築地本願寺GINZAサロン『KOKOROアカデミー』」では、アンガーマネジメントやTFT（思考場療法)、コーチングなどの講座だけでなく、ヨガや太極拳、書道・茶道・華道なども体験することができる。

◉——単に変わるだけではない

上記で紹介したいくつかの取り組みに共通することは、「寺院はただそこにあればいい」とか「何もしなくても必要なときに必要とする人が来る」という従来の価値観を捨て去り、「プロダクトアウトであった寺院の間口を広げ、マーケットインの姿勢で顧客志向の価値を提供する」という本質的機能の保持と新規的価値の創造である。「寺院×カフェ」という新しい姿、さらには「寺院×ヨガ」やコーチングなどのイノベーションと言うべき取り組みをなし、縁が結ばれた人々の人生をサポートする。開かれた寺院に結ばれた縁を大切にし、人々の心を仏事だけでなく日々の悩みにまで寄り添う。そのような新規的価値の創造によって生まれた縁から本質的機能へと接続するという、安永の手によってこれまでの常識から新しい常識が創られたのである。

2-3　生と死は生物だけではない

「環境の変化に適応して適合した者だけが生き残る」という適者生存の考え方がある。安永は現代の環境に適した新しい寺院の姿を生み出した。しかし、その過程にはいくつもの困難が立ちはだかっていた。環境の適者になるための道のりは険しいものである。築地本願寺の変革ストーリーの最初に紹介したように、変わろうとする安永がいる一方で、これまでのやり方を重視する者が立ちはだかった。現状に危機感を抱いている者であっても、変革の初期は何をしたらいいのかわからない。とりわけ、400年も存続している築地本願寺であるから、どうしても伝統に縛られている状況であった。さらに、変革当初の築地本願寺には、ビジネス用語が通じない、バランスシートや情報管理のシステムがないなどの課題をいくつも抱えていた。

それでも、安永はこれまでの価値観を捨て去り、新しい組織システム構築の必要性を具体的な変革のビジョンとともに根強く周囲に説いた。また、そのための取り組みの過程では、対外的なサービス開発だけでなく対内的な組織改革にも乗り出した。寺院で働く人そのものも心豊かな状態とするために、人事制度や福利厚生、キャリアマネジメントに至るまで改革に乗り出すことで、変わることの必要性と同時に変わることの不安心を克服し、変わることによって得られる良い状態を実感できる風土を創り出した。安永の強いリーダーシップによって、変革に伴う困難や抵抗を克服しつつ、新しい取り組みの成果を定着させ、今も人々のために開かれた寺院の新しい姿が検討され続けている。

これからの未来も、いくつもの社会的な困難が待ち受けているだろう。そのようななかで、築地本願寺はそこにあり続けてきたし、あり続けるだろう。時代が変わればその時代に生きる人々の多様な価値観も変わる。将来的には、これまで見てきた変革ストーリーが色褪せ、さらに新しい寺院のあり方が求められてくる。寺院であっても企業であっても、組織が社会のなかで生き続けるためには、その時代に適するように変わり続けていくことが重要なのだ。

3. 組織変革の枠組み

3-1 組織変革の概念

前節の築地本願寺の変革ストーリーで見てきたように、組織をある状態から別の異なる状態に変化させることを組織変革（organizational change）と呼ぶ。より具体的に言えば、組織変革とは、外部環境の変化に応じて計画・策定された戦略を効率的・効果的に遂行するために、組織構造から組織構成員の行動や態度に至る内部環境を柔軟に変化させていくことである。このことは、組織を取り巻く環境の複雑性や不確実性に適応して適合していくことによって、組織の存続を確保する活動として機能する。つまり、組織変革の究極的な目的は、組織のパフォーマンスを長期的に改善して向上させていくことにある。

組織変革という言葉は、組織の何かを変えることを広く対象として用いられてきた。組織構造や人事システムを対象とした大規模な変革の場合も、日々の業務改善を対象とした相対的に小規模な変革の場合でさえも、組織が変化するという不連続な新しさによって生み出される成果に対して、「過去よりも現在、現在よりも将来の方が良い」というポジティブな評価が期待されている。しかし、多くの事例が物語っているように、組織変革を試みるすべての組織が目的を達成するわけではない。また、組織変革を成し遂げた組織であっても、そこに至るまでに苦悩や困難を乗り越えてきただろう。築地本願寺の事例のとおり、変わることの必要性を訴えたとしても、容易に他の組織構成員が納得して賛同してくれるとは限らない。むしろ、多くの場合では変わることよりも従来のやり方に従っていた方が各種の負担が少なくて済んだり、あるいは何か新しいものに対する戸惑いや不安感から、変わることを嫌ったり拒否したりする姿勢を見せる。このような、組織変革の推進を妨げる要因や行為のことを抵抗（resistance）と言う。

図表10-1　Lewinの３段階モデル

出所：Lewin（1947）に基づいて筆者作成。

3-2　組織変革の過程を捉える

組織変革に伴う抵抗をいかに克服して理想的な状態に組織を変えていくのか。この課題を検討するためには、まず組織変革がどのような段階や過程を踏んで推進されていくのかという枠組みを捉えることが有効である。その立場から、組織変革によって組織がどのような経緯でいかに変化していくのかという過程を特定化していくことを主眼とした理論は、組織変革のプロセス理論と呼ばれる。

◉――レヴィンの３段階モデル

社会心理学者のレヴィン（Lewin, 1947; 1951）は、個人の態度変容に関する研究に基づき、組織変革のプロセスを説明する研究を発展させた（**図表 10-1**）。その結果として、組織変革が「1. 解凍（unfreezing）→2. 移行（moving）→3. 再凍結（refreezing）」という段階的な過程で進行することを説明した。第１段階の解凍段階は、効力を失った従来の行動パターンや価値観などを再検討することで、何らかの変化が必要であることを組織構成員に認識させるような準備段階である。第２段階の移行段階は、組織構成員が新しい行動パターンや価値観などを受容して移行していく動的段階である。そして第３段階の再凍結段階は、変革後の新しい行動パターンや価値観などを組織構成員に定着させる結合段階である。このレヴィンの３段階モデルの登場は、後の組織変革研究に大きな影響を与え、今日でも組織変革のプロセスの基本モデルとして扱われている。その一方で、組織変革の一端を極めて単純化して捉えているに過ぎず、複雑な組織変革を説明することはできないという批判も向けられている。

図表10-2　Quinnのサイクルモデル

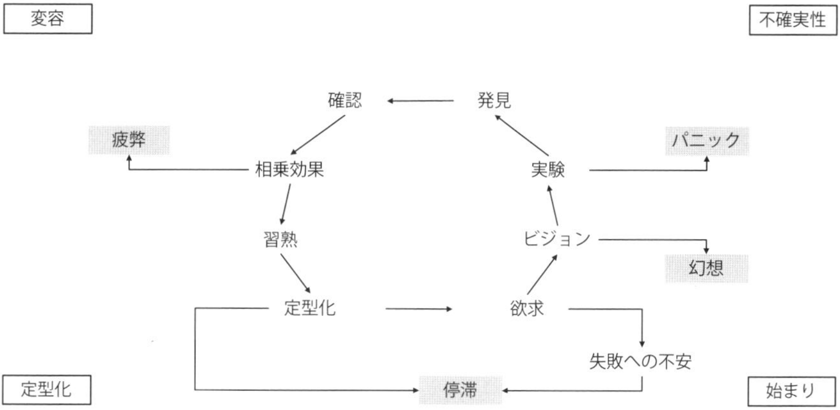

出所：Quinn（1966）; 邦訳（2013）、215頁に基づいて筆者作成。

◉──クインのサイクルモデル

レヴィンのモデルが持つ抽象性という課題を克服するために、それ以降いくつものプロセスモデルが提唱されている。そのうち、クイン（Quinn, 1996）のサイクルモデルは、組織変革が「1. 始まり（initiation）→2. 不確実性（uncertainty）→3. 変容（transformation）→4. 定型化（routinization）」という4つの段階を経るとともに、各段階で変革が未遂に終わる可能性があることを指摘していることから、より現実的に精緻化されたモデルとなっている（**図表10-2**）。クインのモデルでは、4つの段階を絶えずサイクルとして回し続けることが必要であり、それができなければ組織変革どころか衰退に陥ると考える。サイクルの過程では、想い描く変革ビジョンが幻想になったり実験的行動に失敗してパニックに陥ったりと、各段階に特有の罠があり、その罠にはまってしまうと組織変革が停滞・未遂となってしまうのである。

4. 変革プロセスのマネジメント

4-1 組織変革の出発点と到達点

組織変革を推進していくためには、戦略策定の過程と同じように、組織の現状（出発点）を把握したうえで理想となる姿（到達点）へと向かう道筋を描くことが課題となる。そして、組織変革を始動させるためには、まず「組織変革が必要である」という組織の認知過程を経ることが重要となる。

組織変革の必要性が知覚される場面としては、業績低迷などの組織にとって好ましくない状態を招くシステムの不安定化（system instability）と従来のやり方に固執してしまう慣性（inertia）という2つがある（Plowman et al., 2007）。システムの不安定化とは、組織の均衡状態や整合性が崩れてしまったときに招かれるもので、組織の生産システム・労働システム・管理システムなどの内的均衡や組織を取り巻く環境との外的均衡の釣り合いが不安定になると、それらを解消させるために組織変革の必要性が知覚されることになる。一方の慣性とは、組織の従来の行動パターンや価値観、あるいは確固たるビジョンに固執することであり、組織の柔軟性や適応能力を阻害してしまう負の慣性を克服するために組織変革が要請されることになる。いずれの場面であっても、組織の現状を把握することが不可欠である。組織の現状を把握するためには、財務状況の評価だけでなく、組織構成員、株主、顧客、取引先、そして第三者機関などの視点から総合的な評価をしていくことが求められる。

旅をしようと出発したもののどこへ、どのように向かえばよいかわからなければ、道に迷ってしまうか再び出発点に帰るかという結果が待ち受けている。つまり、組織変革の必要性が知覚された後には、組織がどこへ、どのように向かえば良いのかという組織変革の到達点となるビジョンを、組織の戦略と関連付けながら明確に定めなければ、組織変革の取り組みが頓挫するか取り組み以前の状態へ逆戻りしてしまう。この変革のビジョンは、組織変革を推進していくなかで生じる様々な課題に直面した際の行動や考え方に対して基本的な指針を示すものである。さらに、変革のビジョンをより具体的な行動レベルに落とし込み、いつ、誰が、どこで、何を、どのように行動し、それらの成果をどのように評価するのか、いかにして取り組みとして定着させるのか、という出発点と到達点を結ぶ段階にまで明瞭化させることが求められる。

組織変革の必要性が醸成される場面は、基本的に戦略遂行上の課題に直面するときである。しかし、先に述べたクインのモデルで示されているように、組織変革のきっかけとなる必要性を認知するだけでは実際の変革に至ることはない。現在の組織のパフォーマンスと理想とする姿の間で、現状の組織に対する不満や課題を克服することを具現化して、戦略的行為をなす過程へ繋げ、それらの取り組みを定着させなければならない。

4-2　組織変革を阻害する要因

変わるために組織の一部が動き出した後には、その取り組みを組織変革が及ぶ範囲へと浸透させていかなければならない。その過程では、変わることを拒んだり嫌ったりする動きに直面することがある。このような、個人や集団の態度や行動、すなわち抵抗という要素をどのように克服するのかが組織変革を推進する際の課題となってくる。

個人でも集団でも、日々の生活や職務上で習慣化された思考や行動パターンを変えることは難しいものである。変わることで得られる便益が少なかったり不確実であったりする場合には変わることを躊躇するだろうし、変わることに多大な労力や負担が伴うならばなおさら現状にとどまりたくなる。このように、人間は安定性や一貫性を求めて、変わることを好まない心理的な特性を有している（Cialdini, 1988）。組織変革の場合であっても、新たな技術の導入や人事制度の再編などによって日常が変わってしまうのではないかという不安心理や、既存の枠組みから離れることによって危機に直面したくないという防衛反応によって心理的な抵抗が生じるのである。

さらに、組織変革によって組織の諸制度や組織構造が組み替えられるということは、協働の調整、意思決定に関わる情報伝達の流れ、権限関係の変更に伴う利害の分岐などの問題が浮上してくる。その際に、既存の利害構造で得られていた便益を捨て去ってまで新たな利害構造に移行する必要があるのかという政治的な抵抗が生じることがある。この場合は、既存の利害構造によって大きな便益を得ていた個人や部門ほど、組織変革に対して強い抵抗を示すことになる。一般的に、大きな既得権益を有している個人や部門は、同時に組織内で重要な意思決定権や発言権を制度的に有している場合が多い（山岡，2005）。そのため、既存の諸制度や組織構造を政治的な観点から好ましく捉える個人や部門の強い慣性から生じる抵抗を克服しなければ、組織変革の推進がより複雑で困難なものになってしまう。

組織変革の複雑さや困難さは、組織内部の個人や集団がどのように組織内外の環境を捉えているのかという側面に関係する。それは、環境の見方が違えば、組織変革の必要性の認識やその方向性が異なるからである（加護野，1988）。この環境の見方は、組織変革を促すことがある一方で、組織変革に対する抵抗を促すこともある。国や地域によってそれぞれの独立した文化があり、ある文化に基づいた行動を別の文化圏で行った場合に、強く批判されることがある。同じように、組織変革の取り組みやその方向性を好ましくないとする見方や組織文化が根強く存在している場合には、強い文化的な抵抗に直面する可能性が高まるのである。

ここでは、組織変革に伴う心理的抵抗、政治的抵抗、文化的抵抗という３点について見てきた。これらの抵抗は、組織変革の推進にあたって厄介な存在であることが理解できたであろう。しかし、近年、組織変革に対する抵抗のポジティブな側面が指摘されている。というのも、組織変革の取り組みがすべて正しいとは限らず、改善の余地があったり方向転換の必要性があったりする場合には、抵抗という形で改善を訴えることがあるからである。単に、抵抗が絶対悪と決めつけることは、組織変革の取り組みの問題点を見逃してしまうことにつながりかねないのである（Piderit, 2000）。

4-3　組織変革を牽引する要因

ここまでに、組織変革の出発点と到達点、そしてその過程に伴う抵抗について見てきた。ここからは、出発点から到達点へと至る道のりをいかにして進ん

図表10- 3　4つの行動特性(Four I's)

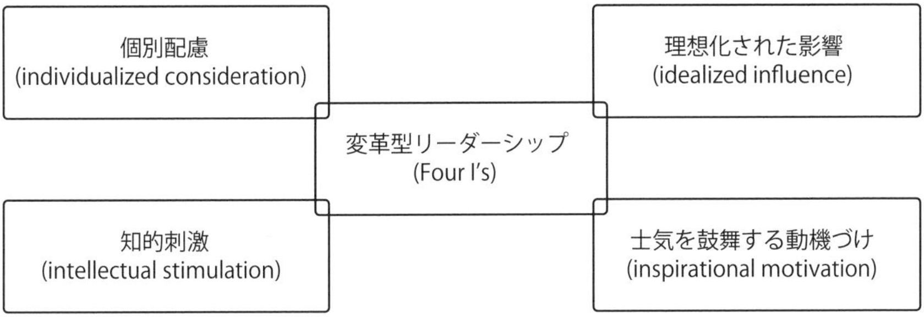

出所：Bass and Avolio（1994）に基づいて筆者作成。

でいくのか、という組織変革のマネジメントの要因について見ていきたい。具体的には、組織変革を主導する変革リーダーの行動、組織変革の実現可能性に関わる組織の開発、という2つの要因について概観しよう。

◉――変革リーダーの行動

組織変革をマネジメントしていく際には、そのマネジメントの責任者としての変革リーダー（変革推進者）の果たす役割が重要となる。典型的に変革リーダーを担うのは経営者などのトップ層であり、築地本願寺の変革ストーリーでも役職者の安永が変革を牽引していた。また、組織のトップ層以外にも、組織変革のために結成されたチームのリーダーや社外のコンサルタントなどが変革リーダーとして役割を果たす場合もある。変革リーダーには、組織変革が及ぶ範囲の関与者に対して、変革の必要性とビジョンを明確に周知し、その取り組みを動機付けるリーダーシップを発揮することが求められる。

リーダーシップ論では、このような変革リーダーに求められる役割を変革型リーダーシップ（transformation leadership）と呼ぶ（Burns, 1978）。変革型リーダーシップは、バス＝アボリオ（Bass and Avolio, 1994）によって、①理想化された影響（idealized influence）、②士気を鼓舞する動機付け（inspirational motivation）、③知的刺激（intellectual stimulation）、④個別配慮（individualized consideration）という4つの行動特性（Four I's）が整理されている（**図表10-3**）。理想化された影響とは、周囲がリーダーを見習おうとする一体感や連帯感を抱くようなカリスマ性のことである。士気を鼓舞する動機付けとは、周囲に変革の必要性やビジョンを理解させたうえで、その取り組みに積極的に参画していくように促す特性である。知的刺激とは、周囲の気づきや創造性を促したり、考え方を転換させたりする刺激を与える働きかけである。そして、個別配慮とは、周囲の取り組みや達成を認め、それに応じてサポートやコーチングを行う配慮のことである。

◉――組織の開発

組織変革を実現するためには、組織構成員の意識や能力を向上させたり、組織として環境の変化に適応する能力を築いたりすることで、変革の準備状態を整えることが重要となる。このような、組織の有効性や能率性、問題解決力や再生力を向上させる組織づくりのことを組織開発（organizational development）と言う。

1940年代の米国で登場した組織開発という考え方は、当初個人や集団の態度や行動の変化による能力向上が意識され、行動科学や心理学の技術や手法を応用したマネジメントが開発されていた。代表的な手法としては、感受性訓練（sensitivity training）がある。先の4-2で紹介した心理的抵抗について振り返ってみると、人間は変化に対して、不安心理や防衛反応を示すことがある。しかし、人間が処理できる情報量に限りがあることを考えてみると、そもそも自身が気づかない事柄や感情も多く存在している。そのような個人の人間が知らなかったり気づかなかったりする部分に対して、グループ活動を通して気付きを促し、情報処理の方法をグループ内で共有することによって、個人の態度や行動変容を可能にしたり他者理解を促したりすることが訓練される。この技法を活用して組織変革のマネジメントをする際には、組織の価値観や行動パターンに関するアンケート調査とその結果のフィードバック活動が導入されることがある。これは調査とフィードバックを組織構成員同士で議論して共有していくことによって、職場のコミュニケーションを活発化させて問題点を発見することに役立つものである。そして、その効用として組織の改善や変革に向けた態度変容や行動変化が図られる。

その後、組織開発という考え方は、個人の態度や行動の変化という側面から集団としての組織の変革に対象が拡大していく。1980年代には、組織のポジティブな側面に焦点が当てられ、組織変革の実現事例から発達したアプリシエイティブ・インクワイアリー（appreciative inquiry）、1990年代にはポジティブムーブメント、2000年代にはルータンズ（Luthans, F.）などのポジティブ組織行動論、キャメロン（Cameron, K. S.）などのポジティブ組織論などが展開されている。

5. おわりに

本章では、組織の変わろうとする行為と変わることに対する抵抗、そして変わることを推進する要因についても見てきた。これらの組織の行動を主たる研究対象としているのが、組織変革論である。

現在は、経済的・技術的・社会的な変化のスピードが急速化しており、組織においても迅速かつ適確に環境に適応していくことが求められている。さらに、その変化を絶えず繰り返しながら、より最適な組織のあり方を模索する必要がある。これは、人間の身体に異変が生じたときに、それを治そうと体内で抗体がつくられたり、処方薬を服用したりすることと同じように、組織も何らかの不調に対して変革を通じて健康状態をつくり出そうとしているのである。組織の健康状態を維持したり異変を素早く発見したりするためには、それを診断する仕組みが必要であり、その機能を果たすのがガバナンス（統治）という制度慣行である。次章では、このガバナンスについて見ていくことにしよう。

学びを深めるために

設問 **1**：本章で取り上げた組織変革のプロセスモデルの他に、どのようなプロセス理論があるだろうか。

設問 **2**：過去の成功事例に固執したり、既存の枠組みにとどまろうとしたりすることは、組織変革の取り組みに対する抵抗要因になり得る。あなたが所属する大学や会社において、そのような保守的・消極的な組織風土や組織文化があるのかについて調査してみよう。また、そのような組織風土や組織文化を解消するためには、どのような意識改革や取り組みが必要であるのかについて考察してみよう。

推薦図書

安藤史江・浅井秀明・伊藤秀仁・杉原浩志・浦倫彰（2017）．『組織変革のレバレッジ－困難が跳躍に変わるメカニズム』白桃書房.

加藤雅則（2017）．『組織は変われるか』英治出版.

金井壽宏（2004）．『組織変革のビジョン』光文社新書.

三枝匡（2021）．『V字回復の経営』日経ビジネス文庫.

COLUMN

変革に対する抵抗の克服：Coch & French（1948）

コック=フレンチは、「変革に対する抵抗の克服」（Coch & French, 1948）という古典的論文において米国ハーウッド社のパジャマ縫製工場での実験から、組織構成員の抵抗を縮小化するための方法を提示している。ハーウッド社では、競争環境や技術の進歩に応じて製造工程や作業方法を頻繁に変更しており、これに対して従業員は強い抵抗を示していた。具体的には、新しい作業方法を導入するにもかかわらず出来高払いの評価を採用していることへの不満、高い離職率、非常に低い生産効率、経営者に対する強い攻撃態度などの形で表面化していた。これらの抵抗があったとしても製造工程や作業方法を変えていくことは必要である。ハーウッド社は、深刻な生産問題を解決するために、献身的な協力要請や金銭的手当などによって抵抗を克服しようとした。しかし、これらの取り組みは変革に対する抵抗を払拭するに至らなかった。

コック=フレンチがパジャマ縫製工場の状況を分析した結果、組織構成員の抵抗を促進させる要因が、製造工程や作業方法の変更について十分な説明がなかったこと、それに伴ってフラストレーションが蓄積されて仕事へのモティベーションが低下すること、というように結論を導いた。また、それらの要因を解消するために、コック=フレンチによって3つの集団に対する実験が行われた（①作業者の代表が作業方法の変更に関与する集団、②作業者の全員が作業方法の変更に関与する集団、③作業者の全員が作業方法の変更に関与しない集団）。この実験は、変革に関する意思決定の参画度合い（立案と実施）による集団間の特異的差異を明らかにすることになり、作業方法の変更後に最も生産性の回復改善が確認されたのは、②作業者の全員が作業方法に関与する集団であった。

この結果からは、組織変革の抵抗を克服したり緩和させたりするためには、組織変革の影響を受ける主体を変革の立案や計画といった初期段階からその取り組みに関与させることが極めて重要であることが示唆される。当然ながら、組織の状態や構造的特徴などによって統制されたトップダウンが良い選択の場合もあるだろう。しかし、一般に組織変革はトップから提示されるルールや指示があれば成功するという簡単な話ではない。単に計画をトップからミドル、ミドルからロワーへ伝達するだけ、指示するだけという機械的なコントロールだけでは、有機的な組織変革が実現されないことをコック=フレンチの研究から読み取ることができる。

第 III 部　経営管理を担う者への統治に関わる諸活動

第11章

株式会社のガバナンス

三上磨知　*MIKAMI Machi*
吉村典久　*YOSHIMURA Norihisa*

1. はじめに

本章では、現代社会の支配的な会社形態である「株式会社」の仕組みについて見ていく。まず「社会」と「会社」の関係を探るために、“company”との英語が「会社」と訳されるようになった歴史を振り返る（第2節）。そこでは、「社会」と「会社」が同義であったことが示される。ついで、株式会社の制度上の特徴を長所・短所、その成り立ちを見ていく（第3節）。制度的な特徴を踏まえたうえで、その実態的な特徴を見ていく（第4節）。制度的な共通性に比較して、多様な実態、姿が存在することが示される。ガバナンスのあり方に関しての規範的な議論が活発に行われている。そうした議論が「空中戦」とならないためには、株式会社の制度が持つ根本的な欠陥の理解、くわえて、その多様な実態の把握が重要である。

2. 事例：福澤諭吉と「会社」

2-1 福澤諭吉の略史

「西洋の風俗にて大商売を為《な》すに、一商人の力に及ばざれば、五人或いは十人、仲間を結いその事を共にす。之《こ》れを商人会社と名づく。既《すで》に商社を結めば、商売の仕組、元金入用の高《たか》、年々会計の割合等、一切書に認《したた》めて世間に布告し、『アクション』と云える手形を売て金を集む」（福澤，2002，26頁）。このような一文を含むのは、1866（慶応２）年に世に問われた『西洋事情』なる書物である。同書をしたためたのは、明治の代表的な啓蒙思想家であり、現在の慶應義塾大学の創立者でもある福澤諭吉である。文中の「アクション」はフランス語の“action”であり、これは株式、株券を指しているとの語注がある。

福澤は1834（天保４）年、豊前国中津藩士を父親に持ち、同藩の大阪蔵屋で生まれた。２歳のときに父親と死別、中津に戻るが、長崎での蘭学修業を経て、その後の1855（安政２）年に大阪に出て、緒方洪庵に蘭学を学ぶ。1858（安政）年に江戸中津藩屋敷に蘭学塾を開設して、これが後に慶應義塾に発展する。蘭学から英学に転向、その翌年の万延元（1860）年に幕府の咸臨丸の艦長に直談判して従僕として渡米を果たす。1862（文久２）年には幕府の使節団に随行して仏英蘭独露葡６カ国を訪問する。1864（元治元）年に幕臣となる。1866（慶応２）年、それまでの経験にもとづき『西洋事情（初編）』を著した。欧米諸国の歴史・制度に関わる当時、比類無き書物として大衆の啓蒙に努めた。1867（慶応３）年にも幕府の遣米使節団に随行する。

1868年（明治元）４月には私塾を改め、「商工農士の差別なく」学問を志す者の学びの場として、慶応義塾とする。同年８月に幕臣を辞し、新たな明治政府の官の職には就かず、また、位階勲等も受けなかった。一貫して民の立場にて教育と著述活動に励んだ。1872（明治５）年には『学問のすゝめ（初編）』を刊行した。「天は人の上に人を造らず人の下に人を造らずと云へり」から始まる同書では、身分や貧富の隔てなく学問を習得することの重要性が説かれている。西洋文明を学ぶことを通じて「一身の独立」、「一国の独立」が果たされるべきと説いた。同書は当時の人々に共感を呼び、1876（明治９）年の第17編まで書き続けられ、現在でいうところの「ベストセラー」となった。1875（明治８）年には『文明論之概略』も刊行した。これらの書物などを通じて、啓蒙思想家としての地位を確立した。

2-2 「社（やしろ）」からの「会社」と「社会」なる言葉

◉──古代中国語の「社」を端にして

『西洋事情』、『学問のすゝめ』、『文明論之概略』の３つの著作を通じて、明治初期の日本における思想の世界に多大なる影響を及ぼしたのが、福澤であった。本節の冒頭で『西洋事情』に「商人会社」なる言葉があることを指摘した。「商人会社」の「会社」の部分は、“company”の訳語として福澤が充てたものとされている。

“company”は「会社」、一方で、それを逆にした「社会」なる言葉は“society”の訳語として充てられている。現代社会あるいは相当に長い期間において、両者は明確に使い分けられている。例えば「会社のため」と「社会のため」との言葉を耳にしたとき、明らかに違った意味、対立したニュアンスで捉えられる。しかしながら、“company”と“society”の訳語とされる２つの言葉のもともとは意味を同じくしており、対立など考えられない関係にあった。

「会社」も「社会」も、古代中国語の「社」に端を発する言葉とされる（齋藤, 2005；興膳, 2007）。この「社」とは、土地の守り神のことを意味する。日本でいえば集落、村の神様のことを指す。そして「会」は、この守り神を祭る集会を意味したとされる。この守り神、「お社」をまつるための村人の集まりが「会社」や「社会」などと呼ばれた。それゆえ、この２つは対立するものではなく、本来は意味を同じくする言葉であった。

幕末の開国後、西洋文明が日本に流入を見せ、西洋の概念を日本語に翻訳する過程では新しい日本語である「翻訳語」も生まれてきた。「会社」も「社会」も翻訳語である。「会社」イコール「社会」で、同じ目的を持った人々の集まりを意味する言葉として使われるようになる。現在の学界を意味する「学術会社」、人間社会を意味する「人間会社」といった言葉も存在した。

◉──「会社」と「社会」の分離

「会社」は“company”の訳語として、明治を代表する知識人の福澤が作り出した日本語である。述べてきたように『西洋事情』で登場したが、福澤は「会所（人の集まる場所）」と「社中（仲間）」を組み合わせて、“company”の訳語として「会社」なる言葉を作り上げたとされる。

ただし注目すべきは、福澤の訳した「会社」は必ずしも「儲け」を目的とする、専門的な用語で言えば「営利」を目的とする集まりだけを指すものではなかった。「儲け」を目的とする集まりは「商人（の）会社」とされ、くわえて「病院を作る会社」、「新聞を作る会社」、「学校を作る会社」、「宗教の会社」と儲けを必ずしも目的としない集まりも「会社」としていたのである。福澤の創立した慶應義塾大学の公式のウェブサイト内の「[慶應義塾豆百科] No.17 義塾社中」でも「慶應義塾が慶應4年（改元して明治元年―1868）に現在の校名を定めた時、義塾はその宣言書ともいうべき『慶應義塾之記』を公にした。そして、その冒頭に「今ここに会社を立て義塾を創め」云々という文言が述べられ、当時の記録類にもたしかに「慶應義塾会社」、あるいは「慶應義塾同社」としるしたものがある」(1)と、「学校を作る会社」として慶應義塾が存在していたことが記されている。

しかしながら、こうした経緯があるにもかかわらず現在は、「商人」の部分が持っていた意味が問われることはなく、営利、儲けにつながる集まりを指すのが当然となっている。

福澤は1862（文久2）からの訪欧時、その見聞を「西航日記」、「西航手帳」という形で記録に残している。『西洋事情』のベースになっているのは、これらの記録である。これら記録のなかで福澤は、営利企業については「商社」を充て、「会社」は有志の非営利団体を指す用語ともされていたとされる（馬場, 2002）。この営利企業を意味する「商社」なる言葉と「会社」が同一視されるようになった経緯については諸説あるが、その時期は1874（明治7）年から1877（明治10）年の頃とされている。

英語の“company”の語源はラテン語にあるとされ、“com（一緒に）”、“pan

(パン)”、“y（人々、仲間)” の合わさった言葉であり、「パンをみんなで分け合って食べる仲間」が語源になっているとされる。それを日本語で表現すれば「おなじ釜の飯を食べる仲間」となろう。現在でも、英和辞典を開いて見れば「会社」のすぐあとに「仲間」との訳語が掲載されている[2]。福澤の翻訳語は、こうしたもともとの英語の語源に忠実なるものだったのである。上で取り上げた[慶應義塾豆百科]でも続けて、「慶應義塾」の後に「会社」なる表記があった点について、「こんにち一般に呼ばれているような株式会社とか、合資会社、合名会社等のたぐいではもちろんない。そのころはまだ、この会社という言葉はいまのような意味の定着がなく、右にいう会社は、むしろ、一定の目的のために志を同じくするものたちが集まって組織する団体というほどの義」と説明が付され、「義塾はいかにも私学であるが、それは決して個人の一私有物だということではなく、すべては関係者一同の共有のものであり、しかも公共のためにこそつくすべきだという考えがそこにはっきり示されたのであった」と「分け合って食べる仲間」との意味が強く反映されていたことが強調されている。

3. 株式会社のコーポレートガバナンスの制度

3-1　株式会社の重要な特徴

◉──岩井の指摘

資本主義や株式会社のあり方について長年、議論を展開している研究者に岩井克人（元・東京大学教授）がいる。彼が「…資本主義の発展、とくに十九世紀半ばからの拡大には、株式会社という制度の存在抜きには考えられません。もし、株式会社という制度が発明されていなければ、企業活動は、個人企業や組合（パートナーシップ）のような形態でしか可能でなく、資金調達の面からも組織能力の面からも、大きく制約を受けたに違いありません。そして、資本主義の発達による物質面からの支持がなければ、多くの社会はこれほどまでに

図表11-1　株式会社の基本的な特徴

全出資者（社員/株主）の有限責任

- すべて出資者が有限責任である

株式の証券化と所有権の自由な譲渡

- 出資金は、株式という形で証券化され、所有者（株主）は他の所有者の許可を得ることなく株式を自由に譲渡できる

所有と経営の分離

- 経営者は所有者である必要はない

出所：加護野・砂川・吉村（2010)、25-26頁。

近代化することはなかったでしょう」（岩井・佐藤, 2008, 190頁）と評しているのが、「株式会社」という存在である。

現代社会を生み出した、そして現在においても最も代表的な会社制度である「株式会社」の重要な制度的特徴は、**図表11-1**に示されるように、「全出資者の有限責任」、「株式の証券化と所有権の自由な譲渡」そして「所有と経営の分離」に整理される。

◉──資本の面から見た長所・短所

これらの特徴は、個人企業、また、それ以前の会社形態である合名会社、合資会社にはない株式会社固有の特徴である。これらの基本的な制度的特徴から、株式会社の長所がいくつか出てくる。

第１の長所は、大量の資本、つまり「お金」を集中できることである。企業が資本を増やす方法は２つである。集積と集中である。集積とは、毎年の利益を留保しておいて資本を増やす方法である。集中とは、複数の出資者の資本を寄せ集めるという方法である。集積の方法に比べると、より短い時間で大量の資本を集めることが可能との長所を持っている。

個人企業、合名会社、合資会社の主たるプレイヤーは所有者である無限責任社員である。基本的に所有者が経営者となり、この所有者兼経営者は無限責任

を負っている。一方、株式会社の場合には、所有者たる全株主が有限責任である。株式会社の歴史についての古典的文献とされるのが、大塚久雄の『株式会社発生史論』である。大塚は「株式会社の発生を識別すべき決定的指標《クリテリウム》が、外ならぬ『全社員の有限責任制』に在する」（大塚, 1969, 25頁）と、全出資者の有限責任制を決定的な特徴として指摘している。この有限責任制とは、所有者である株主がその投資を限度額にして責任を負うという制度である。

この有限責任との特徴にくわえて取締役の制度などの会社機関の制度、そして資本の証券化により、会社の永続性（ゴーイング・コンサーン）を維持しながら、出資者である株主は出資金を容易に換金することが可能となった。資本の証券化とは、会社の資本を小口の金額の株式に分割し、株式は流通証券として市場に自由に売買されることである。こうした制度的な工夫が様々に施されていたことで、広く一般から多くの資本を集中させることができ、つまり資金調達が可能となり、それを元手に大規模な事業の展開が可能となったのである。たとえ、その事業の展開がリスク大なるものであっても、挑戦することが可能となった。個々の株主は少額の出資しかしなくても、株式会社は全体としてはより大きなリスクを抱えることができたのである。

しかしこの有限責任の制度は、第1章などで見たコーポレートガバナンスの点で深刻な問題を生み出すこととなった。1つは、経営管理、企業経営に関わりを持たず、配当と株価の値上がりにのみ興味を示す株主が出現するという問題である。また、その結果として、株主間に意見や利害の対立が発生する可能性もある。株式会社の株式が証券取引所に上場され、自由に取引されるようになると、この問題はさらに複雑なものとなる。

◉――人の面から見た長所・短所

大塚は、資本の側面、有限責任制に特に注目しているが、人の面でも注目すべき長所が生み出されている。株式会社制度のもとではその経営者は所有者である必要がない「所有と経営の分離」が認められている。そのため、例えば潤沢な資本を有する資本家階層のみならず、幅広い社会階層から有能な人材を経営者として登用して、経営を委ねることができるという長所が生み出された。岩井・佐藤（2008）の指摘する「組織能力」の面を、解き放ったのである。

ただし、この長所はガバナンスに関して大きな問題を生み出すことにもなった。上記の様に株式会社以前の個人企業、合名会社、合資会社の主たるプレイヤーは所有者である無限責任社員であった。繰り返しとなるが、この所有者が経営者となり、この所有者兼経営者は無限責任を負っている。こうした無限責任のもとでは、ガバナンスの問題は大きな問題とはならない。ガバナンスや経営管理上の大きな問題が発生した場合には、無限責任を負う者は、まさしく「無限」に責任を背負い込むこととなる。それゆえ、懸命かつ適切な会社の舵取りに邁進せねばならない。一方、必ずしも所有者ではなく、そうであっても有限責任のもとにある、株式会社の経営者の場合には、懸命かつ適切な舵取りを怠る可能性も出てくる。あるいは、所有者たる株主の利益を犠牲にして、自己の利益の増大を目論む可能性もありうる。

3-2　欠陥を補う制度や慣行

◉――資本の面から見た制度や慣行

こうした長所を持ちつつ、大きな短所、問題点をはらんでいたのが株式会社制度であった。成立以来の歴史を振り返るとそれ以来また今日においても例えば、株主による過剰な利益配分の要求や経営者による自身の利益獲得のみに走った事例など、欠陥の存在そのものがなくなったわけではない。しかしながら、代表的となり得たのは他の会社制度に比べて、それを補って有り余る長所が備わっていたためである。また、長所を活かしつつ、同時に欠陥を解決するに資する工夫が積み重ねられてきたからでもある。それは現在も継続しているが、それら積み重ねの基礎にあるのは以下のような制度や慣行である。

まず「カネ」に関わっての、株主による間接民主主義の制度が確立されたことである。株式会社の制度のもとでは、ガバナンスの最終的な主権者は株主である。各株主の持ち株数に応じて投票権を与えるという制度は、株主の利害の対立を解消するための工夫である。しかし、株主が直接民主主義によって重要な決定に参画した場合には、衆愚政治と同様の無責任な決定が行われる恐れがある。特に会社の経営に関心を持たず、それに積極的に関わることのない株主が多数を占める場合には、衆愚政治に陥る危険は大きい。

この問題を解消するために、株主が直接に経営者を任免したり牽制したりするのではなく、一種の間接民主主義の制度が確立されてきた。その大枠は、株主総会にて取締役を任命し、彼らに経営者の人選、解任を含めた監視を任せるというものである。この制度は株主の意向を反映させながらも、それが無責任なガバナンスをもたらさないようにする制度的な工夫であった。

ただし、こうした工夫はあっても上場会社の場合、株主の多くが企業経営に関心を持たないという宿命は残されている。その結果として株主総会が形骸化するという危険は常に存在し続けている。

◉――人の面から見た制度と慣行

次に「ヒト」に関わっての、経営者を誘導し、牽制するための諸制度が生み出されたことである。会社の経営状態、経営者の経営の成績を示す会計情報の開示（ディスクロージャー）制度、公認会計士制度などの公的な監査制度 、株式会社の経営を監督するための公的な機関、経営者と株主の利益を一致させるためのボーナス制度やストック・オプションの制度などである。

くわえて株式会社制度が普及するとともに、経営者は社会に役立つ重要な職務をなす専門職であり、一定の倫理観な規範に従って行動する人々であり、それゆえに尊敬される職業であるという社会的認識が醸成された。このような社会的規範は、優秀な人材をビジネスの世界に誘う背景となっただけでなく、経営者が自らの行動を律する社会的圧力にもなった。このような社会的規範も、制度や慣行の欠陥を補う重要な要素となってきた。

ただし、このような制度や慣行は株式会社の本質的な欠陥を取り除くものではない。経営者の誘導・牽制につながる諸制度は、株式会社の欠陥が深刻化するのを防ぐ制度でしかない。欠陥を補う重要な要素とはなってきたが、規範は、それが持つ強制力は弱いものである。

4. 株式会社のコーポレートガバナンスの実態

4-1 「規範論」と制度と実態

◉――ガバナンスに関わる3つの議論

大きな欠陥を抱えつつ、それを補う制度や慣行を生み出すことで、株式会社は世にある経済組織体の代表となっている。しかし指摘したように、現在においても、欠陥は抱えたままである。

欠陥を抱えたままであるのでガバナンスの問題については常時、そのあるべき姿が問われてきた。ここで指摘しておかねばならないのは、この問題を考える際には「制度論（現行法は……となっている）、実態論（実際は……である）、および規範論（現行法制度および実際の運用はさておき、……のようなシステムであるべきだ）」（宍戸，1993，211-212頁）の3つの議論に分けて議論する重要性である。

制度論の観点から見ると、ガバナンスのそれは、その基本的な特徴を前節のように共有している。しかしながら、その制度には大きな欠陥が横たわっており、その欠陥を補うための工夫が施されてきた。くわえて施されるに際しては、各国で育まれてきた文化からの影響も無視できるものではなかった。その結果、各国・各地域でガバナンスにまつわる独自の制度や慣行が生み出されてきた。各国のガバナンスの制度は、歴史的進化の産物として存在しているものであるといえる。そうであるので、制度論的には共有する部分が多い株式会社であるが、実態論の観点から見ると、相当に異なった姿を観察できる。そうした姿は、各国における異なった「会社観」を醸成させ、また、その会社観が欠陥を補うための工夫の設計や運用の背景となってきた。

◉――「会社観」

この「会社観」とは「「そもそも（株式会社としての）会社とはなにか」という、素朴で重要な問いへの答えとなるもの」（伊藤，2017，105頁）である。例えば、株式会社において「なにがよい経営なのか」、「経営者はどうあるべきか」、「会社は誰のものか」といった問いへの答えが、それに該当する。

この会社観については、2つの対立する会社観が存在してきた。1つが「会社用具観」あるいは「会社手段観」と呼ばれる考え方である。上の「会社は誰のものか」との問いかけは、この見方を背景にするものである。これは会社を誰かの所有物あるいは手段と見なす会社観である。この会社観のなかで最も支配的であり、法制度上は当然とされるのが「株主用具観」である。株式会社は株主のものであり、それをどのように処分するかは、所有者である株主の意向に沿って自由に決めることができるはずである。このように会社を株主の用具と考えて、株主利益の最大化が「よい経営」の唯一のメルクマールとなる。

もう1つが「会社制度観」あるいは「独立制度観」と呼ばれる会社観である。これは、企業がそれ自体としての存在意義を持つ社会的制度であると見なす考え方である。この会社制度観では「会社は誰のものものでもない」と考える。

4-2　多様な会社観

◉——多元的会社観と会社制度観

2つに大別される会社観を指摘した。各国・各地域に観察される会社観を整理すると**図表 11-2**のようになり、多様な会社観が存在している。

米国や英国では、会社用具観の中でも株主用具観が強い。一方で、ドイツを中心とする欧州大陸諸国では、企業を労使共同の用具と見なす「多元的用具観」あるいは会社制度観が根強い。日本の大企業の圧倒的多数の経営者に支持されてきたのも、この会社制度観あるいは多元的用具観であった 。この多元的用具観とは、会社をあらゆる利害関係者の手段と考える会社観である。この多元的用具観の考え方は、会社制度観とほぼ同一、実質的に同じ見方である。皆の手段であるということは、誰の手段でもないことを意味するためである。

会社制度観の立場から見た「よい経営」とは、健全な形での「会社の成長と存続」が実現する経営である。そこで経営者に求められるのは、成長と存続を可能とするため、継続して安定的にキャッシュを生み出す力を維持・強化していくことである。こうした力が高まることは、いずれの利害関係者にとっても

図表11-2　会社観の多様性

基本的な企業観		会社は誰のものか	会社の目的
会社用具説	株主用具観	株主のもの	利益の最大化：企業価値の最大化
	従業員用具観	従業員のもの	従業員所得の最大化
	経営者用具観	経営者のもの	企業成長：規模の最大化
			自由裁量利益の最大化
			経営者所得の最大化
	多元的用具説	労使共同のもの	共同利益の最大化：付加価値の生産の分配
		多様な利害関係者のもの	交渉による目的の形成
会社制度説		会社は公器：誰のものでもない	会社の存続と成長

出所：加護野・砂川・吉村（2010）、18頁。

価値あることである。株主のもの、従業員のもの、経営者のもの、労使共同のもの、のいずれの会社観に立脚しても、それぞれが考える「よい経営」が長期にわたって実現されるには、こうした力の最大化が必要である。

キャッシュをきちんと生み出していくためには、資本と労働の協働が必須である。資本の側だけ、労働の側だけ、一方だけでは価値は生み出せない。取引先といった利害関係者との関係も重要である。これらの互いの協力が不可欠である。株主の利益、特に長期的なそれを考えた場合には、株主用具観と会社制度観あるいは多元的用具観の間に対立は生まれない。株主のなかには、投資期間、株主である期間が短期であるものも多数、存在する。しかし個々の投資家の期間は短くとも、会社が存続をすれば、株式を保有する投資家は存在し続ける。個々の投資家は短期であっても、投資家の集合は長期に会社の株式を保有し続けることとなる。このように考えれば、長期的な視点で経営管理、企業経営を考えることが、ひいては投資家全体の利益につながると言える。

◉――会社観に関する代表的な調査（吉森，1993）

会社観の多様性に関して過去、海外の研究者を含めて多くの研究者が参照したのは、吉森（1993）の調査である。吉森（1993）は邦語文献であるが、海外の研究者は英語で発表された論文を参考にしている。

そこでは、各国企業の管理職・経営者を対象としてアンケート調査が実施され、標本数はそれぞれ、日本68、米国82、英国78、ドイツ110、フランス50となっている。

そこでは「質問１：貴国では大企業の経営は以下のいずれを前提として行われているとお考えですか。現実に近いと思われる項目一つに○を入れてください」との質問が行われ、「資本主義下においては企業の所有者は株主である。したがって株主の利益が最優先されるべきだ」と「会社はその利害関係者（従業員、株主、顧客、仕入れ先、代理店など）全体の長期的利益を増進するために存在する」との項目が提示されている。その結果は、日本と欧州大陸の国々と、いわゆる「アングロ-サクソン」の国々で対照的なものとなっている。日本の管理職などの2.9％だけが企業の所有者は株主と回答しているのに対して、米国は75.6％、英国は70.5％にのぼる。一方で後者の全利害関係者と回答したのは、日本が97.1％にのぼるのに対して米国は24.4％、英国は29.5％にとどまる。ドイツは82.7％と17.3％、フランスは78％と22％となっている。

また「質問２：貴国では経営者が配当を減らすか、従業員の一部を解雇するかのいずれかの選択を迫られたと仮定した場合、どちらが選択されると思いますか。適切と思うものを一つ選んで○を入れてください」との質問、そして「従業員の一部を解雇しても配当を維持する」、「配当を減らしても雇用を維持する」との項目に関しては、日本と米英が対照的な回答となっている。日本は配当維持と回答したのは2.9％、雇用維持が97.1％にのぼった。一方で米国は89.2％と10.8％、英国は89.3％と10.7％となっている。ドイツとフランスは、前者が６割程度となっている。

会社観の多様性が現実に存在していたことを示す結果となっているのである。

◉――再び､｢会社｣と｢社会｣

本章の第２節で、福澤諭吉が「会所（人の集まる場所）」と「社中（仲間）」を組み合わせて、“company” の訳語として「会社」なる言葉を作り上げたことを指摘した。ただし現在のように「会社」なる言葉が営利を目的とする集まりのみを意味していたわけではなく、最初は「社会」との同義であったことも指摘した。くわえて英語の “company” の語源をさかのぼれば、“com（一緒に）”、“pan（パン）”、“y（人々、仲間）” の合わさった言葉であり、「パンをみんなで分け合って食べる仲間」を意味していたことも述べた。

会社用具観のなかでも株主用具観が強いとされる代表は米国であるが、その株式会社の歴史をさかのぼれば、この「パンをみんなで分け合って食べる仲間」、そうした場と会社を見なしていた時期もあった。米国を代表する経営実務に関する雑誌が『ハーバード・ビジネス・レビュー』である。同誌が1961年に1,700人の経営者を対象にアンケート調査を実施している。その結果を見ると「企業経営者が、従業員や消費者の利益を考慮に入れず、株主の利益のみを考えて行動することは、非倫理的である」と経営者の83%が回答している(Gordon, 2007)。現時点において、各国・各地域での多様性が観察されるだけでなく、歴史的にも、その会社観の移り変わりを見て取れる。

5. おわりに

本章では、株式会社のガバナンスの制度と実態について見てきた。制度については共通性が存在する一方、実態については多様なものが存在していることを概観した。その多様性は、時代によっても変化を見せていることも指摘した。

昨今の規範的な議論においては、株式会社の制度においてはガバナンスの最終的な主権者は株主であるとして、株主用具観に立脚した議論が展開されることがしばしば、であった。しかしながら、その実態には多様性が観察され、また、本書の多くの章で指摘してきたとおり、営利を目的する会社、株式会社の社会における存在の大きさ、また、求められる役割の大きさ、多様性は、これまで以上のものとなっている。ガバナンスのあり方を議論する際には、こうした諸点への目配りが欠かせない。

(1) 以下より (https://www.keio.ac.jp/ja/about/history/encyclopedia/17.html) (最終閲覧日：2022年11月14日)。
(2) 古いフランス語で“compagnie”は社会や友好関係を意味しており、それが英語の“companion”、仲間、連れにつながるとされる(杉浦, 2012)。

学びを深めるために

設問 **1**：ドイツを代表として欧州には「共同決定」と呼ばれるガバナンスの仕組みがあります。それが生み出された背景、その長所・短所を調べてみてください。

設問 **2**：それ以後に比較して第二次世界大戦以前の日本では、株主用具観が一般的な会社観として存在していました。なぜそのような会社観が存在したのか、また戦後、それがなぜ変化を見せたのか、それぞれ理由を調べてみてください。

推 薦 図 書

朝岡大輔（2022）『企業のアーキテクチャー－コーポレートガバナンス改革のゆくえ』東京大学出版会.

江川雅子（2018）『現代コーポレートガバナンス－戦略・制度・市場』日本経済新聞出版社.

COLUMN

「会社」や「企業」と訳される英単語

一般的に「会社」や「企業」と訳される英語には、様々なものがある（三品，2011；杉浦，2012）。本章の第 2 節などで取り上げた“company”は、その代表であろう。

くわえて“corporation”もそのように訳されよう。これはボディー（体）を意味する“corp-”由来の言葉である。企業の法律的な面に注目した概念であり、日本語の「法人」を意味する言葉である。この動詞形が“incorporate”であり、日常的には「組み込む、包含する」といった意味で用いられるが、「法人化する」という意味もある。例えばApple Inc.のように企業名に付して「Inc.」とあるのは、この動詞の略である。経営実務の世界で、子会社が親会社のことを「本体」と呼ぶことがあるが、これはボディー（体）の比喩が残ったものと指摘されている。一方で“firm”は、「保障」を意味するラテン語に端を発するとされる。「農場」も同様である。少人数の間での契約関係を意味しており、そこには法人格のないことが多いとされる。

“business”は「忙しい」を語源とするものとされるが、それなりの規模での組織だった取り組みではなく、小規模な事業の取り組みを指すことが多いとされる。「スモールビジネス」なる言葉を近年、よく耳にする。限られた人々での事業の取り組みを指し、その意味において英語の語感に沿った言葉となっている。“enterprise”は逆で、大規模で複雑な企業を指す言葉とされ、その語源はフランス語の「企てる」との言葉にあるとされる。

第12章

NPO・NGOのガバナンス

望月　徹　*MOCHIZUKI Toru*

1. はじめに

われわれの日常生活の基本である衣食住に欠かせないモノの多くは、株式会社などを通じた企業の営利活動から生み出される。しかし子ども食堂や空き家バンクなど営利を目的としない財やサービスも数多く存在する。本書の冒頭に述べたとおり、「組織」とは、「何らかの目的に向かって複数の人間によって協働する状態あるいはシステム」であり、この組織のなかには、非営利・非政府のものも含まれる。本書の第2章でも少し触れたとおり、NPOと言われる組織形態はその代表である。そこで、本章では、まず、NPOの事例紹介から始める。取り上げるのは、総合スポーツNPO法人アスロンである（第2節）。事例を通じた学びからNPOとは何かを学ぶ（第3節）。そのうえで、NPOのガバナンス・ファイナンス・マネジメントの基本を概観する（第4節）。おわりに、「社会的使命の遂行」という性格から近しい関係にある「ソーシャルビジネス」についても学習する（第5節）。

2. 事例：総合スポーツNPO法人アスロン(1)

2-1　NPO法人アスロンの概要

アスロンは、2005年に設立された総合スポーツNPO法人である。阪神・淡路大震災後、被災地をスポーツ振興で応援することが設立のきっかけになっている。サッカー、陸上、野球、体操などスポーツ教室の指導サービスを中心に、月謝という形で対価を得てサービスを提供する。サービスの対象は、主に、幼児から小学校高学年までが中心である。なお、このサービスは、法人税法上の販売業、製造業その他政令で定める「34業種」には当たらない「スポーツ」や「健康」に関わる事業なので法人税の課税対象ではない。

アスロンは、このスポーツ教室による年間約２億円の事業で20数名のスタッフの人件費や事業費を賄っている。また、この事業収入をベースに運動療育に特化した福祉事業や放課後チャレンジなどの社会貢献事業も行っており、これらがアスロンの事業の基本構成になっている。新型コロナウイルス感染症の影響で、会員も従前の1,200人が800人規模に減少し、2020年度には、年間２億円の売上は２/３に落ちたが、その後、1,000人くらいの規模に回復しつつある。年間２億円の事業があればこそ、フタッフの雇用は維持される。また、それにより事業の継続性が担保されており、その仕組みがアスロンの現在のガバナンスを支えている。また、この事業収入に裏打ちされた人的基盤が公益事業（社会貢献事業）への展開も可能にしている。単なるボランティアベースの事業では事業の継続性の確保は難しい。活動が維持できる事業収入の確保が持続可能な組織運営には欠かせない。

一方、社会貢献事業は、ボランティアベースで行われるが、事業によっては、国や自治体から、補助金・助成金が出るものもある。年によって異なるが、アスロンの場合は、年間40～50万円前後である。社会貢献事業としては、文部科学省の委託による神戸大学や神戸市などへの「スポーツ指導者派遣」、貧困児童支援を目的とした「朝活ラジオ体操＆おむすびプロジェクト」、発達障害や知的障害を持つ子どもたちへの「なかよしイベント」、循環型社会構築のための六甲山の森づくりを行う「アスロンecoクラブ」などがある。

「Through Sports」というミッションステートメントが示すように、アスロンは、「スポーツを通じて社会に何ができるか」を考えそれを実現する組織である。このため、例えば、運動療育に特化した放課後等デイサービスの「デイサービスカケル」事業では、担当の8割を構成する福祉サービス重視の者の集団離脱という事件が起こったが、スポーツサービスを軸とする残りの2割の人員で事業そのものを立て直した。離反者淘汰後の複合的なタスク処理というマネジメント改革により、事業は従前より効率化し業務運営も健全性化した。これは、ミッションステートメントの理念にそって忠実にマネジメントを行った結果、得られた成果だと捉えられる。

2-2 「三間の欠如」を補い子どもの環境を整える

サービス対象が子どもであることから、アスロンは、「スポーツを通じて社会に対し何ができるか」というミッションの実現に子どもの生活環境の整備にも高い意識を持っている。背景には高度経済成長期以降の子どもを取り巻く環境の変化にある。時間、空間、仲間という3つの間の欠如、いわゆる「三間の欠如」による子どもの「あそびの空間」の喪失である。これは「ゆとりの空間」の喪失とも言い換え可能である。特に、近年は、公園でのボール遊びや大きな声を出すことが禁止されるなど、子どもにとって公園はより遊びづらい窮屈な場となっている。くわえて、様々なゲーム機の普及に伴い公園はその集合場所と化した。このため、公園は体を動かして遊ぶ場ではなくゲームを楽しむ場へと変質している。こうしたことが複合的に重なり子どもの体力不足は深刻化している。また、女性の社会進出拡大に伴い、留守家庭における子どもの「居場所づくり」も新たな課題になっている。

これらの問題が輻輳し、かつ、複雑に絡み合うなかで、現代においては「待機児童問題」や「子どもの貧困問題」、「子どもの体力低下問題」の3つの問題が顕在化し、その課題が改めてクローズアップされている。これは、行政（学校）と民間の狭間における空白地帯をどのように埋めるのかという、新たな

「サードプレイス」づくりの課題でもある。

そこで、アスロンではこの狭間を埋め、「三間の欠如」を補い、待機児童問題に対処しつつ、子どもの「居場所づくり」を進める取組みに着手した。これは、子どもの貧困や体力低下への対応でもあり、「スポーツを通じて社会に対し何ができるか」というミッションに対するアスロンの社会的使命の遂行である。

2-3　朝食版子ども食堂「朝活ラジオ体操＆おむすびプロジェクト」

こうした背景からアスロンが2016年からはじめたのが、朝食版子ども食堂とも呼ばれる「朝活ラジオ体操＆おむすびプロジェクト」である（**図表 12-1**）。これは、近隣の町内会や福祉団体などと連携し、朝のラジオ体操に遊びと学習の要素を加え、「おむすびづくり」を軸に「居場所」をつくり、間接的に貧困家庭を援助する試みである。

きっかけは、派遣事業で神戸市の小学校に赴いた際に、「虐待」を受けていると思われる児童・生徒を発見したことにある。そのなかには、洗濯されず体操服が汚れたままの子どもや感情表現しない子どももいた。背景にはシングルマザーの増加があり、育児と父親の二面的な役割を負わされたシングルマザーが、ストレスの吐口を子どもに向け家庭内で暴力を振るう実態があった。こういう家庭では、貧困に虐待が重なり子どもは朝ごはんが食べられない。奨学金の返済や親の介護の問題なども合わさり、母親の負担が荷重になるなかで問題はさらに深刻化している。学校も児童相談所に相談するしか術がない。家庭内虐待は解決し得ない問題として潜在化し、特に都会ほど多い実態が明らかになっている。その一端をアスロンは、「Through Sports」の活動を通し発見した。特に、夏休みは給食がないので、こうした環境にある子どもは、常に空腹状態にあり痩せる。そこには、子どもの貧困率13.5％（2018年数値：厚生労働省, 2020）という現実があった。

こうしたことを踏まえ、アスロンは、貧困児童支援の一環として2016年から朝のラジオ体操を兼ねたおむすびプロジェクトを始めた。4～5万円かかる朝食の米や具材の費用は代表がポケットマネーで工面し実施した。内容は、朝の

図表12-1　朝活体操

出所：筆者撮影（2021年8月16日）。

ラジオ体操を軸としたおむすびであり、食事、体操、学習、清掃、交流をその主なメニューとした。子どものプライドを傷つけないようにするため、「朝活おはよう体操」という形で参加する子どもたちを募った。参加する子どもには、貧困家庭の子どももいればそうでない子もいる。貧困家庭の子どものなかには、母親がうつを患いネグレクトを受けている子どももいる。

貧困家庭の救済を視野に入れ、社会福祉協議会とも連携して始めたこの運動は、地域で徐々に広がり、子どもだけでなく近隣の高齢者も巻き込んで、遊びの交流に加え勉強の支援も始まった。なかには、家で待つ母親用のおむすびを握り持ち帰る子どもも現れた。この新たな子どもの居場所づくりの試みは、子どもを取り巻く複合的な課題を解決する手法として注目され、2017年度からは神戸市が補助事業として採択し、2021年度からはキリン福祉財団と社会福祉協議会の支援で尼崎市でも新たに取り組みが始まった。計算方法によって大きなバラツキがあるが、貧困者を１人減らせば7,000万円から１億円の便益が発生すると言われており（中本，2015）、この取組の社会的なインパクトは小さくない。2022年度もコロナウイルス感染症で制約を受けながらも、この「朝活おはよう体操」は着実に実施されており、少しずつだが拡大を見せている。

2-4 小括

このようなアスロンの取組みのケーススタディから見えてくるものは何だろうか。まず、NPOの特定非営利活動を支えるガバナンスである。そして、その活動を支える財源であり、ファイナンスである。例えば、代表のポケットマネーで始まった「朝活お早う体操」は、自治体の補助金や財団の寄附を得ることで運動は広がりを見せている。

また、活動を促すマネジメントである。先に見たように、ケーススタディでは、デイサービス事業が、取組方針の違いから大量の離脱者を出して以降、スポーツサービスを軸に残りの2割で事業を立て直したことに伴い、逆に、複合的なタスク処理のマネジメント改革で事業の効率化と業務運営の健全性化を達成している。

3. NPOとは何か

3-1 NPOの背景

ここで改めてNPOとは何かを振り返っておく。NPOとは、Non-profit Organization、「非営利」で、社会的な「ミッション」＝公益を実現する民間活動組織である。そのミッションは、第1に、そのミッションが非営利組織自体の持つ強みに適合し、成果を産み出し得るものであること、第2に、そのミッションが外部のニーズをくみ取ったもので、事業を進めるうえでの機会となり、かつ、事業を新たな次元（高み）に導くものであること、第3に非営利組織のメンバーが、信念を持ってあたれるものであること、である（Drucker, 1990）。「非営利」の性格から事業で得た収益に関しては、構成員で分配することはできない。この非営利、公益、民間の3要素が、NPOの特徴を成す。アメリカを中心に発達したNPOだが、日本では、1998年に特定非営利活動推進法（以下、NPO法）が策定され、同法において、ミッション遂行に必要なヒト、モノ、カネからなる組織の機能と構造が定められた。

NPOの成立の背景には、「市場の失敗」、「政府の失敗」、「契約の失敗」がある。NPOが対象とする事業は、資本主義の利潤追求の観点からは十分な需要が見込めず、市場が対象としないものであることが多い。また、その課題そのものが少数の限られた人や場所に生起する性格から政府（行政）もカバーしない。萌芽的な課題も同様である。NPOは、この市場からも行政からも置き去りにされ、あるいは取り残された分野をカバーし、「市場の失敗」や「政府の失敗」から社会が機能不全に陥ることを避ける役割を果たす。

例えば、専門知識が豊富な医者に対し、基礎知識に欠ける患者には、処方や投薬について適切なものか判断ができないため、医師の診断に従わざるを得ない。無知につけ込む利得を得るための機会主義的な行為が行われる恐れもある。このような例は、通例、情報の「非対称性」からくる「契約の失敗」と呼ばれている。NPOは、このような「契約の失敗」をカバーする機能も担う。

3-2 NPOの沿革

NPOの起源を辿ると、16世紀末から17世紀初めにイングランドにおけるチャリティ（慈善）に求められると言われ、その淵源は、宗教的動機に基づく慈善に行き着くとされている（雨宮，2021，189頁）。日本では、1898（明治31）年に施行された民法の公益法人の条文に非営利組織が規定されている（第34条）。社会的使命（ミッション）を遂行する性格から「ソーシャルビジネス」に類似する部分がある（第４節参照）。

しかし、日本において非営利組織の法整備が急速に進み制度としての骨格が整ったのは、ごく最近のことである。それは、1995年の阪神淡路大震災後、震災の混乱期を救ったボランティア活動を支援することが契機となっている。それらの活動をより円滑に進めるための支援として、NPO法は1998年10月に制定され同年12月から施行された。

図表12-2　営利・非営利組織の分類

政府性 営利性	政　府 (gvernmental)	非政府 (non-gvernmental)
営利 (profit)	公企業	企　業
非営利 (non-profit)	行政府	非営利組織

出所：島田（2005）、30頁。

3-3　NGOとの違い

営利を目的としない民間組織には、NGO（Non-governmental Organization）と呼ばれるものもある。NGOは、国際連合の諸機関が、政府以外の機関と協議・調整する場合に、その相手組織を示す呼称である。それらは、難民問題、地球環境問題、途上国の開発問題などを扱う国際的な非政府機関である。NGOは、その組織の「非政府性」が強調されているが、「非営利性」で「非政府」である点から、**図表12-2**のように共に「非営利組織」の同一象限に分類される。「NGOとNPOの間には本質的な違いはなく、両者が厳密に使い分けられているわけでもない」（雨宮，2020，6頁）。

3-4　非営利組織の範囲

非営利、公益、民間の3要素を満たす非営利組織には、ボランティア団体、市民活動団体、町内会・自治会や社団法人・財団法人、特定非営利活動法人などがある。社団法人・財団法人は2008年施行の一般社団法人・財団法人認定法が、特定非営利活動法人は、1998年施行のNPO法が根拠法令になる。また、特別法に基づいて認可される社会福祉法人、医療法人、学校法人、宗教法人、更生保護法人などもある。このほか消費生活共同組合法に基づく消費生活協同組合もある。それぞれの根拠法令に基づき「認可」、「認証」等を受け、法令の根拠によって事業内容に応じ優遇措置を受ける。なお、組合員間で配当を出すこともある消費生活協同組合が純粋に非営利組織と言えるかどうかについては議論がある（コラム参照）。

NPO法の整備以来、社会的な使命を果たしながら、融資や物件の取得などに不安を抱えていた団体に法人格が与えられ、公益的な活動が安定的にかつ安心して行われるようになった。これにより、NPOには、福祉、教育・文化、まちづくり、環境、国際協力など様々な分野の多様化したニーズに応えることが期待され拡大し、2022年６月末では、50,666の団体が「認証法人」、1,246の団体が「特例認定法人」として認定されている。

4. NPOのガバナンス・ファイナンス・マネジメント

4-1　NPOのガバナンス

特定非営利活動法人のNPOは、NPO法で定められた以下の20種類の分野に該当する「特定非営利活動」を行い、不特定かつ多数のものの利益に寄与することを目的とし、そのミッションを遂行する。分野別には、「保健・医療福祉分野」が最も多く、次いで、「子供の健全育成」、「学術、文化、芸術又はスポーツの振興」の順となっている（**図表 12-3**）。

このミッションの遂行を促すNPOの組織には、２つの形態がある。まず、第１の社団型は、社員総会、理事会、事務局から構成され、幹事が監査を行う。第２の財団型は、理事会と事務局で構成され、評議員会と監事が監査を行う。いずれも理事会（理事だけ置く場合もあり、その場合は「理事」）が最高管理機関である。理事会（理事）は、意思決定と執行の責任を負う。組織の受託者である理事会は、株式会社の受託経営者である取締役会と同様、受託機関としての機能を有している。日常業務に精通し責任を持つ事務局長は、実質的な経営者の機能を果たす。

図表12-3　NPOの活動分野

1.保健、医療又は福祉の増進を図る活動 / 2.社会教育の推進を図る活動 / 3. まちづくりの推進を図る活動 / 4. 観光の振興を図る活動/ 5. 農山漁村又は中山間地域の振興を図る活動 /6. 学術、文化、芸術又はスポーツの振興を図る活動 /7. 環境の保全を図る活動 / 8. 災害救援活動 / 9. 地域安全活動 / 10. 人権の擁護又は平和の推進を図る活動 / 11. 国際協力の活動 / 12. 男女共同参画社会の形成の促進を図る活動 / 13. 子どもの健全育成を図る活動 / 14. 情報化社会の発展を図る活動 / 15. 科学技術の振興を図る活動 / 16. 経済活動の活性化を図る活動 / 17. 職業能力の開発又は雇用機会の拡充を支援する活動 / 18. 消費者の保護を図る活動 / 19. 前各号に掲げる活動を行う団体の運営又は活動に関する連絡、助言又は援助の活動 /20. 前各号に掲げる活動に準ずる活動として都道府県又は指定都市の条例で定める活動

出所：NPO法 第2条別表。

非営利であっても、理事長らの専横、内部の対立、放漫経営などが生起する可能性があり、対外的な信用力を保持し安定経営を持続させるガバナンスが重要になる。また、社会的使命遂行に共鳴したボランティアが支え手になることが多いことも、持続・安定的なガバナンスを確保する上での不安要素となる。

なお、代表者を年齢別に見ると、認証法人では、67.2%が、認定・特例認定法人では、62.8%が、60歳台以上と高齢な者の割合が高い。

ここに言う「認定・特例認定法人」は、認定NPO法人と略称され、NPO法人のうちその運営組織および事業活動が適正であって公益の増進に資するものにつき一定の基準（パブリックサポートテスト）に適合したNPO法人であり、寄付者の税制上のメリット等が受けられるものである。

4-2　NPOのファイナンス

NPOのファイナンスは、2つの側面から捉えられる。まず、第1は、会員の会費や自主事業による資金調達であり、第2点目は、寄付や受託事業（補助金、助成金）による資金調達である。まず、第1に、それぞれのNPOにはそのミッションに共鳴した会員がおり、その会費収入が基本としてある。また、それぞれの事業で提供するサービスへの対価もある。自主事業のよる資金調達で

図表12-4　NPOの主たる収入源

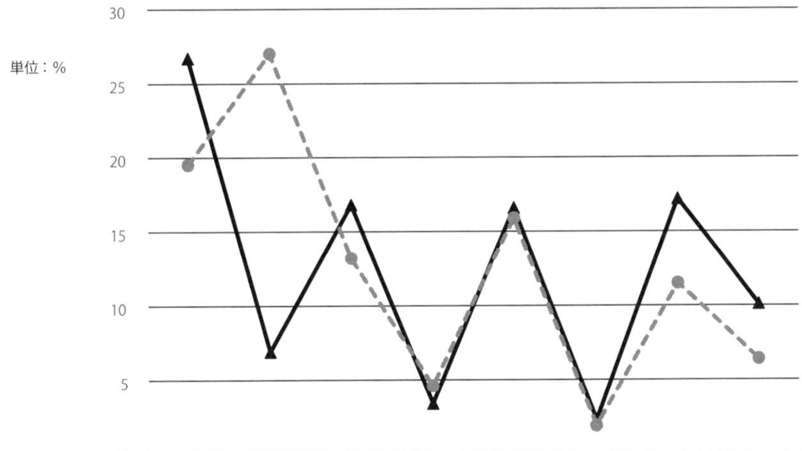

	会員会費	寄附金	助成・補助（行政）	助成・補助（民間）	行政からの受託	民間からの受託	事業収入	その他
認証法人	26.7	6.9	16.8	3.4	16.6	2.3	17.2	10.1
認定・特例認定法人	19.5	27.0	13.2	4.6	15.9	1.9	11.5	6.4

出所：内閣府「令和２年度　特定非営利法人に関する実態調査報告書」をもとに筆者作成。

ある。アスロンの例で言えば、スポーツ指導料であり、子どもたちから月謝という形で徴収される。

第２に寄附、受託事業（補助金、助成金）である。寄附は各々のNPOのミッションの実現を支援する篤志家や団体から寄せられる寄附で活動資金が賄われている。受託事業（補助金、助成金）は、例えば、アスロンの場合で言えば、各自治体の小中学校での出張指導に対し委託料が自治体から支払われている。なお、寄附については、内閣府による実態調査結果にあるように、認定・特例認定法人では、活用状況の報告を作成し（57.1%）、SNSなどで情報発信するほか（40.7%）、イベント（48.2%）や広告掲載（42.5%）で積極的に寄附の呼びかけを行っている。一方、認証法人は、これとは対照的に、ほとんどが特に取り組んでいることはないと答えている（67.1%）。このほか、例えば、子ども食堂の食材のように、現物が出資されるケースもある。

内閣府の「平成16年度　市民活動団体基本調査報告書」によれば、2004年の

NPOの財源構成は、会費・寄附が40.0%、受託事業（補助金、助成金）が34.6%、事業収入22.8%、その他2.6%と7割以上が会費・寄附・補助等で賄われていたが、内閣府の「令和2年度　特定非営利法人に関する実態調査報告書」によれば、認証NPO法人の場合、会費・寄附が33.6%、受託事業（補助金、助成金）が39.1%、事業収入が17.2%、その他が10.1%と、構成比は微かに変わった。しかし、依然として、寄附や補助金等依存体質となっている(2)。

なお、**図表12-4**のように、認証NPO法人では、会費収入（26.7%）が最も多いのに対し、認定NPO法人では、寄附金（27.0%）が最も多くなっている。

4-3　NPOのマネジメント

NPOのマネジメントの経営の目的はミッションの遂行にあるが、その前提にビジョンがある。そして、その社会的な使命の実現を図る指標として「社会的インパクト」がある。

ビジョンの実現のためにミッションがある。冒頭にドラッカーで確認したように、ミッションは、外部ニーズを踏まえたもので、自らの強みに適合し成果を生み出し、かつ構成員の動機付けを促すものである。

島田（2005）によれば、このミッションの遂行は、MOSTECフローとして表される。

MOSTECフローは、Mission（使命）、Objective（目標）、Strategy（戦略）、Tactics（戦術）、Execution（遂行）、Control（評価）で構成される。意思決定機関である理事会が、Mission（使命）を確立し、Objective（目標）を設定し、Strategy（戦略）を決定する。一方、事務執行機関たる事務局は、理事会で定められたObjective（目標）、Strategy（戦略）に沿って、Tactics（戦術）を選択し、Execution（遂行）に当たり、事務を執行する。理事会、事務局双方が、Control（評価）を受け、評価と統制が行われる。通常、執行責任者は理事を兼務し、意思決定と執行の機能が連結されるようになっている。事業収入が主たる財源構成を占めるなか、アスロンの例でも明らかなように、NPOにおいてもマネジメントは重要な要素になる。

5. ソーシャルビジネスとの関わり

NPOの活動はその社会的使命の遂行という性格からソーシャルビジネスと近しい関係にある。例えば、経営学者の谷本寛治は、市場性を縦軸に、事業が社会的課題に関わる程度を横軸にとりソーシャルビジネスを担う主体の分類を試みており、これが1つの参考になる。この分類によれば、社会的志向型企業と事業型NPOは重なり合いながら、市場性の高低で上下に分かれている。利潤分配を前提とする私企業と分配を前提にしないNPOとの差がここに現れているが、事業遂行の目的については近似している。例えば、田口（2021）では、その著書のタイトルにもあるように、『9割の社会問題はビジネスで解決できる』とし、経営する「株式会社ボーダレス・ジャパン」が、「社会問題の解決」を生業にしていることを明言する。また、ボーダレス・ジャパンの目的と使命は、会社の利益の最大化ではなく、設定する「ソーシャルインパクト」の実現にあるので、NPOにおけるミッション遂行と実施する中身はほとんど変わらなくなる。なお、谷本の分類は、経済産業省が2008年4月に行った「ソーシャルビジネス研究会報告書」でも使用されている（**図表 12-5**）。

また、駒崎（2016）では、ソーシャルビジネスのマネタイズ（マネタイズ・マトリックス）を、対価モデル（純対価［B2B、B2C］、純市場利用型）、対価寄附混合モデル、受益者労働モデル、寄附モデル、行政事業受託モデルの5つに類型化を試みているが、その組織形態は、株式会社、NPO、NGOが混在したものになっている。田口一成と同様、駒崎弘樹も、社会課題の解決が共通のミッションになっており、資金調達の手法の違いが組織形態の違いを表すものになっている。

もともとNPOが登場する背景には、市場の失敗、政府の失敗、契約の失敗が前提にあり、それらの失敗を補うため、あるいは回避するためにNPOは存在した。その対比で言えば、ボーダレス・ジャパンのように、その使命を設定する「ソーシャルインパクト」の実現に求め、社長と一般社員の報酬を7倍以内にするキャップ（田口，2021，95頁）を課し社会的使命の実現を前面に掲げるケースでは、市場の失敗や政府の失敗を補い、あるいは回避する性格が色濃

図表12-5　社会的企業の構成

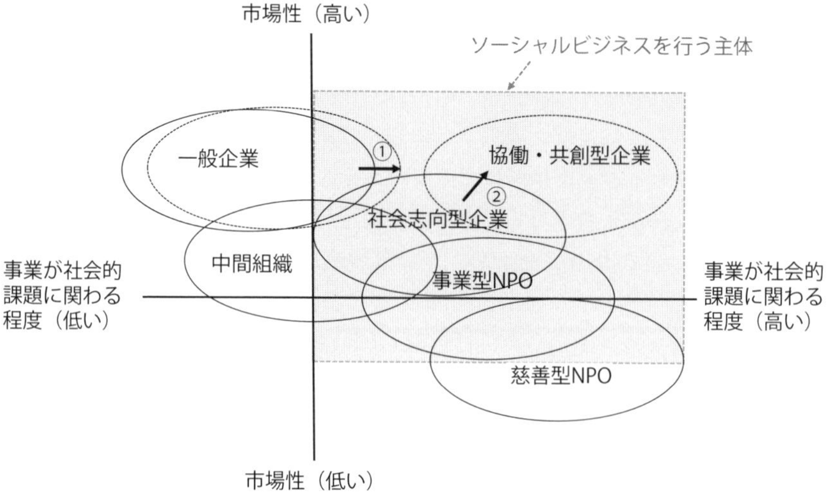

出所：谷本（編）（2006）をもとに筆者加筆修正のうえ作成。

く現れてくる。

したがって、今後は、単純に組織の形態で分類・比較するのではなく、「ソーシャルインパクト」の実現の度合いで比較する方が、「社会的な使命の遂行」にかかる比較分析としては優れていると言える。また、田口は、社会課題解決のプラットフォーマーを目指しており、営利・非営利の形態にかかわらず、「ソーシャルインパクト」を実現するプラットフォーマーが育つことは社会にとって有益である。例えば、田口が指摘するように10億円の出口を持った担い手が１年に100社興り、それが10年で1,000社になれば１兆円の社会課題が解決できることになる。仮に、将来、500のプラットフォーマーが育てば、500兆円と国家のGDP相当額の社会課題が解決されることになる。このようにソーシャルインパクトの実現に向けては、解決主体を自立再生産する仕組みづくりも重要になる。

6. おわりに

利潤を分配しない非営利組織とは言え、NPO法人にも効率的かつ効果的な経営が求められ事業目的を達成するには適切なマネタイズが必要不可欠になる。また、利益の分配・非分配の差は、ミッション遂行に関係しない。こうしたなかで「ソーシャルビジネス」においては、事業目的に沿って最適な組織形態が選択されている。そこでは、「ソーシャルインパクト」の実現こそが重要な論点となる。

（1）アスロンの事例については、同法人HPにある情報と筆者自身による同法人の井原一久理事長に対するインタビュー調査から得た情報に負うところが大きい（https://athlon.jp/）（最終閲覧日：2022年11日13日）。

（2）それぞれ内閣府NPOのHPより（https://www.npo-homepage.go.jp/toukei/2009izen-chousa/shiminkatsudou-houkoku）（https://www.npo-homepage.go.jp/toukei/npojittai-chousa/2020npojittai-chousa）（最終閲覧日：2022年11月13日）。

学びを深めるために

設問 **1**： 生活共同組合コープこうべのミッションステートメントやマネタイズの手法を調べ、NPO法に基づくNPO法人との活動の違いを考察してみよう。

設問 **2**： 企業のCSRの取り組みとNPO法人の事業との差がどこにあるのか考えてみよう。

推薦図書

田口一也（2021）．『9割の社会問題はビジネスで解決できる』PHP研究所.

松野奈都子（2021）．『NPOと企業のパートナーシップの形成と実行－センスメーキングからの分析』中央経済社.

COLUMN

賀川豊彦と平生釟三郎

1921年（大正10年）、神戸購買組合（現在の神戸市中央区八幡通り）に続き、現在の神戸市東灘の住吉村には灘購買組合が設立された。171万人の会員からなり、100年にわたり生活者を支援し続ける現在の「生活協同組合コープこうべ」の前身である。そして、神戸購買組合を創設したのが賀川豊彦であり、灘購買組合の創立を後押ししたのが平生釟三郎である。

1914年（大正３年）にプリンストン大学に留学した賀川豊彦は、貧しい労働者が団結して生活を支える仕組みに感銘を受け、帰国後、労働運動や農民運動に身を投じ、弱者を団結させ生活を改善する取り組みを行った。神戸購買組合は、この一環で設立され、店舗では生産者から直接購入した米、醤油、味噌、酢、砂糖、木炭、足袋、ワイシャツ、脱脂綿、作業着、信玄袋などを販売した。また、組合員宅を１軒１軒回り注文を聞いて配達する「御用聞き」も始め、生活者の生活全般を支援した（山口，2020）。

一方、平生釟三郎は、学校法人甲南学園の創設者であり、広田弘毅内閣では文部大臣も務めた。また、各務鎌吉《けんきち》と東京海上ホールディングス（旧東京海上火災保険株式会社）を興した企業家でもある。1897年にロンドンに転じ、支店の経営改革に辣腕を振るった平生は、ロッチデール（マンチェスター市郊外）の生活協同組合運動に知悉していた（小川・上村，1999）。28人の労働者の出資による組合は、小麦粉、バター、ろうそく、砂糖を販売した。この生活協同組合の仕組みは、産業革命後の粗悪品や量目不足品が横行するロッチデールの住民たちの生活不安を解消した。

「生活者の生活支援」という「社会的インパクトファクター」を満たすのが、「生活協同組合コープこうべ」のビジョン・ミッションであり、その運動の根源には、特定非営利活動の精神が凝縮されている。しかし、生活協同組合は組合員に配当を出す場合があり、非営利性について解釈が分かれる。このため、最広義の非営利組織として一線を画し整理している者もいる（島田，2005）。

第13章

関係性のなかで経営を考える

――レスポンシブルな企業のあり方――

山縣正幸　*YAMAGATA Masayuki*

1. はじめに

本章では、多様な活動主体（アクター）のなかで、いかにして経営という行為を展開していくのかについて考える。企業をはじめとする組織体が多様な活動主体との関わりのなかで、自らも存在できていることは、容易に想像できる。しかし経営学において、この点が積極的に採り上げられてきたとはいいがたい。組織間関係論やステイクホルダー・マネジメント論は、多様な活動主体との関係性のなかでの経営を考えるうえで、極めて重要な知見を提供してくれる。しかし、それらも多くは何らかの企業を中心において考察している。経営学が、企業あるいは何らかの協働体系ないし組織体を中心において思考するというのは、それが研究対象である以上、当然である。

ただ、企業あるいは何らかの協働体系ないし組織体に関わる様々な活動主体は、企業などの手段として存在しているわけではない。それぞれに自律的な存在である。自律的であるというのは、誰か他者が別のアクターを完全にはコントロールできないことを意味している。つまり、ビジネス現象はある特定の企業だけの意思によって動くのではなく、様々なアクターのそれぞれの自律的な活動の結果として生じる。本章では、これを説明しうる枠組みとして、サービス・ドミナント・ロジック（S-Dロジック：Service-Dominant Logic）に注目する。これは、ビジネスに参加するそれぞれのアクターの自律性に力点を置くところに特徴を持つ考え方である。

実践においても、注目すべき事例が見られる。本章ではそのなかの１つとして、アパレル企業のALL YOURS（株式会社オールユアーズ；以下、オールユアーズ）を取り上げる。流行に押し流されやすい、あるいは流行をつくらなければならないという強迫観念に近い風土を持つアパレル業界にあって、オールユアーズは関わる様々なアクターとの間にフラットな関係性を構築する試みを数多く展開している。

以下においては、まずオールユアーズの姿勢や考え方、試みについて述べ（第２節）、それを基礎付けうる枠組みとしてS-Dロジックを紹介する（第３節）。さらに、アクターの自律性を尊重した経営の可能性について考察する（第４節）。

2. 事例：ALL YOURS

本章で取り上げるのは、いわゆるD2C（Direct to Consumer）と呼ばれるアパレルブランド、オールユアーズである。「いわゆる」と付けたのは、オールユアーズという企業自身が、自分たちをそういった表現で区分されることを好まないからである。むしろ、自分たちが提案する服を購入し、着用してくれる人を消費者（Consumer）と呼ぶことにも積極的ではない。この点でも、多くの企業のなかでも異質であることが窺い知られる。このオールユアーズの実践から、将来ありうる経営のありようについて考えよう。

2-1 問われてこなかった慣行を問う：ALL YOURSの基盤としてのSwitch Standard

ALL YOURS（株式会社オールユアーズ）は、2015年に木村昌史と原康人を共同創業者として設立された(1)。ややもすると、流行を“創出”し、消費を無理にでも生み出そうとする傾向が強いアパレル業界において、着る人の生活を支えるという点を軸に置いた事業を展開している。

以下、木村（2020）に即して、オールユアーズの基本的なスタンスについて

図表13-1	オールユアーズの価値観

◉Un-Stressを目指して、気持ちよく着られる服を作ります。
・部屋着以上の着心地を、普通の服で作ります。
・全ての製品がご家庭で丸洗いできます。

◉Un-Trendを目指して、長い期間着られる服を作ります。
・消耗劣化の少ない機能のみを採用します。
・壊れにくく作り、壊れても直せます。

◉Un-Borderを目指して、関わる人が幸せになれる服を作ります。
・体型や性別に関わりなく着られる状態を作ります。
・取引先や社会に対して、正しい作り方をします。

出所：株式会社オールユアーズHP「オールユアーズの価値観」。

みてみよう(2)。もともと、木村昌史と原康人が共同で創業したとき、アパレル業界において一般化している毎年流行を生み出して、それを消費する構造への違和感を共有していた。同時に、二人はそれぞれが10代の頃に触れた古着がきっかけで服を好きになったという点でも共通していた。なかでも、製品開発において“ユーザーありき”でつくられた1950年代から70年代の商品に惹かれるところがあったという（木村，2020，56頁）。ここから、フラットな関係性で関わり合えるようなブランドを構築したいという考え方をベースに、「使う人から製品開発を始める」、「つねにユーザー目線で気持ちが良いものを」という基本姿勢が浮かび上がった。オールユアーズという名称も、この考え方やスタンスから生まれている(3)。

例えば、商品サイズが13にも分かれていること、服の形としてのデザインに関して性差を設けていないこと、店舗（オールユアーズの商品を取り扱っている提携店）にきた人はそこで購入・決済をするのではなく、公式のECサイトに自らアクセスして決済を行い、後日に商品が送り届けられるため、自身で購入・決済を決断できることなど、あくまでもオールユアーズの商品を身につけようとする人を軸に事業が構築されている。その根底には、**図表13-1**に掲げた価値観がある(4)。

この価値観で示されている姿勢は、短期的なサイクルで回るアパレル業界に

図表13-2	オールユアーズが考えるレスポンシブル

1. 生活者が本当に必要とするものだけをつくる、無駄なものをつくらない
2. できるだけ、長く使われる製品をつくる
3. 「買ったはいいけど、着ない」が起きないようにする
4. 製品以外でも長く使われるサポートをする
5. 製品がその寿命を全うできるようにする
6. 役割を終えた製品を捨てることなく、次の可能性に繋げる

出所：なかごみ（中込勇斗）「僕たちが本当にやりたかったのはサステナブルではなく、レスポンシブルだった」2021年9月10日付note投稿。

おいて非効率とも言える。しかし、その姿勢に立脚するからこそ、2020年に発生したCOVID-19（いわゆる新型コロナウイルス感染症）の流行以来、SWITCH STANDARDというテーマでそれまで常識とされてきた生活、あるいはアパレルビジネスのあり方を問い直す試みを展開しているわけである。なかでも注目されるのが、2021年9月から始まった「環す（まわす）」というプロジェクトである。

2-2　循環型社会を志向するSwitch Standard：「環す」の試み

アパレル業界において、処分された服をどうするかという問題は極めて深刻である（水野大二郎・Synflux［編］, 2022）。リサイクルを名目として回収された古着が発展途上国に運ばれて、山積みになっているという現実もある。このような現実に対して、原康人の「作ったものに責任を持つ」という姿勢、さらに木村昌史の（サステナブルという以上に）「レスポンシブル」という言葉による認識に立脚して、「環す」というプロジェクトが動き出した。当時、オールユアーズの執行役員であった中込勇斗はブログサイトのnote（2021年9月10日付）(5)において、オールユアーズが考えるレスポンシブルなあり方を以下のように述べている（**図表13-2**）。

このうち、1に関しては「生活者中心の製品開発、適量生産」、2に関しては「ストレスのない着心地、堅牢な素材、壊れにくい仕様、普遍性の高い見た目」、3に関しては「チャットでの事前相談、14日以内の返品交換無料」、4に

図表13-3　オールユアーズ「環す」

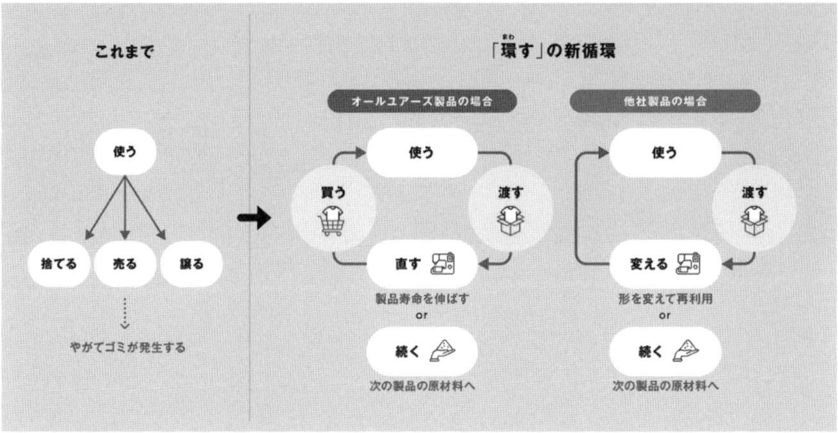

出所：株式会社オールユアーズ提供。

関しては「洗濯などお手入れ方法の発信、壊れてしまったときのためのリペア、体型変化などに対応するカスタム」といった施策が2021年９月以前からすでに実施されていた。しかし、５と６に関しては、まだ具体的な施策が十分には整えられていなかった。そこで始動したのが「環す（まわす）」プロジェクトである。

これまで、着なくなった衣服は「売る」、「譲る」、「捨てる」という選択肢しかなかった。オールユアーズでは、それまでにもリペアやカスタムの提供によって「一人の使い手」の範囲でものを長持ちさせることに取り組んできた。それを「複数の使い手」をまたいで、モノを長持ちさせようとするのが、「環す」というプロジェクトのねらいである（**図表13-3**）。

その際、オールユアーズの製品のみならず、他社製品であっても回収対象となる（アンダーウェアや乳幼児用の衣服など、回収対象から外れるものもある）。オールユアーズの自社製品の場合はリペアなどを通じて、サルベージ品として再販売し、他社製品の場合は形を変えるなどして、再販売可能な姿に加工し、あらためて販売するといった試みを展開している。特に後者に関しては、2022年７月１日から同年９月30日までJR東日本の中央線および南武線の駅改札で、

図表13- 4　ROLE YOURSの出店の様子

出所：株式会社オールユアーズ提供。

一般市民が着なくなった洋服を回収し、そのなかで洗浄や修繕や加工（抗菌・防臭など）を加えることで再度着用可能なものを販売するという「ROLE YOURS」という取り組みを開始した（図表13-4）[(6)]。

このほかにも、どうしても再生が不可能な衣服に関しては、磁力を利用した有機物分解処理によって布などの有機物はセラミック粉末に、無機物はそのまま残るため、融解などによって再び金属として再生利用するという物質循環の試みも始めている。

これらの一連の「環す」の試みは、自然環境への負荷を減らすということのみならず、作り手としての責任、さらにその考え方に共鳴する使い手との協働を通じた価値の循環を実現しようとするものと見ることができる。これは、オールユアーズの出発点から一貫している。着る人の生活に寄り添う形で事業を展開するという姿勢が、オールユアーズという事業にかかわるアクターすべてに寄り添う、あるいは応答しようとする（responsible）という姿勢に拡張されているわけである。

このような姿勢を貫くのは容易ではない。その手がかりになる言葉がある。それが“共犯者”である。これは他のアクターとオールユアーズとの関係性を見るうえで、極めて重要である。

2-3　共犯者という概念：アクターとの関係性

オールユアーズは、その考え方に共鳴し、そこに参加する（購入・着用する）

アクターを“共犯者”と呼んでいる。これは実践上の概念であり、学術的な厳密さを要求される概念ではないので、その境界はグラデーショナルである[7]。この概念について、木村（2020, 85頁）は情報学研究者のドミニク・チェンとの対話において、“消費者”という言葉への違和感から「SNSでの発信を積極的にしてもらえるコアなお客さん」を“共犯者”と呼ぶと説明している。

ここで注目したいのは、“お客さん”ということにとどまらず、生産者⇆消費者という二項対立的な図式を乗り越えたいという意識である。もちろん、オールユアーズが価値提案としての製品、具体的には衣服を顧客に提供するという現象は、他の企業と大きく変わるところはない。ただ、木村（2020, 44頁）が「オールユアーズ自体に価値があるわけじゃなく、誰かと関係することで価値が生まれる」と述べていることからも窺われるように、オールユアーズは一方向的ではなく双方向的な関係性を構築することに重点を置いている。この考え方は、現在もオールユアーズの根幹をなしている。双方向的な関係性を志向するとき、それぞれのアクターの存在それ自体をまず重視する、言い換えればそれぞれのアクターの自律性から出発することになる。これを、創業メンバーの一人であり、現在の共同代表取締役である高橋裕輔は「使い方を（着る人が）自分たちで勝手に編み出せる」と表現する（2022年11月11日に実施したインタビューでの発言）。つまり、オールユアーズの製品を通じて、それぞれが重視する価値観や姿勢、さらには生活のありようを具現化できるというところに重点が置かれている。共犯者という概念は、それぞれが自律的であることを可能にする、その結節点としてオールユアーズの製品があるという、オールユアーズの基本姿勢をあらわしているわけである。

それぞれのアクターは何かを生み出し、使いもする、多面的な存在である。このアクターの多面性を前提とした経営実践をどう捉えるのか、オールユアーズによる共犯者という概念はこの点への留意を促していると言える。

3. 理論枠組みとしてのサービス・ドミナント・ロジック

前節で紹介したオールユアーズの実践事例は、それぞれのアクターの自律性を前提とした関係性の構築に立脚した価値の循環を可能にしようとしている試みとして位置付けることができる。オールユアーズの実践においては、顧客の生活あるいは生のプロセスを支える、踏み込んで言えば「ケアする」という姿勢で企画や生産、販売、さらには修理や廃棄といった価値創造の全体プロセスの構築が目指されている。こういった経営実践を説明する理論枠組みは、これまでほとんど提唱されてこなかった。しかし、ないわけではない。こういった経営実践を説明しうる枠組みとして、サービス・ドミナント・ロジック（以下、S-Dロジック：Service dominant-Logic）について見てみよう。

3-1 S-Dロジックの基本思考

S-Dロジックは、2004年にヴァーゴとラッシュ（Vargo, R. F. / Lush, S. L.）によって提唱された。もともとはサービス・マーケティングの領域と認識されていたが、今やエコシステム的な価値創造現象（後述するが、S-Dロジックにおいては価値共創Value co-creationという表現を用いる）を明らかにする思考枠組みとして位置付けられるに至っている。

サービス・ドミナント・ロジックと聞くと、有形商品としての製品に対する無形商品としてのサービスをイメージするかもしれない。しかし、ここでのサービスという概念は、より広い意味を持つ。ラッシュ/ヴァーゴ（2014；井上監訳, 2016, 14頁）は、サービスを「他者あるいは自身のベネフィットのためにコンピタンス（ナレッジとスキル）を適用すること」と定義している。噛み砕いて言えば、「他者あるいは自らが何らかの便益を得るために、知識や技能を活用して、有形あるいは無形、その組み合わせとしての提案から何らかの効用を発揮させること」である。つまり、有形商品としての製品（goods）や無形商品としてのサービシィーズ（services）も、さらには交換のための媒体である貨幣もまた誰かにサービスをもたらすための装置なのである。このように考えると、すべてのビジネスはサービスの交換として捉えることができる。

3-2 資源統合と価値共創：S-Dロジックの革新

S-Dロジックに立脚すると、企業が生み出す製品やサービシィーズなどは、それだけで価値があるということにはならず、それを受け取る相手に価値をもたらしうる提案（これをオペランド資源と呼ぶ）と位置付けられる。この提案が受け取る相手（S-Dロジックでは顧客や消費者ではなく、受益者と呼ぶ）の持つ知識や技能（こちらをオペラント資源という）と結び付けられ、その効果が発揮されて初めて、価値が創造されたと考えるわけである。

このように、提案の創出とその受容、そして使用という一連の流れを通じて価値が創造されるという事態を、S-Dロジックでは価値共創と呼ぶ。共創という概念はしばしばコラボレーティブな価値創造という意味合いで用いられる。S-Dロジックにおいても、その意味合いを含んでいないわけではないが、別物であることに注意が必要である。ここで重視されているのは、少なくとも2以上のアクターが存在しなければ、価値創造は実現しないという点である。

この考え方に立てば、今まで“消費者”と呼ばれていたアクターも、生産者が生み出した製品やサービシィーズを消費するという見方にとどまらなくなる。というのも、生産過程を通じて生み出され、流通過程を通じて届けられる価値提案は、使用（≒消費）過程において受益者が持つ知識や技能を活用することで効用が発揮され、その帰結として価値が発現するからである。このようにアクターが手持ちの知識や技能を活用して、価値提案から効用を生じさせることを、S-Dロジックにおいては資源統合と呼ぶ。したがって、これまで生産や流通、消費などと称されていた価値の流れの1つ1つの局面は、資源統合が様々な姿で現れた状態として捉えられる。つまり、オペランド資源としての価値提案とオペラント資源としての知識や技能を統合することで、それぞれのアクターにおいて個別独自の姿で価値が現れると考えるわけである。

現代のビジネスを想起すれば、ここまで述べてきた価値共創が提供者と受益者という二者だけで完結すると考えるのは困難である。第2節で述べたオールユアーズの事例でもわかるように、そこには多くのアクターが参画している。

それらのアクターの間にサービスの交換が生じる。その交換のネットワークあるいはエコシステムをサービス・エコシステムと呼ぶ。サービス・エコシステムは価値共創が行われる関係性の空間であり、そこに参加するアクターは「稼働と資源をともに結び付け、社会生活に安定と意味を提供する規則的、規範的、そして文化的な認知要素からなる」ものとしての制度を共有している。それによって、円滑なサービスの交換が可能になる。

S-Dロジックの考え方の全体像は、以上のように説明できる。これまで、生産や流通、そして消費などといった価値の流れにおけるそれぞれの機能的な局面は、異なるアクターが担うものと捉えられてきた。それは確かに事実の一面である。しかし、一方で生産者も消費しており、消費者もまた生産しているという事態を捉え切れていなかった。こういった価値創造現象の複雑化を捉えようとするところに、S-Dロジックの特徴がある。では、このS-Dロジックに立脚して経営を考えると、これまでとどのように異なってくるのか。これについて、次節で考えてみよう。

4. 多様なアクターとの関係性を前提とした経営学の可能性

S-Dロジックに立脚して経営管理を考えようとすると、従来とは大きく異なる点が出てくる。これは、それぞれのアクターの自律性を前提にするS-Dロジックと、他者に何かをさせるという含意を持つマネジメントとが、ややもすると対立的な位置にあるとも考えられるからである。その一方で、経営学においても、それぞれのアクターの自律性を前提とした協働を考えようとする試みは、これまでにも打ち出されてきた。例えば、ドイツの経営学者ニックリッシュ（Nicklisch, H.）や、米国の経営者にして組織論にとって重要な基礎を提供したバーナード（Barnard, C. I.）などは、その先駆的存在である。

4-1　価値循環という考え方：ニックリッシュ

ニックリッシュは、企業のみならず家政（Haushalt）をも経営学の対象に含め、独自の価値循環を持つ存在を総称する概念として“経営（Betrieb）”という表現を宛てている。ここにいう価値循環とは、モノやコト、情報、交換媒体としての貨幣などが経営内部あるいは経営間で動き、そこからもたらされる価値を通じて、それぞれの経営の生存が維持されている動的な状態のことを指す。このように見ると、ニックリッシュのいう経営はS-Dロジックにおいてアクターと呼ばれている存在と重なり合う。

この考え方に立つと、それぞれの経営が生存しうるような価値循環を構築していくことが必要になる。ニックリッシュが企業の成果を測定する際に、出資者に帰属する分だけでなく、従業員への分配、さらには関連する他の組織体への分配まで視野に入れているのは、こういった考え方に立っている（Nicklisch, 1921）。このように、ニックリッシュの価値循環思考は他のアクターとの共生と発展を考えるための枠組みを示している。

4-2　協働による組織形成：バーナード

バーナードは協働に参加する様々な活動主体からの貢献とともに、それらの活動主体が自らの期待や利害を充たすという点も重視している（Barnard, 1938；山本・田杉・飯野訳，1968）。バーナードは、組織が存立しうるかどうかの基準として、協働の有効性と協働の能率という概念を提示している。協働の有効性は、その組織的活動において共有されている目的（共通目的）がどれだけ実現されたのかに関わる。一方、協働の能率は組織的活動＝協働に参加するそれぞれの個人や組織体がどのような期待や利害を抱いて参加しているのか、その期待や利害がどれくらい充たされたのか、協働の観点からどれくらいの貢献を獲得できたのかが問題となる。この点が、サイモン（Simon, H. A.）やサイアート（Cyert, R. M.）、マーチ（March, J. G.）らの連合体モデル（coalition model）やニックリッシュからも影響を受けているシュミット（Schmidt, R. B.）

の企業用具説へと展開されていく。

さらに、協働の有効性や能率を実現していく役割として、審美的・道徳的な性質を持つリーダーシップの重要性についてもバーナードは言及している。この側面は、セルズニック（Selznick, 1957；北野訳, 1963）が制度的リーダーシップという概念を提唱し、制度論的組織研究として考察が進められている。このリーダーシップの側面において重要なのは、他者を率いるということ以上に、それぞれに異なる多様なアクターのなかで、姿勢や考え方、さらには“ありたい状態”を提示して、それについて共有しうるアクターと協働するという点である。他のアクターとの協働を通じて価値を創造しようとする際、実質的な側面としての利害にもとづく期待を結びつけることと同時に、価値観や姿勢などの共有や共鳴も重要となる。理念やビジョン、ミッションといった要素の重要性が強調されるのも、1つの企業としてのインテグリティ（統合性、高潔性）にとどまらず、他のアクターとの協働に際しての姿勢がここに現れるからなのである。

ニックリッシュやバーナード以降の20世紀後半の経営学は、基本的に企業を中心において議論が展開されてきた。しかし、自然環境問題の深刻化や社会課題の顕在化など、多様なアクターとの関係性を踏まえた経営実践が重視されるようになりつつある。こういった経営実践を説明するための考え方の構築は、今まさに途上にある。

5. おわりに

本章では、オールユアーズの事例を手掛かりに、多様なアクターとの関係性を前提とした経営実践のありよう、さらにそれを説明しうる理論枠組みとしてのS-Dロジック、その基礎となりうるニックリッシュやバーナードなどの考え方を紹介してきた。この観点は、これまでの経営学において必ずしも十分に議論されてはこなかった。しかし、経営実践の面では、かかわるアクターそれぞれの自律性を重視しつつ、それらとの間に良好な関係性を構築することを目指す動きが増えつつある。本章で理論枠組みとして採りあげた諸学説は、そういった経営実践を解明するうえで、重要な意義を持つ。

同時に、今、議論が深まりつつある領域でもある。このような経営実践の動きに関心のある方は、ぜひ一緒に考えてもらえればと願う。

(1) 共同創業者の一人である木村昌史は、2021年10月31日付で退任している。2022年11月現在、もう一人の共同創業者である原康人と、創業時からのメンバーである高橋裕輔が共同で代表取締役を担っている。

(2) 木村（2022）にくわえて、インターネット上の以下のような資料も参考にしている。また執筆者による同社の関係者へのインタビュー内容も取り込まれている。いずれも最終閲覧日は2022年11月30日である。中込勇斗［なかごみ］(2021)．「僕たちが本当にやりたかったのはサステナブルではなく、レスポンシブルだった」2021年9月10日付投稿（https://note.com/iamuton072/n/n74a2b6efe02a）。原康人（2022a）．「『着た着て』セットアップが5年間支持され続けている理由を製品開発側から改めて考えてみる①」2022年3月28日付投稿（https://note.com/yasutohara/n/n07e3d7b6f848）。原康人（2022b）．「『着た着て』セットアップが5年間支持され続けている理由を製品開発側から改めて考えてみる②」2022年3月28日付投稿（https://note.com/yasutohara/n/n5739de168017）。オールユアーズ（2022）．「ROLE YOURSが提案する消費循環のSWITCH STANDARDとは」2022年10月20日付「読みもの」記事（https://allyours.jp/blogs/journal/switch-standard-role-yours）。オールユアーズ公式HP（https://allyours.jp/）。

(3) オールユアーズのロゴデザインを担当したのは、グラフィックデザイナーの田久保彬であるが、ALL YOURSの"U"が常に真ん中にくるようなブランドロゴを提案した。この経緯や考え方については、以下において田久保自身が説明している（https://allyours.jp/pages/logo）。

(4) 同時に、この価値観は商品そのものにも反映されている。例えば、オールユアーズの代表的な商品の1つである「着たくないのに、毎日着てしまう」セットアップ（通称、着た着て）に関して、着る人の使用経験（着心地など）を起点として、なぜその繊維を使っているのかなど、生地を共同開発した丸井織物株式会社からのコメントも紹介しながら説明している。詳しくは、原（2022a；2022b）のnote投稿参照。

(5) 中込勇斗［なかごみ］(2021) 参照。

(6) オールユアーズ「ROLE YOURSが提案する消費循環のSWITCH STANDARDとは」2022年10月20日付「読みもの」記事。

(7) これに続く対話のなかで、絶対的に頼れる答えや目的に距離を置くという発言もある。このことからも、グラデーショナルであるということは言えるだろう。ただ、オールユアーズの考え方に共鳴し、実際に着用しているという点に共犯者の概念の核心があることは明白である。

学びを深めるために

設問 **1**：興味ある経営実践を１つ取り上げ、その事業にどのようなアクター（個人や組織体、さらには自然環境など）が、どのように関係しあっているのかを調べて分析してみよう。

設問 **2**：他のアクターの自律性と、自社（あるいは、自組織、自分自身）の自律性とがうまくかみ合うように協働するためには、どういった点を重視する必要があるだろうか？

推 薦 図 書

Barnard. C. I. (1938) . *The function of the Executive*. Harvard University Press（山本安次郎・田杉競・飯野春樹訳『新訳 経営者の役割』ダイヤモンド社，1968年）.

Lush, R. F. & Vargo, S. L. (2014). *Service-Dominant Logic: Premises, Perspectives, Possibilities*. Cambridge University Press（井上崇通（監訳），庄司真人・田口尚史訳『サービス・ドミナント・ロジックの発想と応用』同文舘出版，2016年）.

大橋昭一（編）・渡辺朗（監訳）(1996) .『ニックリッシュの経営学』同文舘出版.

COLUMN

ハインリッヒ・ニックリッシュとその後

ドイツ語圏における経営学（経営経済学 Betriebswirtschaftslehre と呼ばれる）は、19世紀までに展開されてきた農業や工業、商業における経営論をベースにしつつ、20世紀初頭に構築された。このドイツにおける経営学の構築に大きな役割を果たした一人が、ハインリッヒ・ニックリッシュ（Heinrich Nicklisch）である。ニックリッシュは経営共同体という概念を提唱し、今でいう多様なステイクホルダーの協調関係を重視した。そのため、規範的経営学とも称される。また、晩年にナチズムに迎合する姿勢を見せたこともあって、第二次世界大戦後、厳しく批判された。その一方で、ニックリッシュが重視した協調関係は単なる規範に留まるものではなく、経営実践における１つの現実でもある。

さらに、ニックリッシュはドイツ経営学における伝統の１つである価値の流れの問題にも取り組んだ。価値の流れとは、最終的に顧客によって享受される価値（例えば、海外に行きたいという欲望が移動手段のサービスとしての航空輸送によって充たされる状態）がいかにして実現され、それが循環するのかを捉えるための概念である。この価値の流れは、物質や人間による労働などの実質財の流れと、名目財＝貨幣の流れから構成される。この考え方は、コジオール（Erich Kosiol）や、その門弟のシュミット（Ralf-Bodo Schmidt）やシュミーレヴィッチ（Klaus Chmielewicz）によって情報の流れが加えられている。この発想は、企業のビジネスモデル分析に通じる。

この価値の流れの考え方に、ステイクホルダーとの関係性を結び付けたのがシュミットの企業用具説である。シュミットは、企業をそれぞれのステイクホルダーが自らの欲望や期待を充たすための用具と捉え、企業側からの視点だけでなく、ステイクホルダー側からの視点を摂り込んだ。さらに、シュミットは投資意思決定など、経営財務の問題に関心を抱いていたこともあって、経営陣がどのステイクホルダーに対して、どんな効用を提供しようとするのかという基本姿勢は企業理念や企業政策に現れると指摘した。

この点を、ブライヒャー（Knut Bleicher）は統合的マネジメント構想という枠組みで、経営管理論として構築した。ブライヒャーの統合的マネジメント構想においては、規範的・戦略的・業務的という3つのマネジメントレベルが設定されている。このうちの規範的マネジメントにおいては、企業の社会経済的な存在意義を基礎付けることが重視されている。近年、経営実践においてMissionやVision、Value、Purposeといった概念に注目が集まっているが、規範的マネジメントは、この領域について企業の理念、政策・方針、体制・構造、さらに文化といった側面から捉えようとするところに特徴がある。

さて、ドイツ語圏における経営学と言っても、21世紀に入ってからは英語で研究成果が公にされることが増えている。そのようななかでも、ドイツ的な経営学研究の知的伝統は受け継がれている。先ほど挙げたブライヒャーの統合的マネジメント構想を継承しつつ、近年注目されつつあるサービスデザイン（Service Design）と経営学を結び付けようとする試みが、ブロイアー（Henning Breuer）とリューデッケ＝フロイント（Florian Lüdeke-Freund）によって展開されている。特にリューデッケ＝フロイントは、ステイクホルダーとの関係性をベースにしたビジネスモデル研究を展開するなど、注目すべき研究を展開している。

ここではニックリッシュとその後の流れから、古典的な学説がどのように現代に継承・展開されてきたのかを見てきた。多くの教科書では過去の学説に何らかのレッテルを付けて、それで終わってしまうことも多い。しかし、古典的な学説が現代の経営実践を考えるための源になっていることも少なくないのである。

参考文献

【はじめに】

野中郁次郎（1980）.『経営管理』日経文庫.

【第1章】

Barnard, C. I. (1938). *The functions of the executive*, Harvard University Press（山本安次郎・田杉競・飯野春樹訳『新訳 経営者の役割』ダイヤモンド社，1968年）.

石井淳蔵・奥村昭博・加護野忠男・野中郁次郎（1996）.『経営戦略論（新版）』有斐閣.
伊丹敬之（2006）.「支配、統治、経営－企業についての三つの概念」日本経営学会（編）『（経営学論集第76集）日本型経営の動向と課題』（pp.32-47）. 千倉書房.
岡本大輔（2018）.『社会的責任とCSRは違う！』千倉書房.
加護野忠男（2010）.『経営の精神－我々が捨ててしまったものは何か』生産性出版.
加護野忠男・砂川伸幸・吉村典久（2010）.『コーポレート・ガバナンスの経営学－会社統治の新しいパラダイム』有斐閣.
小松章（監修）（2017）.『ビジネス基礎 新訂版』東京法令出版.
土屋守章・岡本久吉（2003）.『コーポレート・ガバナンス論—基礎理論と実際』有斐閣.
吉村典久・田中一弘・伊藤博之・稲葉祐之（2017）.『企業統治』中央経済社.

【第2章】

Heras-Saizarbitoria, I. (2014). The ties that bind? Exploring the basic principles of worker-owned organizations in practice. *Organization*, 21（5）, 645-665.
Institute for Management Development (2021). Migros: Is healthcare the remedy for retail? *IMD Case* Study, IMD-7-2226.
Porter, M. E. & Kramer, M. R. (2011). Creating shared value: How to reinvent capitalism – and unleash a wave of innovation and growth, *Harvard Business Review*, 89 (1-2), 2-17（DIAMONDハーバード・ビジネス・レビュー編集部訳「経済的価値と社会的価値を同時実現する共通価値の戦略」『Diamondハーバード・ビジネス・レビュー』36（6）, 8-31, 2014年）.
Post, J. E., Lawrence, A. T. & Weber, J. (2002). *Business and society: Corporate*

strategy、public policy, ethics, 10th Ed., McGraw-Hil（松野弘・小坂隆秀・谷本寛治（監訳）『企業と社会（上）』ミネルヴァ書房，2012年）.

Reinhardt, F., Dessain, V. & Sjoeman, A. (2006). Migros. *Harvard Business School Case,* 706-028.

小松章（2006).『企業形態論（第３版）』新世社.

山本長次（2013).『武藤山治―日本的経営の祖』日本経済評論社.

Friedman, M. (1970). The social responsibility of business is to increase its profits. *The New York Times Magazine*（1970年９月13日付）.

【第３章】

石川真衣（2021).「『ミッションを有する企業』とは何か－二〇一九年フランスPACTE法による改革」『証券レビュー』61（２），106-120.

石川真衣（2022).「二〇一九年フランスPACTE法の影響と今後の課題－二〇二一年ロシュ・レポートの概要」『証券レビュー』62（８），62-76.

岡本大輔（2018).『社会的責任とCSRは違う！』千倉書房.

黒岩美翔（2017).「フランスの社会的責任戦略コントロールの研究－ダノン社とラファージュ社の二つの事例をめぐって」『経済論究』（159），9-23.

田村俊夫（2020).「株主主導の新ステークホルダー主義－ESG・SDGs時代のコーポレートガバナンス」『資本市場リサーチ』(56)，134-183.

畠田公明（2021).「コーポレート・ガバナンスと社会的営利会社法」『福岡大学法学論叢』66（１），87-129.

ハニーマン，ライアン ＆ ティファニー・ジャナ（鳥居希・矢代真也・若林恵（監訳），B Corpハンドブック翻訳ゼミ訳）(2022).『B Corpハンドブック－よいビジネスの計測・実践・改善』バリューブックス・パブリッシング.

ハーマー，メアリー・アン ＆ トム・ヘリング（河野昭三訳・解説）(2022).『ベネフィット・コーポレーション入門－さらば株主資本主義』文眞堂.

林順一（2021).「フランスにおける『会社の目的』に関する最近の動向－PACTE法による『使命を果たす会社』の新設とダノンの対応」10，1-16.

マーキス，クリストファー（田口未和訳）(2021).「グローバル企業に広がるBコーポレーション－資本主義を再構築する新たなツール」SSIR Japan（編）『これからの「社会の変え方」を、探しにいこう。―スタンフォード・ソーシャルイノベーション・レビュー ベストセレクション10』(pp.104-119). SSIR Japan.

「〔PART1〕GE、エシロール、ダノンに学ぶ　成長を加速する「Local」と「Why」

（２）」『日経ビジネス』2017年１月23日号，29-33.
「仏ダノン『使命を果たす会社』に、ファベール会長兼CEO―人・自然重視の資本主義に（未踏に挑む）」『日本経済新聞』2020年８月９日付朝刊.

【第４章】

Adams, J. S. (1963). Toward an understanding of inequity. *Journal of Abnormal and Social Psychology,* 67, 422-436.
Adams, J. S. (1965). Inequity in social exchange. In L, Berkowitz (ed.), *Advances in experimental social psychology* (pp.267-299). Academic Press.
Lawler, E. E. (1971). *Pay and organizational effectiveness: A psychological view.* McGraw-Hill（安藤瑞夫訳『給与と組織効率』ダイヤモンド社，1972年).
Maslow, A. H. (1954). *Motivation and personality.* Harper and Row（小口忠彦（監訳）『人間性の心理学』産業能率短期大学出版部，1971年).
McGregor, D. (1960). *The human side of enterprise.* McGraw-Hill（高橋達男訳『企業の人間的側面』産業能率大学出版部，1970年).
Murray, E. J. (1964). *Motivation and emotion.* Prentice-Hall（八木冕訳『動機と情緒』岩波書店，1966年).
Murry, H. A. (and collaborators) (1938). *Explorations in personality.* Oxford.
Murry, H. A. (1970). Needs, viscerogenic and psychogenic. In W. A. Russell (ed.), *Milestones in motivation: Contribution to the psychology of drive and purpose* (pp.364-371). Appleton-Century-Crofts.
Robbins, S. P. (2005). *Essentials of organizational behavior* (8th ed), Prentice Hall（高木晴夫訳『新版 組織行動のマネジメント』ダイヤモンド社，2009年).
Steers, R. M., and Porter, L. W. (1979). Motivation and work behavior (2nd ed), McGraw-Hill.

上田泰（1995).『組織の人間行動』中央経済社.
北真収（2017).「ターンアラウンドにおける戦略的決定とその実践」『岡山大学経済学会雑誌』48（３)，1-18.
齋藤貞之（2007).「人はなぜ働くのか ハーズバーグ」中野裕治・貞松茂・勝部伸夫・嵯峨一郎（編）『はじめて学ぶ経営学』(pp.112-116). ミネルヴァ書房.
須貝栄（1998).「動機付け（モティベーション)」藤芳誠一（監修)『最新 経営学用語辞典』(pp.214-215). 学文社.
関口倫紀（2021).「モチベーションとは」中野勉（編)『グラフィック 経営組織論』(pp.86-87). 新世社.
鶴岡市立加茂水族館（2012).『クラゲに取り憑かれた水族館15年間の取り組み』JA

印刷山形.
庭本佳子（2016）.「モティベーション論」上野恭裕・馬場大治（編）『経営管理論』（pp.78-92）. 中央経済社.
服部泰宏（2020）.『組織行動論の考え方・使い方－良質のエビデンスを手にするために』有斐閣.
早川和宏（2010）.「設備費も宣伝費もない貧困水族館を独自のアイデアと協力関係で蘇らせた」『エルネオス』16（9）, 70-73.
村上龍男（2014）.『加茂水族館ものがたり 無法、掟破りと言われた男の一代記』JA印刷山形.

【第5章】

Bradford, D. L. and Cohen, A. R. (1998). *Power up: Transforming organizations through shared leadership*. Wiley.
Carson, J. B., Tesluk, P. E., and Marrone, J. A. (2007). Shared leadership in teams: An investigation of antecedent conditions and performance. *Academy of Management Journal,* 50（5）, 1217-1234.
Fiedler, F. E. (1972). Personality, motivational systems, and behavior of high and low LPC persons. *Administrative Science Quarterly,* 17（4）, 453-470.
Graen, G., Orris, J. B., and Martella, J. A. (1970). Contingency model of leadership effectiveness: Antecedent and evidential results. *Psychological Bulletin,* 74, 285-296.
Greenleaf, R. K. (1970). *The servant as leader.* Robert K. Greenleaf Publishing Center.
Greenleaf, R. K. (1991). *The servant ad leader.* Robert K. Greenleaf Center.
Parris, D. L., and Peachey, J. W. (2013). A systematic literature review of servant leadership theory in organizational context. *Journal of Business Ethics,* 113, 377-393.
Pearce, C. L., and Sims, H. P. (2002). The relative influence of vertical vs. shared leadership on the longitudinal effectiveness of change management teams. *Group Dynamics: Theory Research, and Practice,* 6（2）, 172-197.
Spears, L. C. (1998). Tracing the growing impact of servant-leadership. In L. C. Spears (ed.), *Insights of leadership: Service, stewardship, spirit and servant-leadership*. John Wiley & Sons, 1-12.

池田守男・金井壽宏（2007）.『サーバントリダーシップ入門』かんき出版.
上田泰（1995）.『組織の人間行動』中央経済社.

上野山達哉（2016).「リーダーシップ論」上野恭裕・馬場大治（編）『経営管理論』（pp.93-125). 中央経済社.
落合秀俊（2018).『郊外設置型の公立ミュージアムに関する実証研究』静岡文化芸術大学大学院文化政策研究科修士論文。
小野善生（2009).「フォロワーの視点によるリーダーシップ研究の可能性」『組織科学』43（2），27-37.
加護野忠男（1980).『経営組織の環境適応』白桃書房.
金井壽宏（1991).『変革型ミドルの探求－戦略革新指向の管理者行動』白桃書房.
関口倫紀（2021).「リーダーシップ資質論と行動論」中野勉（編）『グラフィック 経営組織論』（pp.102-103). 新世社.
田尾雅夫（1999).『組織の心理学』有斐閣.
冨岡昭（1993).『組織と人間の行動』白桃書房.
庭本佳子（2019).「新しい『働き方』とチームリーダーの役割－チームにおけるシェアド・リーダーシップに注目して」『国民経済雑誌』220（1），79-96.
服部泰宏（2020).『組織行動論の考え方・使い方－良質のエビデンスを手にするために』有斐閣.
山田雄一（1998).「リーダーシップの状況依存理論」藤芳誠一（監修）『最新 経営学用語辞典』（p.305). 学文社.

日本サーバント・リーダーシップ協会「スピアーズによるサーバントリーダーの属性」（https://www.servantleader.jp/about/10s）（2022年12月12日閲覧).

【第6章】

池上直己・J.C.キャンベル（1999).『日本の医療』中公新書.
伊丹敬之・加護野忠男（2022).『ゼミナール経営学入門（新装版）』日本経済新聞社出版社.
後迫瑞穂（2021）「コロナ禍における「対話」と「共に考える」姿勢の重要性」『看護管理』31（11），1002-1007.
河合篤男（2021）「マクロ組織のマネジメント」加護野忠男・吉村典久（編）『1からの経営学（第3版）』（pp.175-191). 碩学舎.
榊原清則（2002）『経営学入門（上）』日本経済新聞社.
戸城朱理（2022）「減量・代謝改善手術に必要なチーム医療およびタスク・シフト/シェアの取り組み」『病院羅針盤』（207），29-34.
村上敬（2022）「減量手術チーム　減量はしんどい。だからこそ、チーム医療が必要」『虹くじら』創刊号，24-28.

【第7章】

Ansoff, H. I. (1965). *Corporate strategy.* New York: McGraw-Hill（広田寿亮訳『企業戦略論』産業能率大学出版部，1977年）.

Barney, J. B. (2002). *Gaining and sustaining competitive advantage.* Second Edition. Prentice-Hall（岡田正大訳『企業戦略論（下）全社戦略編－競争優位の構築と持続』ダイヤモンド社，2003年）.

Chandler, A. D., Jr. (1962). *Strategy and structure: Chapters in the history of the industrial enterprise.* M. I. T. Press（有賀裕子訳『組織は戦略に従う』ダイヤモンド社，2004年）.

Henderson, B. D. (1979). *Henderson on corporate strategy.* Abt Books（土岐坤訳『経営戦略の核心』ダイヤモンド社，1981年）.

Porter, M. E. & Kramer, M. R. (2011). Creating shared value. *Harvard Business Review,* 89（1/2）, 62-77（DIAMONDハーバード・ビジネス・レビュー編集部訳「共通価値の戦略－経済的価値と社会的価値を同時実現する」『DIAMONDハーバード・ビジネス・レビュー』2011年6月号，8-31）.

Prahalad, C. K. & Hamel, G. (1990). The core competence of the organization. *Harvard Business Review,* 68（3）, 79-91（DIAMONDハーバード・ビジネス・レビュー編集部訳「コア・コンピタンス経営－未来の競争力を組織的に構築する」『DIAMONDハーバード・ビジネス・レビュー』2007年2月号，136-155）.

竹本浩三（1997）.『笑売人 林正之助伝－吉本興業を創った男』扶桑社.

堀江誠二（1994）.『吉本興業の研究』朝日文庫.

吉本興業株式会社（2017）.『吉本興業百五年史』ワニブックス.

読売新聞大阪本社文化部（編）（1999）.『上方放送お笑い史』読売新聞社.

【第8章】

Barney, J. B. (2002). *Gaining and sustaining competitive advantage, Second Edition.* Prentice-Hall（岡田正大訳『企業戦略論－競争優位の構築と持続（上）基本編』ダイヤモンド社，2003年）.

Brandenburger. A. M. & Nalebuff, B. J. (1997). *Co-operation.* Currency and Doubleday（嶋津祐一・東田啓作訳『コーペティション経営－ゲーム論がビジネスを変える』日本経済新聞社，1997年）.

Porter, M. E. (1980) *Competitive Strategy: Techniques for analyzing industries and competitors.* The Free Press（土岐坤・中辻萬治・服部照夫訳『新訂　競争の戦略』ダイヤモンド社，1995年）.

岡村正史（2018）.『「プロレス」という文化－興行・メディア・社会現象』ミネルヴァ書房.
小林公一（監修）（2014）.『宝塚歌劇100年史「虹の橋 渡りつづけて」人物編』阪急コミュニケーションズ.
小林公一（監修）（2014）.『宝塚歌劇100年史「虹の橋 渡りつづけて」舞台編』阪急コミュニケーションズ.
棚橋弘至（2015）.『棚橋弘至はなぜ新日本プロレスを変えることができたのか』飛鳥新社.
長谷川博一，新日本プロレスリング株式会社（監修）（2015）.『新日本プロレスV字回復の秘密』KADOKAWA.
宮本直美（2011）.『宝塚ファンの社会学－スターは劇場の外で作られる』青弓社.

「特集２　新日本プロレス　V字回復経営術」『日経トップリーダー』（409），30-39.

【第９章】

Christophe Bonneuil & Jean-Baptiste Fressoz（2013）. L'Événement anthropocène. La Terre, l'histoire et nous. Seuil（野坂しおり訳『人新世とは何か』青土社，2018年）.
Gísli Pálsson（2020）. The Human Age. Welbeck（梅田智世訳『図説　人新世』東京書籍，2021年）.
Peter Lacy & Jakob Rutqvist（2015）. Waste to Wealth: The Circular Economy Advantage. Palagrave Macmillan（アクセンチュア・ストラテジー訳，牧岡宏・石川雅崇（監訳）『新装版サーキュラー・エコノミー』日本経済新聞出版社，2019年）.

粟屋仁美（2018）.『再生の経営学』白桃書房.
小田利広（2016）.「ペットボトルリサイクルビジネスにおける中小企業の成長課題—N社の事例を中心に」『サスティナブルマネジメント』（15），113-126.
近藤典彦（2021）.『儲けるから儲かるへ　循環で完成する地球と経済の未来』カナリアコミュニケーションズ.
坂本清（2017）.『熟練・分業と生産システムの進化』文眞堂.
曽根英二（1999）.『ごみが降る島』日本経済新聞社.
中村真悟（2018）.「日本におけるPETボトルのリサイクルシステムの成立と変容」『人間と環境』44（１），13-35.
貫隆夫（2005）.「環境問題に批判経営学はどう取り組むか」丸山惠也（編）『批判経営学』（pp.85-112）. 新日本出版社.

牧良明（2019a).「環境統合型生産システムにおける動脈・静脈循環」中瀬哲史・田口直樹（編）『環境統合型生産システムと地域創生』(pp.24-36). 文眞堂.
牧良明（2019b).「電気機械のリサイクルにおける静脈企業ネットワーク」中瀬哲史・田口直樹（編）『環境統合型生産システムと地域創生』(pp.144-162). 文眞堂.

NGP日本自動車リサイクル事業協同組合HP（https://www.ngp.gr.jp/).
環境白書（2022).『環境白書／循環型社会白書／生物多様性白書（HTML版)』(https://www.env.go.jp/policy/hakusyo/r04/index.html).

【第10章】

Burns, J. M. (1978). *Leadership*. Harper & Row.
Cialdini, R. B. (1988). *Influence: Science and practice*. Scott, Foresman and Company（社会行動研究会訳『影響力の武器―なぜ、人は動かされるのか』誠信書房，1991年）.
Coch, L., and French Jr, J. R. P. (1948). Overcoming resistance to change. *Human Relations,* 1（4), 512-532.
Lewin, K. (1947). Frontiers in group dynamics. *Human Relations,* 1, 5-41.
Lewin, K. (1951). Field theory in social science: Selected theoretical papers. Harper & Brothers.
Piderit, S. K. (2000). Rethinking resistance and recognizing ambivalence: A multidimensional view of attitudes toward an organizational change. *Academy of Management Review,* 25（4), 783-794.
Plowman, D. A., Baker, L. T., Beck, T. E., Kullkarni, M. S., Solamsky, S. T., and Travis, D. V. (2007). Radical change accidentally: The emergence and amplification of small change. *Academy of Management Journal,* 50（3), 515-543.
Quinn, R. E. (1996). *Deep change: Discovering the leader within*. John Wiley & Sons（池村千秋訳『ディープ・チェンジ：組織変革のための自己変革』海と月社，2013年）.

石井研士（2015).「神社神道と限界集落化」『神道宗教』(237), 1-24.
鵜飼秀徳（2015).『寺院消滅』日経BP社.
加護野忠男（1988).『組織認識論－企業における創造と革新の研究』千倉書房.
新村出（編）(2018).『広辞苑第（第7版)』岩波書店.
野中郁次郎（1980).『経営管理』日経文庫.
松田陽一（2020).『組織変革のマネジメント－理論と現状』中央経済社.
水月昭道（2016).『お寺さん崩壊』新潮社.

安永雄彦（2020）.『築地本願寺の経営学―ビジネスマン僧侶に学ぶ常識を超えるマーケティング』東洋経済新報社.
山岡徹（2015）.『変革とパラドックスの組織論』中央経済社.

鵜飼秀徳（2019）.「『4割が年収300万円以下』お寺経営の厳しい現状」（https://president.jp/articles/-/29974）（2022年5月5日閲覧）.

【第11章】

Gordon, J. (2007). The rise of independent directors in the United States, 1950-2005: of shareholder value and stock market prices. *Stanford Law Review*, 59 (6), 1465-1568.

伊藤博之（2017）.「会社観の多様性」吉村典久・田中一弘・伊藤博之・稲葉祐之『企業統治』（pp.101-117）．中央経済社.
岩井克人・佐藤孝弘（2008）.『M&A国富論―「良い会社買収」とはどういうことか』プレジデント社.
大塚久雄（1969）.『大塚久雄著作集（第1巻）－株式会社発生史論』岩波書店.
加護野忠男・砂川伸幸・吉村典久（2010）．『コーポレート・ガバナンスの経営学－会社統治の新しいパラダイム』有斐閣.
興膳宏（2007）．『平成漢字語往来－世相を映すコトバたち』日本経済新聞出版社.
齋藤毅（2005）．『明治のことば－文明開化と日本語』講談社学術文庫.
宍戸善一（1993）.「経営者に対するモニター制度－従業員主権論と株式会社法」伊丹敬之・伊藤元重（編）『企業とは何か－日本の企業システム（第1巻）』（pp. 211-237）．有斐閣.
杉浦正和（2012）．『ビジネスマンの知的資産としてのMBA単語帳』日経BP社.
馬場宏二（2002）．『会社という言葉（初版2刷）』大東文化大学経営研究所.
馬場宏二（2003）．「補説『会社という言葉』」『大東文化大学経営論集』（5），15-24.
福澤諭吉（2002）．『福澤諭吉（第1巻）－西洋事情』慶應義塾大学出版会.
吉村典久・田中一弘・伊藤博之・稲葉祐之（2017）．『企業統治』中央経済社.
吉森賢（1993）．『EC企業の研究－その発想と行動』日本経済新聞社.

上村達男（2004）.「市民社会と株主－3　福沢諭吉と会社」『日本経済新聞』4月14日付.
三品和広（2011）.「集中　講義企業を考える（1）会社の実質（ゼミナール）」『日本経済新聞』5月29日付.

【第12章】

Drucker, P. F. (1990). *Managing the Non-Profit Organization*, HarperCollins Publishers（上田惇生・田代正美訳『非営利組織の経営―原理と実践』ダイヤモンド社，1991年）.

雨宮孝悦（2020）.『テキストブックNPO―非営利組織の制度・活動・マネジメント』東洋経済新報社.

小川守正・上村多恵子（1999）.『世界に通用する紳士たれ　平生釟三郎伝』燃焼社.

厚生労働省（2020）.「2019年 国民生活基礎調査の概況」.

駒崎弘樹（2016）.『社会を変えたい人のためのソーシャルビジネス入門』PHP研究所.

坂本恒夫・丹野安子・菅井徹郎（編）（12017）.『NPO、そしてソーシャルビジネス―進化する企業の社会貢献』文眞堂.

島田恒（2005）.『NPOという生き方』PHP研究所.

田口一也（2021）.『９割の社会問題はビジネスで解決できる』PHP研究所.

谷本寛治（編）（2006）.『ソーシャル・エンタープラズ―社会的企業の台頭』中央経済社.

中本雅之（2015）.『ニッポンの貧困―必要なのは「慈善」より「投資」』日経BP社.

山口幸正（2020）.「賀川豊彦が立ち上げた生活協同組合とその後の発展」『新改善改革探訪記』114，22-33.

【第13章】

Breuer, H. & Lüdeke-Freund, F. (2016). *Values-based innovation management: Innovating by what we care about.* Palgrave.

Freudenreich, B., Lüdeke-Freund, F. & Schaltegger, S. (2020). A stakeholder theory perspective on business models: Value creation for sustainability, *Journal of Business Ethics*, (166), 3-18.

March, J. G. & Simon, H. A. (1993). *Organizations*. 2nd Ed. John Wiley & Sons（高橋伸夫訳『オーガニゼーションズ』［第２版］ダイヤモンド社，2014年）.

Nicklisch, H. (1922). *Wirtschaftlichen Betriebslehre*, 6. *Aufl. der allgemeine kaufmänischen Betriebslehre*, Stuttgart.

Selznick, P. (1957). *Leadership in Administration*, Harper & Row.（北野利信訳『組織とリーダーシップ』ダイヤモンド社，1963年）.

Schmidt, R. B. (1969). *Wirtschaftslehre der Unternehmung*, Bd. 1. *Grundlagen*, Stuttgart.（吉田和夫（監修），海道ノブチカ訳『企業経済学』第１巻「基礎編」千倉書房，1974年）.

Schmidt, R. B. (1978). *Wirtschaftslehre der Unternehmung, Bd*. 3. *Erfolgs-*

verwendung, Stuttgart.（吉田和夫（監修），海道ノブチカ訳『企業経済学』第3巻「成果使用編」千倉書房，1986年）.

井上崇通・村松潤一（編）(2010).『サービス・ドミナント・ロジック－マーケティング研究への新たな視座』同文舘出版.
井上崇通（編）(2021).『サービス・ドミナント・ロジックの核心』同文舘出版.
経営学史学会（監修）・片岡信之編（2022).『経営学の基礎－学史から総合的統一理論を探る』文眞堂.
水野大二郎・津田和俊，図解総研（図）(2022).『サーキュラーデザイン－持続可能な社会をつくる製品・サービス・ビジネス』学芸出版社.
水野大二郎+Synflux（編）(2022).『サステナブル・ファッション－ありうるかもしれない未来』学芸出版社.

木村昌史（2020).『ALL YOURS magazine Vol. 1』青山ブックセンター.

執筆者紹介

吉村典久（よしむら・のりひさ）はじめに・第1・3・11章

関西学院大学専門職大学院経営戦略研究科教授、和歌山大学名誉教授

1968年生まれ。神戸大学大学院経営学研究科修士課程修了、同校にて博士（経営学）取得。和歌山大学教授、大阪市立大学大学院経営学研究科教授を歴任。専門は経営学、企業統治論。主著に『スピンオフの経営学』（ミネルヴァ書房）、『会社を支配するのは誰か』（講談社）、『部長の経営学』（筑摩書房）、『日本の企業統治』（NTT出版）など。

中川亮平（なかがわ・りょうへい）第2章

長野県立大学グローバルマネジメント学部准教授

1972年生まれ。東京外国語大学ポーランド語卒、コロンビア大学国際事情修士、大阪公立大学より博士号。東京三菱銀行、American International Group、World Economic Forum、立命館大学、京都外国語大学を経て現職。専門は日本経済論・企業論。共著に『Japanese Political Economy Revisited』（Routledge）など。

高浜快斗（たかはま・かいと）第4・5・10章

山形県立米沢女子短期大学社会情報学科専任講師、大阪公立大学大学院経営学研究科客員研究員

1993年生まれ。大阪市立大学大学院経営学研究科後期博士課程グローバルビジネス専攻単位取得退学。同大学院より博士号（経営学）取得。専門は経営管理論、経営組織論、組織的知識構造研究。

菅原真弓（すがわら・まゆみ）第5章

大阪公立大学大学院文学研究科教授

学習院大学大学院人文科学研究科哲学専攻博士後期課程単位修得退学。博士（哲学・学習院大学）。2022年より現職（2017年より2021年度までは大阪市立大学）。専門は日本美術史、博物館学。主著に『月岡芳年伝』、『明治浮世絵師列伝』（いずれも中央公論美術出版）など。

中山健太郎（なかやま・けんたろう）第６章

社会医療法人愛仁会千船病院事務部長
1978年生まれ。和歌山大学経済学部卒業、同大学院経済学研究科経営学専攻修了。九州大学大学院医学系学府医療経営管理学専攻修了。医療法人愛仁会入職、2019年より現職。共著に『医療秘書』（メディカルエデュケーション）。

楊一（よう・はじめ）（YANG Yi）第７・８章

中京大学経営学部講師、大阪公立大学客員研究員
1992年生まれ。山東師範大学卒業、和歌山大学大学院経済学研究科修士課程修了。大阪市立大学大学院経営学研究科博士課程修了、博士（経営学）。大阪市立大学商学部特任講師、大阪公立大学商学部特任講師を経て2023年より現職。専門は経営組織論、経営戦略論。

牧 良明（まき・よしあき）第９章

大阪公立大学大学院経営学研究科准教授
1979年生まれ。大阪市立大学商学部卒業、同大学院経営学研究科前期博士課程および後期博士課程修了、博士（商学）。茨城大学人文社会科学部准教授を経て、2019年より現職。専門は産業論、生産システム論。主著に『環境統合型生産システムと地域創生』（共著、文眞堂）など。

三上磨知（みかみ・まち）第11章

大阪学院大学経営学部教授
1997年和歌山大学大学院経済学研究科修士課程修了、2000年大阪市立大学大学院経営学研究科博士後期課程単位取得退学。同校にて博士（経営学）取得。2000年大阪学院大学流通科学部（現 経営学部）講師、2003年同准教授、2007年スイスUniversität St.Gallen客員研究員、2017年より現職。

望月徹（もちづき・とおる）第12章

甲南大学経営学部特任教授
1959年生まれ。中央大学法学部卒業、大阪市立大学大学院経営学研究科後期博士課程終了、博士（商学）。広島県観光課長・大阪事務所長などを経て、2020年より現職。専門は経済地理学、地域・観光マネジメント。共著に『新時代の経営学』（千倉書房）、*COMMUNITY BUSINESS*, Border Inc Publishing。

山縣正幸（やまがた・まさゆき）第13章

近畿大学経営学部教授
1976年生まれ。関西学院大学商学部、同大学院商学研究科を経て、2008年３月に関西学院大学より博士（商学）取得。2017年より現職。専門は経営学史、デザイン志向的経営。近年は価値循環のエコシステムと企業者的想像力に関心。主著に『企業発展の経営学』（千倉書房）、『DX時代のサービスデザイン』（丸善出版、共著）

多様な組織から見る経営管理論

2023年5月10日 初版第1刷発行

編著者　吉村典久

発行者　千倉成示
発行所　株式会社 千倉書房
〒104-0031 東京都中央区京橋3丁目7番1号
電話 03-3528-6901（代表）
https://www.chikura.co.jp/

印刷・製本　精文堂印刷株式会社

ISBN 978-4-8051-1291-5 C3034

乱丁・落丁本はお取り替えいたします